优秀传统文化与
伦理学的使命

蒋颖荣　昌明君　杨国才◎主编

中国社会科学出版社

图书在版编目(CIP)数据

优秀传统文化与伦理学的使命 / 蒋颖荣，昌明君，杨国才主编. —北京：中国社会科学出版社，2021.3

ISBN 978-7-5203-8190-1

Ⅰ.①优⋯　Ⅱ.①蒋⋯②昌⋯③杨⋯　Ⅲ.①中华文化—文化交流—研究　Ⅳ.①K203

中国版本图书馆 CIP 数据核字 (2021) 第 058587 号

出 版 人	赵剑英	
责任编辑	周慧敏	任 明
责任校对	周 昊	
责任印制	郝美娜	

出　　版	中国社会科学出版社
社　　址	北京鼓楼西大街甲 158 号
邮　　编	100720
网　　址	http：//www.csspw.cn
发 行 部	010-84083685
门 市 部	010-84029450
经　　销	新华书店及其他书店

印刷装订	北京君升印刷有限公司
版　　次	2021 年 3 月第 1 版
印　　次	2021 年 3 月第 1 次印刷

开　　本	710×1000　1/16
印　　张	18.25
插　　页	2
字　　数	299 千字
定　　价	110.00 元

目　　录

一　伦理的反思

二　优秀传统文化的传播

三　民族文化与民族伦理

四　传统文化与生态伦理

一 伦理的反思

反思社群主义的跨国移民伦理

杨通进①

据联合国《2017 年国际移民报告》统计，2017 年，全世界共有 2.57 亿国际移民（发达国家 1.46 亿，发展中国家 1.11 亿）。其中，净移入人口总数，美国第一，为 450 万，德国和土耳其分列第二和第三，分别是 185 万和 153 万；净移出人口总数，印度第一，为 245 万，孟加拉国和我国分列第二和第三，分别是 235 万和 162 万。②《世界人权宣言》（以下简称《宣言》）第十三款明确指出：人人在各国境内有权自由迁徙及居住；人人有权离开任何国家，包括其本国在内，并有权返回他的国家。《宣言》第十四款规定：人人有权在其他国家寻求和享受庇护以避免迫害。《宣言》第十五款进一步指出：人人有权享有国籍；任何人的国籍不得任意剥夺，亦不得否认其改变国籍的权利。那么，跨国迁徙自由是一项基本权利吗？民族国家拥有独立自由地制定移民政策或把外国人拒斥在边界之外的初始权利（prima facie rights）吗？对于这个问题，世界主义者与社群主义者提出了针锋相对的观点。世界主义者认为，跨国迁徙自由是一项基本权利，民族国家在制定其移民控制政策时应基于全球正义理念公平地考量本国同胞与外国人的诉求；因而，世界主义者主张的是一种开放边界的跨国移民伦理。社群主义（包括民族主义）者则认为，跨国迁徙不是一项基本权利，民族国家完全可以根据本国的需要独立自主地制定本国的移民政策，把外国人拒斥在边界之外；因而，社群主义者主张的是一种关闭边界的跨国移民伦理。本文逐一考察并剖析了社群主义为其论点的四个

---

① 杨通进，广西大学马克思主义学院教授。

② United Nations, *International Migration Report*, 2017, https://www.un.org/development/desa/publications/international-migration-report-2017.html.

理据：自由结社的需要、保护民族认同、维护本地文化的独特性以及领土权理据。这四个理据都存在着严重的问题，难以为社群主义所主张的关闭边界的跨国移民伦理提供证明。本文最后认为，从构建人类命运共同体的角度看，一种具有前瞻性与生命力的跨国移民伦理应当选择世界主义的价值取向，把跨国迁徙自由当作一项基本的权利来加以维护。

一　自由结社理据

自由结社普遍被认为是一项基本的权利。首先，在社群主义者看来，自由结社的权利不仅包含了与边界之内的人自由结社的权利，还包含了不与边界之外的人结社的权利，甚至包括与某些人解除结社关系的权利，因而，合法的国家完全可以拒绝与潜在的外国移民结社。威尔曼认为，自由结社权类似于自由结婚的权利，这种权利包括与某个意中人结婚的权利，也包括不与某个特定的伴侣结婚的权利，尤其是不与自己不喜欢的人结婚的权利。"正如一个人有权利决定他愿意跟谁结婚一样，一群同胞也有权利决定他们想邀请谁加入其政治共同体。正如一个人的结社自由使得他/她有权利保持单身一样，一个国家的结社自由也使得它有权利把外国人从其政治共同体中排斥出去。"① 其次，在社群主义者看来，我们在现实中已经赋予国家自由结社的权利，因为国际社会一般不认可这种做法：强迫民族国家在违背其意愿的情况下去与其他群体结社，也不允许一个国家强行吞并其他国家的一部分。"没有人相信，我们能够允许强迫加拿大加入北美自由贸易协定或强制斯洛文尼亚加入欧盟的做法。（当然，加拿大或斯洛文尼亚也不能单方面强行加入这些联盟！）强行把这些国家吸纳进这类联盟之所以是错误的，乃是由于加拿大与斯洛文尼亚的自决权使得它们有权利自行决定是否与其他国家结成同盟。"② 总之，在社群主义者看来，"由于结社自由使得人们有权利拒绝与其他人结社，因而，合法的政治国

---

① Christopher Wellman, " Immigration and Freedom of Association", *Ethics*, 2008, pp. 109 - 141, at p. 116.

② Christopher Wellman, " Immigration and Freedom of Association", *Ethics*, 2008, pp. 109 - 141, at p. 112.

家也有资格拒绝与任何一个像进入其政治共同体的潜在移民结社"①。

依据人们结社自由的权利来为单方面的移民控制政策做辩护存在以下四个困难。首先，结社自由只是众多互竞的自由与价值之一。结社自由很重要，但是，在文明社会中，机会平等、性别平等的目标也很重要。国家有时可以合法地阻止某些社团基于歧视性的标准（如种族或性别歧视）而拒绝接纳申请加入该社团的潜在会员。在文明社会中，当与其他的价值、目标或重要利益发生冲突时，结社自由并不总是能够压倒其他的自由或价值；在某些情况下，其他考量（如人道主义、保护人权、拯救生命等）可以合理地压倒国家拒绝接纳外国人的权利。公民结社自由权利的行使尚且受到如此之多道德考量的限制，国家拒绝与外国人结社的权利更不可能是一种绝对的权利。

其次，个人之间的结社自由与国家的结社自由存在着一系列重要的差异。公民之间结成的社团往往是以人们的自愿为基础的，非强制性的。但是，国家作为一个社团，却不是完全以公民的自愿为基础的，多数人是因出生在特定国家的领土上而成为该国家的成员；同时，国家是一种强制性的社团。一个自愿性的俱乐部可以剥夺某些会员的成员资格，但是，国家却不能剥夺其人民的公民资格。人们如果被某个俱乐部拒绝接纳，他们可以自行创建另一个俱乐部；但是，如果移民被一个国家拒绝接纳，移民却不可以自行建立一个新的国家，因为，地球上已经不存在任何可以供他们在其上建立一个新国家的"空地"。公民个人是否与某些人结社的决定完全是由公民自己做出的，但是，移民政策则是由作为公民集体的国家做出的，而这个集体中的很多公民并不认同国家封闭边界的移民政策。

再次，社群主义者往往把结婚自由视为结社自由的某种典型；尤其是，国家拥有的拒绝接纳外国人的权利常常被类比于人们拥有的拒绝与自己不喜欢的人结婚的权利。米勒认为，结婚的权利类似于人们拥有的离开特定国家的权利。结婚的权利是一项针对国家的权利，即国家应当允许人们与自己选择的伴侣结婚；但是，结婚的权利并不是一项可以要求他人为自己提供结婚伴侣的权利：一个人能否行使这种权利，完全取决于他能否找到一个愿意嫁给他的人。同样，离开的权利是一项针对自己目前所居住

① Christopher Wellman and Phillip Cole, *Debating the Ethics of Immigration*, Oxford University Press, 2011, pp. 36-37.

的国家的权利，即国家不能阻止一个人离开其所属的国家，但是，"这种权利并不意味着其他国家负有接纳这个人的义务"①。然而，结婚权利与结社权利之间的这种类比仍然存在诸多不妥之处。第一，婚姻关系是一种私人性的亲密关系，而国家公民之间的关系却不具有这种性质。第二，人们可以单方面地离开一个国家，单方面地解除自己与某个不喜欢的国家之间的结社关系，但是，人们并不能单方面地解除一项婚姻关系。第三，人们在解除一项婚姻关系后，可以保持单身状态，没有必要立即与另一个人缔结婚姻。但是，人们如果离开了一个国家，他就必须要进入另一个国家；他也不得不与另一个国家进行结社，因为地球上没有任何一块"空地"可以让他遗世独存。离婚的权利不必伴随着立即结婚的权利，但是，离开一个国家的权利必然要伴随着自由进入另一个国家的权利才变得有意义。人们可以不进入一桩婚姻，但他们不可能不进入一个国家。第四，人们可能会被一个求婚对象所拒绝，也可能会被一个潜在的移民目标国所拒绝，但是，后一种拒绝对人们的生活计划与生活前景所带来的影响要严重与深远得多。

　　最后，自由结社权利也可以用来反对国家关闭边界的政策，因为，特定国家内的某些人也想与边界之外的某些人结成某种社团，邀请边界之外的某些人到自己的公司来从事某项合作性事业，从事商品生产与商品贸易活动，邀请外国人到自己的私人土地上居住。如果国家阻止这些被邀请对象进入边界之内，它就是侵犯了国内这些想邀请外国人的公民的自由结社权利。

二　民族认同理据

　　在社群主义者看来，以民族共同体为基础的民族认同具有重要的伦理价值与工具价值；移民的大量涌入将会危及民族认同以及伴随这种认同而来的好处，因而，为了维护民族认同，国家需要关闭边界，限制移民的涌入。

　　社群主义主要从以下三个角度阐释和论证了民族认同的道德价值。首先，民族认同能够给人们的义务行为提供道德动机。当人们认同于民族共

---

① ［英］米勒：《民族责任与全球正义》，杨通进等译，重庆出版社 2014 年版，第 206 页。

同体时，实现共同体利益的集体义务与追求个人目标的私人利益之间就不会存在尖锐的冲突，人们不必在实现自身福利与推进共同体目标之间做出痛苦的非此即彼的选择，因为人们的个人目标当中就包含了对群体利益的促进，而推进共同体之目标本身就是实现自身福利的一种方式。"个体承担对国家的义务不仅仅是因为它作为合作的机制以及个体利益的保护者是有效的，而且也因为它被作为个体认同的一种目的。他们遵守其规则，支持其制度，愿意拼死捍卫它，因为他们把它看作是自己的。"① 其次，民族认同使得同胞彼此帮助的行为变得更为容易。民族共同体的成员之间的关系是一种互惠性的关系，"从贡献者的私人利益角度来看，贡献行为不是纯粹的损失，因为他在帮助维持一系列他在某种程度上从中获益的关系。……以至于伦理行为对于不完全利他的行为主体变得更加容易。"② 最后，民族认同还具有重要的工具价值。民族认同催生了民族同胞之间的团结感与信任感，是保证民主制度正常运转、实现社会正义的必要条件。塔米尔指出，分配正义的概念只有在那些把自己看作是"正在不断延续的、相对封闭的、其成员之间具有共同命运的共同体的国家中才是有意义的。……共同体的团结创造了关联性与共同命运的感觉或幻觉，这是分配正义的一个前提。它使特殊取向的关系充满了道德的力量，它支持'美德始于家庭'的主张。而且，共同体的德性可以证明为了后代的福祉，为了延续与保持共同体的过去而安排资源的正当性"③。米勒也认为，"一种共享的民族认同是实现政治目标（如社会正义和协商民主）的前提"④。

　　总之，在社群主义者看来，由于人们的民族认同具有重要的道德价值，而毫无限制的移民涌入将会危及特定民族的民族认同，因而，国家应当实施严格的移民政策，以确保这种民族认同的延续。摩尔认为，为了能够控制其生活，控制他们所生活的地方，控制其共同体的集体特征，同时，为了动员其成员实现共同体的各种目标，民族共同体都会力图控制其边界，尤其是控制谁能够加入其政治共同体，谁能够在其领土上定居。那

---

　　①　［以］塔米尔：《自由主义的民族主义》，陶东风译，上海世纪出版集团 2005 年版，第 139 页。

　　②　［英］米勒：《论民族性》，第 67 页。

　　③　［以］塔米尔：《自由主义的民族主义》，陶东风译，上海世纪出版集团 2005 年版，第 119、122 页。

　　④　［英］米勒：《论民族性》，第 165 页。

些把自己认同为特定共同体之成员的人，"享有共同的身份，享有共同的'我们'：他们力图以集体的方式自我决定其共同的生活，而且是在特定的地方来实现这种自我决定。如果他们没有能力决定其政治共同体的成员成分，不能决定他们彼此相处的条款，不能决定他们与其领土的关系，那么，他们的民族认同感就会被削弱"①。这些考量为民族共同体享有的排斥外国人的权利提供了充分的理由。

然而，把民族认同作为限制跨国迁徙自由的理据会面临三个重要的挑战。

首先，即使存在着所谓的民族特性，这些特性本身也是不断变化的。米勒自己也承认，"在过去的一个世纪里，法国与美国的民族认同已经发生了相当大的变化，这并不意味着现在这些国家处于解散的边缘"②。因此，维护民族特征与民族认同的延续性并不能为边界控制提供理据。

其次，民族与国家是两个不同的概念。米勒自己也认识到，民族是一群由共同文化特征和相互承认连接在一起的人；民族之间不存在严格的分界线。国家则是一个成功地声称对特定地域有着合法垄断权的团体；国家之间存在着明确的边界。③但是，社群主义者仍继续混淆这两个概念；他们的出发点是民族，但其落脚点却是国家。即使存在着米勒等人所理解的所谓民族，这些民族都拥有独有的特征，能够行使边界控制权的也仍然是国家（其成员享有的是共同的政治忠诚，而非共同的认同），而非民族（其成员或许拥有共同的认同，但却不是正好生活在同一边界之内）。米勒为之辩护的是国家的边界控制权，但他却把这顶权利的帽子错误地戴在了民族的头上。

最后，民族与国家之间的差异意味着，许多国家是多民族的，它们对许多不同的民族行使其政治权威。一些民族被分裂成两个国家，某些民族则被分散成不同国家中的少数群体。只有在一个国家的成员共享同一种单一的民族认同时，社群主义的结论才是成立的。多民族国家，以及单一国家内多种民族认同的存在，导致了这样的问题的出现：对于保护哪个民族的"民族认同"来说，移民控制政策才是必要的。以这种方式理解民族

---

① Margaret Moore, *A Political Theory of Territory*, Oxford University Press, 2015, p. 197.

② ［英］米勒：《论民族性》，第130页。

③ ［英］米勒：《论民族性》，第19页。

认同的后果之一是，那些虽然是更大的主权国家的成员、但却没有建构自己的国家的人（如澳大利亚的原住民、加拿大的印第安人、美国的印第安人、拉丁美洲的土著人）——他们的民族认同在其主权国家的民族认同版图中消失了。用来促进特定民族认同的政策所保护的认同，必然会是那些占主导地位的民族群体的民族认同。"把保护某个文化群体视为国家的目标，这必然要画出一条针对那些碰巧不属于该群体的公民的危险的分界线。在存在着少数民族或少数群体的地方……基于民族或种族而限制移民的做法将使得某些公民的政治地位低于其他公民。"① 由于每一个国家都包含许多民族，国家内部存在着多样化的、甚至相互冲突的民族认同概念，因而，那种认为国家可以通过选择或限制移民来实现维持其民族认同之延续性的想法完全是毫无意义的。

三 文化独特性理据

20 世纪上半叶，政治哲学家大都对跨国移民的规范基础保持沉默。沃尔泽是当代政治哲学家中较早打破这种沉默的人。在其 1983 年出版的《正义诸领域：为多元主义与平等一辩》中，沃尔泽认为，民族国家有权自主决定，是接纳还是拒绝接纳外国人。在沃尔泽看来，成员身份虽然是共同体所要分配的"首要善"之一，但是，"对成员身份的分配并不完全受正义原则的约束。纵观已做出的大量决策，国家在接纳（或不接纳）陌生人方面完全是自由的。"② 沃尔泽主要是从维护本地文化的独特性这个角度来为国家的这种权利进行辩护。在沃尔泽看来，"文化和群体的独特性依赖于封闭边界；没有边界的封闭，文化和群体的独特性就不能被当作人类生活的一个稳定特征。如果这个独特性是一种价值，如大多数人（尽管他们中有些人是全球多元论者，而另一些只是地方的效忠者）表面相信的，那么在某些地方就应当允许封闭边界"③。

---

① Michael Blake, "Immigration", in R. G. Frey and Christopher Wellman eds., *A Companion to Applied Ethics*, Blackwell Publishing, 2003, pp. 224—231: at p. 233.

② ［美］沃尔泽：《正义诸领域：为多元主义与平等一辩》，褚松燕译，译林出版社 2009 年版，第 68 页（译文略有改动）。

③ ［美］沃尔泽：《正义诸领域：为多元主义与平等一辩》，褚松燕译，译林出版社 2009 年版，第 43 页（译文略有改动）。

　　沃尔泽的这一论点存在三个明显的缺陷。首先，它把法律意义上的国家（state）与（政治或文化）共同体（community）混为一谈。政治与文化共同体的边界与国家的边界并不是完全重叠的；基督教的、伊斯兰教的、佛教的文化共同体往往是超越国界的。民族国家内部包含不同种类的共同体，这些共同体在历史、语言与文化方面常常存在巨大的差异。其次，所谓维护文化的稳定性，不过是维护占主导地位的文化的一种策略；占主导地位的文化反映的是占主导地位的共同体的利益，维护占主导地位的文化无异于维护主导群体的特权。任何文化都是不断发展变化的；不存在固定不变的文化。任何一种文化的内部也不是铁板一块、高度同质的。在强调所谓特定文化的特殊性时，往往是以牺牲该文化内部的非主流文化为代价的。最后，并非任何一种独特性都是有价值的，或值得加以保护的。像绝对皇权、奴隶制、歧视女性、一夫多妻这类独特性，既无价值，更不值得加以保护。

四　领土权理据

　　领土权是米勒用来证明国家拥有边境控制权的重要理据之一。在他看来，移民不享有穿越国家边界的基本人权，同时，国家对其领土拥有领土权；把这两个理由结合起来，就可以证明，"国家有权利控制人口入境"①。

　　米勒认为，人们可以基于各种不同的理由来要求民族的领土权：从原初的占有到民族的命运。在《民族责任与全球正义》一书中，他主要从三个角度来论证了民族的领土权。第一个理据是国家功能论。国家有许多功能：制定和实施法律；制定和推进国民经济发展计划；修建和维护基础设施；保护环境，等等。在米勒看来，国家如果对一片疆界明确的领土不拥有并行使垄断性的管理权威，它就不可能发挥这些功能；而对生活在这片领土上的人们来说，服从国家的这种权威也是有利的。国家的这种权威包含这样的权利：国家可以决定谁可以在其领土上生活。米勒承认，国家对待潜在移民的行为不是不受任何约束的，相反，国家有义务要公平地对待那些想进入其领土的人，要尊重他们的人权，但是，"这并不意味着，

---

　　①　[英] 米勒：《民族责任与全球正义》，杨通进等译，重庆出版社2014年版，第217页。

国家必须接纳那些想要进入其领土的人——他们的人权毕竟没有宽泛到包括自由移民的权利"①。第二个理据是领土增值论。一个民族长时间地占有和改变一片领土，长时间地劳作与生活，在上面世代繁衍；他们不仅极大地改变了其栖息之地的大地景观，而且创造出了与那片大地相适应的文化与文明，从而极大地提升了那片原始土地的价值。米勒相信，"作为一个整体的民族对于其现在已经增值的领土拥有合法的要求权。……一个民族除了占有该片领土，没有其他方式可以保有它所创造的那部分土地价值"②。第三个理据是领土象征论。长期生活在一片领土上的民族，不仅在经济的意义上提升了该片领土的价值，还把特殊的文化象征价值赋予了该片领土。换言之，该片领土对于长期生活在该片领土上的民族的精神生活具有重要的象征意义。"领土权使得一个民族的成员能够持续地占有那些对他们具有特殊意义的领土，使得他们能够就如何保护和管理这些土地做出自己的选择。"③

对领土权的规范证明是政治哲学的核心问题之一。洛克对领土权的经典论证是：人们对一片领土的占有是合理的，如果他们还同时给其他人留下了"足够多和足够好的土地"。但是，近代以来，没有一个民族或人群还能够用这一理想条款来证明自己占有特定领土的合理性。米勒自己也承认，"人们目前对土地的占有，是一系列漫长的迁徙、渗透和征服的过程的产物，这些过程有时充满了非正义。领土权从来都不是绝对的，对必要生存手段的诉求——或者更普遍的，基于人权的诉求——有时会限制对领土权的形式"④。对领土权之"合理性赤字"的这种认识本应使米勒走向世界主义的移民伦理。但是，他对社群主义的坚守却阻止了他走向这一思路的逻辑终点。这使得他对领土权与移民控制之内在联系的证明存在诸多断裂。首先，政府功能的发挥与自由迁徙权之间并无必然的矛盾。国家层面之下的省级（包括美国的州）、县级政府机构的功能发挥与各省之间的自由迁徙并无矛盾；欧盟国家内部的自由迁徙也没有影响欧盟各国政府功能的正常发挥。其次，各民族对经过其改造而增值了的土地享有一定的权

---

① ［英］米勒：《民族责任与全球正义》，杨通进等译，重庆出版社 2014 年版，第 212 页。
② ［英］米勒：《民族责任与全球正义》，杨通进等译，重庆出版社 2014 年版，第 213—214 页。
③ ［英］米勒：《民族责任与全球正义》，杨通进等译，重庆出版社 2014 年版，第 214 页。
④ ［英］米勒：《民族责任与全球正义》，杨通进等译，重庆出版社 2014 年版，第 215 页。

利，但是，这并不意味着增值后的收益都应完全归该民族所独享，因为，地球上的土地原本是属于地球上的所有人的，是地球人的公共资产。特定民族是借助这份公共资产而实现其财富积累的；特定民族应把其财富的一部分作为"地租"返还给地球上的其他人或地球人的公共代理机构。国际上通行的累计税制度与财富继承征税制度也表明，任何人都有义务把其创造的财富的一部分返还给社会，因为国家提供的公共基础设施以及社会合作制度也为个人的财富积累提供了必要的保障。作为个人，人们不能完全独享其创造的财富；作为集体，一个民族也不能独享其创造的财富。一个民族对其土地的增值行为并不是其对该片土地有用排斥性的绝对所有权的依据。最后，对民族文化的保存与移民的迁入并非水火不容。民族文化本身也是不断变化的；移民的迁入可能还会丰富本民族的文化；像美国那样的文化本身就是一种移民文化。同时，如前述讨论沃尔泽的文化保持理据所指出的那样，并非文化的每一种独特性都值得保持，种族歧视、性别歧视、女性歧视的文化都不值得保持，曾经流行于美国的奴隶制文化也不值得保持。米勒对"同质化的民族文化"的假定也是不能成立的。总之，米勒对领土权的论证并非无懈可击，从而他所主张的移民控制伦理也难以令人信服。

五　评论与思考

虽然控制跨国自由迁徙是现代国家的主流政策，但是，至少在 18 世纪以前，边境人口的跨国迁徙还是相当自由的；那时的跨国迁徙自由主要取决于迁徙者的经济能力，而非国家的政治授权。社群主义虽然从以上几个角度为民族国家的边界控制权利提供了一定的理据，但是，如前面的分析所揭示的那样，这些理据并非无懈可击。实际上，社群主义的理据还会遇到三个重要的合理性障碍。

第一，地球上的土地是人类的共同财产。正如康德所指出的那样，地球的表面是人类集体拥有的，"每个人都有分享这整块大地的原初权利……所有民族从一开始就是地球大社区的成员"[①]；"没有人原本就比其他人更有权利去占据地球的任何一个部分。根据对大地表面共同占有的权

---

① 　[德] 康德：《康德政治著作选》，金威译，中国政法大学出版社 2013 年版，第 189 页。

利，所有人都有权使自己进入别人的社会"①。因此，从原初权利的角度看，任何一片领土的人都没有权利拒绝他人的进入。

第二，自近代启蒙运动以来，自由、平等、博爱、正义等理念已经成为全人类的共享价值。然而，放眼全球，地球上仍然是"朱门酒肉臭，路有冻死骨"。日益严重的全球不平等与启蒙运动所倡导的价值追求格格不入，已经成为任何一个有良知的地球人的一项非常严重的道德关切。阻止跨国迁徙自由的移民政策所维护的恰恰是这种不平等的全球制度，它阻止那些有能力的全球穷人到发达国家去获取公民身份。正如卡伦斯指出的那样，"现代自由民主国家的公民身份是中世纪特权的现代对等物——一种继承下来、且能够极大地增加一个人的生活机遇的身份"②。这种身份是由出身决定的；在绝大多数情况下都不会因个人的意愿与努力而改变；它对一个人的生活机遇有着决定性的影响。出身在富裕的西方国家，就像出身在封建贵族家庭；出身在孟加拉这样的贫穷国家，就像出身在封建社会的农民家庭。边界制度无异于地理意义上的等级制。"如果封建社会的身份制度是错误的，那么，什么能够证明当代的身份制度的合理性呢?"③

第三，在全球化时代，人类面临着越来越多的全球性问题（如气候变暖、全球金融风险、恐怖主义、全球贫困、军备竞赛、跨国犯罪等），这些问题只有在全球层面采取协调统一的行动才能解决。各国要在全球层面实现有效的合作，就必须走出"全球囚徒困境"；而走出全球囚徒困境的前提是，各国政府及其人民都超越民族主义—社群主义的藩篱，树立后民族国家的世界公民理念，实现后民族国家的全球相互信任。从这个意义上讲，超越民族主义—社群主义的局限，走向天下一家的人类命运共同体理想，这是人类的必然选择。如果不能建立起以联合国为全球最高治理主体的人类命运共同体制度，人类就只能在全球性问题的困扰下走向日益严重的灾难与痛苦的深渊。

面对上述理论和实践挑战，社群主义者不得不弱化其理论的逻辑结

---

① ［德］康德：《康德政治著作选》，金威译，中国政法大学出版社 2013 年版，第 95 页。

② Joseph Carens, "Aliens and Citizens: The Case for Open Bouders", *Review of Politics*, 1987, pp. 251-273.

③ Joseph Carens, "Migration and Morality: A Liberal Egalitarian Perspective", in Brain Barry and Robert Goodin eds., *Free Movement: Ethical Issues in the Transnational Migration of People and of Money*, The Pennsylvania University Press, 1992, pp. 25-47, at pp. 26-27.

论，同时，对西方国家目前的移民控制政策提出尖锐的批评。例如，沃尔泽虽然主张关闭边界，但他也在有限的意义上承认罗尔斯所说的作为自然义务的"相互帮助原则"。根据这一原则，人们有义务帮助陌生人，如果①对方十分需要或迫切需要这种帮助；②给予帮助的风险或成本相对较低。① 因此，主权国家虽然拥有根据其民族优先事项来管制移民的广泛权利，但它们也负有某些义务来接纳其公民的亲属，以及流离失所的民族同胞。对于那些无法被接纳的陌生人，富裕的西方国家也负有帮助的义务，这种义务通常能够以经济援助的方式把财富输出给比较贫穷的国家而得到履行。沃尔泽还批评了"澳大利亚白人的政策"；根据该政策，澳大利亚政府过分地歧视对待潜在的非白人移民者。在他看来，澳大利亚人想保留陆上的大片空地、并拒绝接纳赤贫的非白人裔陌生人的做法是不正义的（尤其是在他们的祖先曾强制驱逐这片土地上的原住民的情况下）。② 塔米尔也认为，"只有当一个民族已经履行其保障所有民族之间平等这个全球义务的情况下，它通过限制移民而进行的同质性追求才是正当的。因此，那些关心如何避免向移民——他们有可能改变现有的民族与文化现状——敞开国门的富裕国家，应该着手致力改进贫困国家的生活水平，这样做既出于道德的理由，也出于谋划的考虑。实际上这包含了在全球范围有限度地实现罗尔斯的第二原则"。罗尔斯的正义理论的第二条原则包含两个具体原则，一是机会平等原则，二是惠顾最不利者原则。罗尔斯的这两条原则的运用将导致这样的结论"保障贫困国家成员过上少许好一点的生活的最好办法是把他们分散到其他更加富有的共同体。"③ 因此，罗尔斯的这两个原则所要求的恰恰是更加开放的移民政策。

　　鉴于社群主义的跨国移民伦理存在着上述缺陷，同时，走向人人平等的人类命运共同体是人类的必然选择，因而，一种更具合理性与前瞻性的跨国移民伦理应当选择世界主义的价值取向，把跨国迁徙自由当作一项基本权利确认下来。当然，这种权利不是绝对的，它可以被其他的更重要的

　　① ［美］沃尔泽：《正义诸领域：为多元主义与平等一辩》，褚松燕译，译林出版社2009年版，第36页。

　　② ［美］沃尔泽：《正义诸领域：为多元主义与平等一辩》，褚松燕译，译林出版社2009年版，第51—53页。

　　③ ［以］塔米尔：《自由主义的民族主义》，陶东风译，上海世纪出版集团2005年版，第167页。

权利所压倒，但是，不能仅仅基于民族国家的特殊利益而予以拒斥。跨国迁徙自由是每个人都享有的一项初始权利，而确保人们的这种权利得到实现则是民族国家的初始责任。这样一种跨国移民伦理一方面对民族国家现行的移民政策给予有限的认可，只要民族国家对其为能履行其初始义务的行为给出正当的理由；同时，它又为跨国移民的治理乃至相关国际制度的制定和完善指明了方向。米勒也承认，"当那些没有迫切需求的潜在的移民被拒绝进入一个国家时，该国必须要给他们提供一个公平的拒绝理由。"① 然而，提供这个理由的依据是什么呢？如果民族国家拥有关闭其边界的权利，那么，它们在维护其权利时，根本无须提供任何理由。事实上，只有当我们把跨国迁徙自由当作一项基本权利来确认以后，我们才能合理地要求民族国家给它们所拒斥的那些潜在移民"提供一个公平的拒绝理由"。

---

① ［英］米勒：《民族责任与全球正义》，杨通进等译，重庆出版社 2014 年版，第 223 页。

"冲突"的可能性及其意义

——亨廷顿"文明冲突论"批判

昌明君①

"文明冲突论"肇始于美国学者，前哈佛国际和地区问题研究所所长，约翰·奥林战略研究所主任，美国政府国家安全计划顾问及美国政治学学会会长，已故的塞缪尔·亨廷顿教授。亨廷顿在其充满了争议性②的成名作《文明的冲突与世界秩序的重建》提出，"在后冷战的世界中，人民之间最重要的区别不是意识形态的、政治的或经济的，而是文化的区别"③，"在这个新的世界里，最普遍的、重要的和危险的冲突不是社会阶级之间、富人和穷人之间，或其他以经济来划分的集团之间的冲突，而是属于不同文化实体的人民之间的冲突。部落战争和种族冲突将发生在文明之内"④。而在当今世界诸文明——西方文明、东正教文明、日本文明、中国文明、伊斯兰文明、印度文明、拉丁美洲文明及非洲文明，最有可能在可预见的将来与近现代以来长期作为世界主导文明的西方文明产生冲突的，将是中国文明与伊斯兰文明。⑤

---

① 昌明君，云南大学公共管理学院哲学系讲师，研究方向为伦理学原理及政治哲学原理。

② 在此书《前言》中作者自述道："1993 年夏，美国《外交》季刊发表了我的一篇文章《文明的冲突?》。据该杂志的编辑讲，这篇文章在三年内所引起的争论，超过他们自 20 世纪 40 年代以来所发表的任何一篇文章。而它在三年内所引起的争论肯定也超过我所撰写的其他任何文章。"参见［美］塞缪尔·亨廷顿《文明的冲突与世界秩序的重建》，周琪等译，新华出版社 2003 年版，《前言》第 1 页。

③ ［美］塞缪尔·亨廷顿：《文明的冲突与世界秩序的重建》，周琪等译，新华出版社 2013 年版，第 5 页。

④ ［美］塞缪尔·亨廷顿：《文明的冲突与世界秩序的重建》，周琪等译，新华出版社 2013 年版，第 6 页。

⑤ ［美］塞缪尔·亨廷顿：《文明的冲突与世界秩序的重建》，周琪等译，新华出版社 2013 年版，第 7 页讲道："西方是而且在未来的若干年里仍将是最强大的文明。然而，它的权力相对于其他文明正在下降。当西方试图伸张它的价值并保护它的利益时，非西方社会正面临着一个选择。其中一些试图竭力仿效和加入西方，或者'搭车'。其他儒教社会和伊斯兰社会则试图扩大自己的经济和军事力量以抵制和'用均势来平衡'西方。因此，后冷战时代世界政治的一个主轴是西方的力量和文化与非西方的力量和文化的相互作用。"

　　亨廷顿"文明冲突论"一经发布，尤其是在极短时间内便被介绍到中文世界中后，即刻引来一番口诛笔伐。[①] 在几乎是作为定论被"打倒"之后，随着时间的推移，"文明冲突论"逐渐作为一种"过时"的理论淡出人们的视野，逐渐地闻者寥寥，议者寥寥，批判者亦寥寥。

　　然而"9·11"事件的发生，尤其是对国人来说，自特朗普出任美国总统以来中美贸易摩擦的不断升级甚至是"中美贸易战"之趋势的出现，再次激发了人们对"文明冲突论"的研究兴趣。亨廷顿所预言的伊斯兰文明与中华文明之作为西方文明于将来的根本对手，似乎纷纷得到了印证。

　　时至今日，纵使尚有人以为"9·11"于国人而言可谓"干卿何事"，对不断升级的中美贸易摩擦，及其已不再仅仅局限于经济和贸易领域的发展势态，我们却早已不能置身事外地"等闲视之"了。被亨廷顿视为文明间相互冲突的主角们：西方文明、中国文明、伊斯兰文明、东正教文明、印度文明等，彼此间此起彼伏的或"阴晴"或"圆缺"，或"悲欢"或"离合"，引发了对"文明冲突论"再研究与再批判的理论与实践的必要性。

---

　　① 赵林：《〈文明的冲突?〉再反思》，《浙江大学学报》（人文社科版）2007 年第 4 期，对此有着生动的描述："该文的中译文……刊载出来，立即就在海内外华人世界中引起了强烈的反响。无论是许倬云、金观涛等海外学者，还是汤一介等国内著名教授，均不约而同地对亨氏的所谓'文明冲突论'进行了猛烈的抨击，指责亨廷顿的观点是'西方中心论'的翻版或余孽，大有唯恐天下不乱的险恶用心。这些华裔学者尽管具体的观点不尽相同，但是却都倾向于一种共识性的立场，那就是由于世界经济一体化的发展趋势，21 世纪将不会出现文明的冲突，而是代之以不同文明之间的和谐相处与相互融合。金观涛先生认为：'用世纪作为时间单位，看到的绝不是不同文化在互相影响中自我认同的强化，而是文化认同危机以及文化在互动中融合变迁。'汤一介先生对 21 世纪的前景展望道：'科学技术的长足发展，人们创造出征服太空的奇迹，特别是近年来人们逐渐意识到必须以"对话"代替"对抗"，以"和平竞赛"代替"军备竞赛"，21 世纪将或是一个人类充满希望的世纪。'并认为儒家的'普遍和谐'观念将成为未来世界和平的精神前提。美籍华人学者许倬云先生则指责亨廷顿的文章'俨然战国策士的议论，找不到为生民悲悯的胸怀'，认为'从稍为远处的前景看，全球的整合是必然的结果，不能由一时的对立，断定长久的分裂与对抗'。"

一　"冲突"的可能性

亨廷顿谓："在后冷战的世界中……人民和民族正试图回答人类可能面对的最基本的问题：我们是谁？……人们用祖先、宗教、语言、历史、价值、习俗和体制来界定自己"①，这确乎是意识形态的强势连接终结后，对各文明真正基于"文明"自身而不再基于政治或其他而作出的文明的自我认同的如实描述。亨廷顿同时提出，"我们只有在了解我们不是谁、并常常只有在了解我们反对谁时，才了解我们是谁。……非西方社会，特别是东亚社会，正在发展自己的经济财富，创造提高军事力量和政治影响力的基础。随着权力和自信心的增长，非西方社会越来越伸张自己的文化价值，并拒绝那些由西方'强加'给它们的文化价值"②。如果说，对每个文明来说都必须来完成的自我认同，其基本方式居然是了解"我们不是谁""我们反对谁"，则文明间的"冲突"似乎便必然地为多文明的同时存在所天然地包含了——也就是说，"多文明"这一概念天然地内含了其内各文明间的相互冲突。然而亨廷顿却没有直截了当的点明这一点，甚至于似乎是"假惺惺"地，还说出了"维护世界安全，则需要接受全球的多元文化性"③ 这样的话来。究竟，我们应当如何来理解或回应亨廷顿所提出的这种在文明的自我认同中每一文明与其他文明的相"反对"之关系呢？我们将在后文具体讨论这一问题。

另外，亨廷顿还认为，即使是我们津津乐道的世界经济一体化与信息一体化，亦并未能为各文明间的和平带来必然性的希望："贸易会增加或减少冲突的可能性吗？它会减少民族国家之间发生战争的可能性的假设至少没有得到证实，而且还存在着大量相反的证据。……高水平的经济相互依赖可能导致和平，也可以导致战争，这取决于对未来贸易的预期。……

---

① ［美］塞缪尔·亨廷顿：《文明的冲突与世界秩序的重建》，周琪等译，新华出版社 2013 年版，第 5 页。

② ［美］塞缪尔·亨廷顿：《文明的冲突与世界秩序的重建》，周琪等译，新华出版社 2013 年版，第 5 页。

③ ［美］塞缪尔·亨廷顿：《文明的冲突与世界秩序的重建》，周琪等译，新华出版社 2013 年版，第 293 页。

贸易和通信未能产生和平和认同感，这与社会科学的发现是一致的。"①
另外，即使是所谓的"普世文明"，亦不能消弭文明间的差别与对立。②

　　亨廷顿骨子里必定认为，文明间的冲突不可避免，而且这种冲突极有
可能最终演化为战争。他嘴上虽然说道："避免全球的文明战争要靠世界
领导人愿意维持全球政治的多文明特征，并为此进行合作"③，似乎是为
文明间的和平保留了可能。但试想，"世界领导人"作为个人，可能是文
明间之战争的真正发起者或和平的真正实现者吗？"世界领导人"之间的
合作如果就可以解决文明间相互冲突的问题，这种合作大概也就可以解决
人类的一切问题了——然而人类的一切问题，迄今依然是问题，并未也不
可能为"世界领导人"之间的"合作"这一无上良方所治愈、解决。在
人类诸文明的共处问题上，亨廷顿是一个彻头彻尾的悲观主义者，所能给
出的最大可能的解决方案，只是一个"治标不治本"的暂时压制住问题

---

　　① ［美］塞缪尔·亨廷顿：《文明的冲突与世界秩序的重建》，周琪等译，新华出版社2013
年版，第46页。
　　② 李格琴：《国际政治中的"文明冲突"范式新解——重读亨廷顿的〈文明的冲突?〉》，
《世界民族》2008年第1期，对亨氏观点进行了精要有力的概括，兹引如下："对于一些学者特别
是有些西方学者所鼓吹的'普世文明'，亨廷顿也给予了针锋相对的批评。他认为，所谓'普世文
明'存在三种认识上的误区。第一种是把人类社会共同拥有的最低限度的道德感、最低程度的善恶
评判价值尺度看作'普世文明'的基础。人类共有的一些最基本的道德感对于了解人类脱离野蛮的
社会化过程十分重要，但对于解读现实社会中各种不同文明的变化历史与特征却没有多大意义。第
二种是认为西方的消费方式和大众时尚文化在全世界传播，由此可以创造一个'普世文明'。20世
纪80年代以来，随着通信、信息技术的飞速发展，西方社会的消费方式与大众时尚文化借助欧、
美跨国媒介的传播迅速渗透到许多非西方文明圈中，甚至成为被追捧的对象。然而，非西方文明圈
中的民众可以非常容易地接受西方的消费方式与大众时尚文化，却并不容易改变自身传统的文化价
值观念。大家可以去吃麦当劳，喝可口可乐，但却并不一定理解和认可西方的自由主义和人权观
念。亨廷顿曾指出，西方社会的消费方式与大众时尚文化只是缺乏重要文化后果的技术或昙花一现
的时尚，并没有改变其接受者的基本文化。西方文明的本质是'大宪章'而不是'巨无霸'，非西
方人可能接受后者，但这对于他们接受前者来说没有任何意义。第三种是把人类文明社会所共有的
东西如城市、识字、科层结构等看成'普世文明'的一部分。这种说法用来解释与原始、野蛮相
对的人类生活状态还算有意义（取文明的第一种语义），但是用它来说明不同文化实体的发展与走
向就显得含义模糊。各种文明即便都拥有类似的城市，都发展了复杂的文字与科层体系，但这些共
性仍掩盖不了他们在其他更重要方面的文化差异（如社会习俗、生活方式、思维方式、价值观念
等）。而这些差异的存在使'普世文明'的出现成为一个遥不可及的神话。"
　　③ ［美］塞缪尔·亨廷顿：《文明的冲突与世界秩序的重建》，周琪等译，新华出版社2013
年版，第5页。

之爆发的权宜之计。

往昔亨廷顿的批判者们，其反对亨廷顿之着眼点，在于否认文明冲突之极大的可能性。然而若仔细加以分析，我们便可以发现，亨廷顿给出的是两个并无必然推导关系的命题：①文明间极有可能会相互冲突；②此种相互冲突不可化解（除非我们相信"世界领导人"的"合作"便可以"避免全球的文明战争"这种亨廷顿自己大概都不相信的"鬼话"）。这两个命题中，命题1并不必然地导致命题2；换句话来说，我们大可不必为了否定命题2而一定要去否定命题1。

我们完全可以接受，文明间冲突的极大可能性甚至是必然性。在笔者看来，否认、试图抹杀这样一种可能性，恰恰是断送了我们解决文明冲突问题的道路。即使亨氏之命题1确不成立，在我们可以绝对地否定它之前（而这一点在笔者看来恰是当下我们绝对做不到的），我们也不妨假设其成立，并进而未雨绸缪，寻求其解决之道。

二 "冲突"的意义

1. "冲突"这一词汇的意义

皮亚杰的研究表明，儿童的成长，正是由天然的自我中心主义者，从一种"主体和客体之间完全没有分化"①的状态，逐渐地把"作为非我的别人"当作客体来认识。在这个主客体分化的过程中，"自我"的意识萌发了，而对自我的自觉，直接表明了对他人与自我之矛盾的认识。可以说，正是在他人之中，我们明白了自我。

这也就是说，每个人的自我认同，都起于对"我不是谁"的感知。作为"内容苍白"的婴儿，在能够说出"我是谁"，"我"具有怎样的内容、特质之前，首先需要知道的是"我不是谁"或"谁不是我"。

然而这样一种曾经发生在我们每个人身上的"逆于"或"别于"（against）他人、他者的成长过程，并不必然导致，或者说，从来就不曾导致我们彻底地反对（object）和不满（disagree）于他人、他者。恰恰相反，在我们于最初划分清楚所有"逆于"或"别于"我们的他人、他者以标明完整独立的"我"之后，我们将逐渐地"从于"他人、他者，或

---

① ［瑞士］皮亚杰：《发生认识论原理》，王宪钿等译，商务印书馆1981年版，第23页。

曰令他人、他者这本不属于"我"的部分逐渐地"为我"。唯有如此，我们才能令我们的"自我"，除却单纯的、形式的"自我意识"，而拥有丰富的、现实的内容。只有在这以后，我们才有可能真正去回答"我是谁"，及"什么是我希望的""什么是我憎恨的"这一类问题。

　　所有最终"为我"的东西，都曾经与"我"冲突。在"我"学会走路之前，大地与"我"冲突，"我"憎恶这去不到、看不完同时分隔着"我"与"我"所有的向往之人、之物的大地。然而在"我"有能力走路、骑车、乘坐交通工具之后，大地蕴含、承载了"我"所有的希望之地、向往之物及喜爱之人，若没有这大地，我将得不着、去不到。同样地，文字、各种运动技能及最终令我们安身立命的职业与事业，无一不曾经与我们相"冲突"。若不会走路便不去学走路，不会认字、计算也同样不去"征服"对方，则我们至死仍将是婴儿——而任何人，都不可能真的想要这样的人生。于此我们便可得出这样的启示："非我""别于我"者，未必不可"为我"；而且这样一种由"非我""别于我"而进至"为我"的发生，正是我们真正的自我认同所必然依赖的"自我之建构"。

　　亨廷顿于文明的自我认同立论，从"我们只有在了解我们不是谁、并常常只有在了解我们反对谁时，才了解我们是谁"出发，而得出了文明与文明间的"冲突"。然而其此处的"反对"，其实正是"逆于"或"别于"之 against① 而非"道不同不相为谋"或"非我族类，其心必异"式的 object 或 disagree。于此一层意义上我们便可以知晓，亨廷顿所谓的"冲突"根本乃是起于一种较弱意义上的"冲突"，逐渐地将这种仅仅作为 against 的弱意义上的冲突，转换为"Clash"② 这一较强意义上的"冲突"，不过是亨氏刻意为之的夸大；"against"仅仅是"Clash"的必要而绝不是充分条件。就使我们承认"against"的确也是一种"冲突"，此种"冲突"不但显然是可以"化解"的，而且其恰恰正是任何一种"交往"（relationship）得以存在的前提条件。

　　2. "冲突"之发生的意义

　　亨廷顿的批判者们，往往是在对"Clash"这一词汇之意义的认同上，

---

　　① 此句英文原文为："We know who we are only when we know who we are not and often only when we know whom we are against"。

　　② 亨廷顿此书英文名为 *"The Clash of Civilizations and the Remaking of World Order"*。

来批判亨氏"文明冲突论"的。作为其基本态度之出发点的"'为生民悲悯的胸怀'和乐观主义的展望"①，却在并未察觉到亨氏从"against"到"Clash"的转换这一伎俩面前，显得空泛并盲目乐观，进而反而使有的学者认为"亨廷顿的态度比起那些一味高唱'太平盛世'的和平赞歌、完全无视文明冲突的可能性的人们，要更加负责任得多!"②

在笔者看来，对亨氏之"文明冲突论"的有效回应或曰批判，根本地并不在于去否认"冲突"高唱"太平"，而是在于，有效把握亨氏理论之合理成分并回答，所谓的"冲突"究竟是何种意义上的"冲突"及此种"冲突"是否可以被视为是"良性"的"冲突"，是有意义的"冲突"？

"一切历史冲突都根源于生产力和交往形式之间的矛盾"③，各文明之间的"冲突"，在根本意义上显然不是这样一种矛盾冲突。我们可以认为，各文明间的所谓"冲突"——即使不排除其演化为激烈的如世界大战这样的强"冲突"的可能性——就其本质而言，仅仅是一种弱意义上的"冲突"。这样一种弱意义的"冲突"，如前所述，恰是各文明间"交往"的前提，甚至意义之所在。而就文明间的交往而言，"跨文化的交往与鉴赏并非一定是羞耻和屈辱的。我们确实有能力去欣赏在别处产生的东西，而文化的民族主义和沙文主义作为一种生活方式却会严重削弱生命力"④。换言之，杜绝这样一种"冲突"、这样一种"交往"，恰恰是在扼杀各文明自身的生命力。正如罗素曾经提到过的那样："不同文明之间的交流过去已经多次证明是人类文明发展的里程碑，希腊学习埃及，罗马借鉴希腊，阿拉伯参照罗马帝国，中世纪的欧洲又模仿阿拉伯，而文艺复兴时期的欧洲则仿效拜占庭帝国。"⑤ 基于此种弱意义上之"冲突"的文明间的交往，正是各文明各自得以存在、得以发展、得以展现其生命力的"不二法门"。

---

① 赵林：《〈文明的冲突?〉再反思》，《浙江大学学报》（人文社科版）2007年第4期。

② 赵林：《〈文明的冲突?〉再反思》，《浙江大学学报》（人文社科版）2007年第4期；另外，李格琴：《国际政治中的"文明冲突"范式新解——重读亨廷顿的〈文明的冲突?〉》，《世界民族》2008年第1期，也对亨廷顿的批判者们之偏颇，多有针砭。

③ 《马克思恩格斯选集》（第1卷），人民出版社1995年版，第115页。

④ ［印］阿玛蒂亚·森：《以自由看待发展》，任赜等译，中国人民大学出版社2012年版，第245页。

⑤ 转引自汤一介《"文明的冲突"与"文明的共存"》，《北京大学学报》（哲学社会科学版）2004年第6期。

正如同感冒的过程，是"治愈"感冒的唯一方式；接种某种病毒的疫苗，是使我们彻底远离此种病毒的最佳良方。如果说，文明间弱意义上的"冲突"并未在可能性上完全根除强意义上的"冲突"的可能性，那么，后者的真正解决之道，正是建立在前者的不断完成中。

亨廷顿及其批判者们，在思考文明之"冲突"这一话题时，都不自觉地陷入了一种粗陋的二分法之中：似乎"冲突"与"和平"间的关系，正如同他们所理解的那种"冲突"——"不是你死，就是我活"。他们似乎都不曾考虑过这样一种可能：以"冲突"（在其较弱的意义上）来铸就"和平"从而避免真正的"你死我活"的"冲突"。

而在这一点上，"中国智慧"恰能"大显身手"。无论是"反者道之动"的道家智慧，还是"和而不同"的儒家胸襟，① 都正可用以赞助我们从容、有效地解决与世界上所有文明的和平交互。②

费孝通先生尝曰："当今世界上，还没有一种思想或意识形态能够明确地、圆满地、有说服力地回答我们面临的关于不同文明之间应该如何相处的问题"③，确为至论。而同时，"一带一路"全球化战略，正力求在经济的繁重之外，格外地、特别重要地，实现中华文明与人类其他文明的有效共处。"一带一路"这一实践及理论摸索、创新过程，何尝不正是中国

---

① 汤一介：《"文明的冲突"与"文明的共存"》，《北京大学学报》（哲学社会科学版）2004 年第 6 期，亦援引儒道两家曰："中国文化能否为'文明的共存'作出贡献？……要使'不同文化之间'和谐相处，从而使不同文化传统的国家、民族能和平共存，并不是一件容易的事，也许孔子提倡的'和而不同'可以为我们提供极有意义的资源。……中国传统文化的最高理想是'万物并育而不相害，道并行而不相悖'。'万物并育'和'道并行'是'不同'；'不相害'、'不相悖'则是'和'。这种思想为多元文化共处提供了取之不尽的思想源泉。……世界各国、特别新帝国的领导者应从《道德经》中汲取智慧，认识到强权政治、霸权主义从长期的世界历史发展看是没有前途的。因此，我认为老子思想对消解'文明的冲突'论、新'帝国论'是十分有价值的理论。"

② 李格琴：《国际政治中的"文明冲突"范式新解——重读亨廷顿的〈文明的冲突?〉》，《世界民族》2008 年第 1 期，也提出："中华文明在其漫长的发展过程中，逐渐形成了超强的包容性、耐久性、实用性等特质，使其并不容易与西方文明或其他文明之间产生长久的文化冲突。近代以来中、西之间的对抗所反映的是工业现代化冲击下民族独立与复兴的挣扎，与中、西之间由文化差异而造成的排斥和仇恨关系不大。20 世纪七八十年代以来，以中国为核心的中华文明圈国家纷纷步入工业现代化的道路，中华文明对西方文明中的经济模式、管理制度、法治理念等不仅没有排斥，反而有很大程度的认同。"

③ 费孝通：《"美美与共"和人类文明》，《新华文摘》2005 年第 8 期。

以中国智慧去解决"不同文明之间应该如何相处"问题的伟大实践。习近平同志多次提到,"文明是多彩的,人类文明因多样才有交流互鉴的价值。人类在漫长的历史长河中,创造和发展了多姿多彩的文明"①,"任何一种文明,不管它产生于哪个国家、哪个民族的社会土壤之中,都是流动的、开放的、互动的。这是文明传播和发展的一条重要规律。……中华传统文化的灿烂辉煌,不仅仅是中华文化自身所创造的,也是因为吸收和借鉴了世界各族所创造的历史文化。……文明因交流而多彩,文明因互鉴而丰富。文明交流互鉴,是推动人类文明进步和世界和平发展的重要动力"②,"加强相互交流、相互学习、相互借鉴,而不应该相互隔膜、相互排斥、相互取代,这样世界文明之园才能生机盎然"③。

最后,我们不妨把习近平同志在"一带一路"国际合作高峰论坛开幕式上的演讲中的如下金句,视为"一带一路"中的"中国智慧",对"文明冲突论"的"中国回答":"'一带一路'建设要以文明交流超越文明隔阂、文明互鉴超越文明冲突、文明共存超越文明优越。"④

①　习近平:《在联合国教科文组织总部的演讲》,《人民日报》2014年3月28日第001版。

②　习近平:《在印度世界事务委员会的演讲》,《人民日报》2014年9月19日第001版。

③　习近平:《在纪念孔子诞辰2565周年国际学术研讨会暨国际儒学联合会第五届会员大会开幕会上的讲话》,《人民日报》2014年9月25日第001版。

④　习近平:《携手推进"一带一路"建设》,《人民日报》2017年5月15日第003版。

先秦儒家伦理思想与全方位共同体建设

于盼盼①

新时代背景下，中国致力于推进与沿线国家全方位的开放合作，倡议打造"政治互信、经济融合、文化包容的利益共同体、命运共同体和责任共同体"②。在构建命运共同体、利益共同体、责任共同体时，既要加强经济合作，促进多方经济发展，又要加强文化交流，互相借鉴优秀文化成果，又要在政治交涉中强调相互之间的信任，又要多方共同承担保护环境、维护和平等责任。不仅仅是经济上的获益，更是经济、文化、政治、生态等合一的全方位多层次的合作交流。这一倡议体现出了极具特色的"中国智慧"，此"中国智慧"的背后还蕴含着极其丰富的儒家伦理思想。儒家伦理思想既"在中国传统伦理思想的发展过程中居于主干地位"③，也在中国现代伦理思想发展的过程中发挥着作用。首先我们应该认识到重视儒家伦理思想并非固守传统，而是应用儒家伦理思想，更好地为现代社会服务、为共同体建设贡献中国智慧；其次儒家伦理思想是可以和此倡议结合起来谈的，一方面我们可以基于这一倡议，正确认识儒家伦理思想；另一方面我们可以基于儒家伦理思想，为全方位多层次共同体建设提供更为广阔的发展空间。本文主要是以先秦儒家伦理思想为理论基础，以新时代全方位、多层次共同体建设的倡议为出发点，为各国之间经济、文化和政治上的合作、交流和交涉提供伦理学理念的支持，并通过这些儒家伦理学理念凸显出极具中国特色的"中国智慧"。

---

① 于盼盼，云南大学公共管理学院中国哲学在读硕士，研究方向为道家与道教。

② 新华社：推动共建丝绸之路经济带和21世纪海上丝绸之路的愿景与行动，国家发展改革委、外交部、商务部2015年3月28日联合发布。

③ 张岱年、朱贻庭：《中国传统伦理思想史》"绪论"，《中国社会科学》1988年第6期。

一　经济合作中"重义兼利"

有些学者将儒家义利观笼统的概括为"义利对立、重义排利",这是不太严谨的。儒家并非一开始就讲"义利对立",如孔孟荀,他们是不反对追求有"义"之"利"的。自孔孟荀之后,儒学家们的义利发生了一些改变,"利"的地位逐渐被削弱,直至宋明理学家以"存天理,灭人欲"为基础将义利完全对立起来,重义排利。在全方位、多层次共同体建设中,经济合作所应坚持的正确义利观,很显然不是宋明理学家所倡导的"义利对立、重义排利",而是较符合孔孟荀义利观的"重义兼利"。

孔子的义利观大致可归结为三个方面:第一是追求"利"乃是"人之所欲"。孔子说"富与贵,是人之所欲也"[1]。但凡是"人",不论是君子还是小人,"利"、富贵都是他们的"所欲";第二是追求"利"应以"义"为前提。虽然孔子承认"利"是"人之所欲",但他强调"不以其道得之,不处也"[2]。此处所言的"道"是君子之道、天下之道,即"道义"。不以此"道义"为前提的"富贵"、钱财,于孔子来说犹如"浮云","饭疏食,饮水,曲肱而枕之"[3] 的朴实生活,就足以让他"乐亦在其中矣"。"富而可求也;虽执鞭之士,吾亦为之。如不可求,从吾所好"[4],即是在说孔子认为富贵求与不求,在于可与不可,不在所行之事、所处地位。孔子不反对人对合道义之富贵的追求,所反对的是人们去追求不符合"义"的"利";第三是君子与小人义利观的不同。孔子说"君子喻于义,小人喻于利"[5]。"君子义以为质"[6],对"利"取之有道且取"利"皆以"义"为先,小人却只在乎"利","放利而行",终会导致"多怨"[7]。从孔子的言论可以看出孔子并非将义利对立起来,而是讲求取利以义为先、重义且不反对可求之利。

---

① 《论语·里仁》。
② 《论语·里仁》。
③ 《论语·述而》。
④ 《论语·述而》。
⑤ 《论语·里仁》。
⑥ 《论语·卫灵公》。
⑦ 《论语·里仁》。

　　孟子、荀子继承孔子的义利观，孔子所讲三个方面，他们皆有涉及。第一，孟子说"天下之士悦之，人之所欲也……好色，人之所欲……富，人之所欲……贵，人之所欲"①，他也认为追求富贵、利乃是"人之所欲"。荀子则是更进一步指出"好利"乃是"人之所生而有也""无待而然也，禹桀之所同也"②，他将人欲利、好利解释为一种无待而然、生而就有的。第二，孟子认为应该以义为先，"苟为后义而先利，不夺不餍"③，若以利为先，人们的欲望是很难满足的。第三，荀子亦认为君子与小人对待"利"的态度不同，他说："好利恶害，是君子小人之所同也；若其所以求之之道则异矣。"④ 君子"好利"是以"义"为先、取之有道；小人"好利"则是以"利"为先，不顾及可与不可。

　　综合来看，孔孟荀"重义"且不反对追求符合"义"的"利"，可以归结为"重义兼利"的义利观。孔孟荀的这种义利观在现代社会仍可发挥一定的作用，作为一种伦理理念，它被用在全方位共同体建设中，可以变成一种具有中国特色的经济理念，促进国与国之间的经济合作。习近平总书记在国际会议中曾多次指出各个国家之间的经济合作要坚持正确的义利观，要重视利，更要重视义，"国不以利为利，以义为利也"⑤，肯定了儒家"重义兼利"的义利观可以为当今的经济合作提供理念支持。经济合作是推进全方位、多层次共同体建设的重要保障，而经济合作又需要一些正确的伦理观念、价值观念指引方向。在同周边国家开展经济合作时，首先要做到的是不可违背国与国之间的道义，以义为利；其次要注重各个国家的互惠互利、共同发展。所谓"利者，义之和也"⑥，经济合作要实现就是建立在道义的基础上而实现的互惠互利、合作共赢。

二　政治沟通中"诚"与"信"

　　作为儒家伦理思想体系中一个重要范畴，"诚信"对于中华民族以诚

---

① 《孟子·万章下》。
② 《荀子·荣辱篇》。
③ 《孟子·梁惠王》。
④ 《荀子·荣辱篇》。
⑤ 《礼记·大学》。
⑥ 《易传·乾文言》。

待人、讲求信用的文化传统的形成，产生了极为重要的影响。在共同体建设的过程中，尤其是在认识到政治互信是实现全方位、多层次合作的重要前提和基础之后，批判继承和弘扬儒家伦理中的"诚信"思想，把握其根本内涵，对于国与国之间的和谐关系，对于沿路国家之间的经济文化合作，以及对于推进经济共同体建设，都有其积极意义。

在儒家伦理思想中，诚与信关系密切，《说文解字》有言："诚，信也""信，诚也"，诚与信是可以互训的。"诚"与"信"自先秦开始连用，此后作为一个统一的范畴，"诚信"逐渐成为社会生活中一种非常重要的道德规范。"诚信"大致有三种内涵：真实、诚实、言行统一。作为一种道德规范，"诚信"对社会生活中的诸多层面产生了极大的影响。首先，诚信影响一个人人格的形成。"人而无信，不知其可也"，孔子认为人不能不讲诚信，否则就如同"大车无輗，小车无軏"①，不可行之。孔子以车輗、軏为喻，说明诚信影响人基本品格的形成，人如果没有诚信，就会难以安身处世，更别谈理想人格之养成。儒家对理想人格即君子的要求是"义以为质，礼以行之，孙以出之，信以成之"②，对君子的描述是"不动而静，不言而信"③。其次，诚信影响人与人之间的交往。从狭义的即"与朋友交"的层面上看，言而有信是必不可少的。《论语》中多次提到孔子之弟子重视与朋友应有信，如曾将"与朋友交而不信乎"④作为其反省自身的内容之一，子夏也说："贤贤易色；事父母，能竭其力；事君，能致其身；与朋友交，言而有信"⑤，这与孔子教导弟子"入则孝，出则弟，谨而信，泛爱众，而亲仁，行有余力，则以学文"⑥是分不开的。孟子是从五种人伦关系即父子、君臣、夫妇、兄弟、朋友来谈"与友交应有信"的，他说："父子有亲，君臣有义，夫妇有别，长幼有序，朋友有信。"⑦从广泛的意义即人与人之间的交往上看，言行一致仍是必

---

① 《论语·为政》。
② 《论语·卫灵公》。
③ 《中庸》。
④ 《论语·学而》。
⑤ 《论语·学而》。
⑥ 《论语·学而》。
⑦ 《孟子·滕文公上》。

不可少的。言行一致、诚实守信之人往往能建立良好的人际关系，但如若人之言"悾悾而不信"①，且"巧言，令色"②，则很难与人和谐相处。不论是狭义的"与友交"还是广义的"与人交"，于建立良好的人际关系而言，诚信都是不可或缺的。再次，诚信影响商人之间的经济往来。商人经商追逐利益无可厚非，但是也应有"义"，此处的"义"内涵颇多，"诚信"乃是其中之一，在商业活动中以诚信为本、童叟无欺才是符合"义"的经商之道。诚信无诈的经商者，才能"商旅安，货财通"③，赢得人们的信任，获得市场，最终实现效益最大化。最后，诚信影响一国之稳定发展。从君与民、臣的关系上看，臣子应取得君王的信任之后再去上谏，"未信，则以为谤己也"；君主应取得臣民信任之后再"劳其民"，"未信，则以为厉己也"④。子贡问政于孔子，孔子认为君王治理好一个国家需"足食、足兵、民信之"，不得已可以"去兵""去食"，唯独"民信之"不可去，一个国家"民无信"则不立。⑤ 于君，臣民之信非常重要；于臣民，君王之信也是极其重要的。一国之稳定发展系于君与臣民关系之稳定，要想使君与臣民关系稳定就得君王与臣民皆立信于彼此。

　　儒家讲"诚信"既涉及个人基本人格的建立、人与人之间和谐的社会关系，又涉及一个国家的稳定发展。在全方位共同体建设过程中，沿路国家政治互信的促进可以从儒家"诚信"观中汲取智慧。自全方位共同体建设的倡议提出之后，国际上也曾有过一些不和谐的声音。面对质疑与疑虑，中国坦诚以待，不断为共同体建设提供"中国方案"和"中国智慧"，拿出最大诚意与周边各国家沟通、合作，将"中国机遇"分享给沿路国家，使他们真正地认识到全方位、多层次共同体建设不仅仅是惠及中国一个国家的，并且是惠及沿路周边国家与人民的，打消了他们的疑虑，获得沿路国家的认同与信任。以诚相待，方可取信于人，中国之所以如此做法，与长期受儒家伦理思想的影响是分不开的。儒家之诚信观亦可在以

---

① 《论语·泰伯》。

② 《论语·公治长》。

③ 《荀子·王霸》。

④ 《论语·子张》。

⑤ 《论语·颜渊》。

后的政治沟通中发挥积极意义。

三 文化交流中 "和而不同"

全方位共同体建设不仅仅是经济上的合作、政治上的沟通，还是文化的交流与共享，是中国向周边国家展现中华文化魅力的过程，也是中国学习周边国家优秀文化的过程。文化上的交流应秉持一个包容的心态，这是当前现实状况的要求。各国文化异彩纷呈，要想实现交流，必须一方面尊重各国文化差异、理解个性，另一方面寻求共通之处，即坚持 "兼容并包、和而不同"。全方位共同体建设致力于打造 "文化包容" 的人类命运共同体，先秦儒学作为中国优秀传统文化的重要组成部分，是其中不可或缺的文化基因。① 儒家所讲的 "和而不同" 理念亦可发挥其积极意义，促进各国文化健康交流，助力人类文明发展。

孔子有言："君子和而不同，小人同而不和"②，是在说君子重 "和" 且能认识到不同，小人则重 "同" 但不讲 "和"。孔子之前的史伯曾对 "和" 与 "同" 进行过区分，他说："夫和实生物，同则不继"③，"和" 是 "可否相济"④，彼此差异但相辅相成，"同" 为 "不二"、无所差异。在儒家伦理思想体系中，"和" 既是一种处事原则，也是一种理想境界。就君子与小人的处事准则来看，君子以包容的态度对待差异，与周围的人与事物保持和谐的关系且尊重理解彼此之间的差异，不强迫自己与人同亦不强迫别人与己同，小人不知调和差异而只知物同于己或己同于物。在面对差异与不同时，秉持 "和" 的理念，首先是要认识差异，其次是调和差异，最后是实现差异之间的和谐共处。如果一味地强调 "同"，则很难找到一个适应于各种事物的统一标准，并且若以一个统一标准要求不同事物，如同 "圆凿而方枘兮，吾故，知其鉏铻而难入"⑤，总有些 "不同" 要被舍弃掉，天下事物如同一物，

---

① 周世范：《儒学在构建人类命运共同体中的作用探析》，《唐都学刊》2018 年第 34 卷第 5 期。

② 《论语·子路》。

③ 《国语·郑语》。

④ 韦昭：《国语注》。

⑤ 宋玉：《楚辞·九辩》。

"同则不继"，难以生成新事物。晏婴也说相同的事物放在一起，"若以水济水，谁能食之！若琴瑟之专壹，谁能听之"，不同的调料与音符之间相互调和才能产生美味的佳肴与美妙的乐章。

在各国文化交流中亦是如此，各国之间文化上的差异性与多样性是客观存在的现实状况，要想实现交流，消除差异使其趋同是不可能实现的，最恰当的处理方式是费孝通先生所说"各美其美，美人之美，美美与共，天下大同"，"各美其美"为每个国家和民族都有其优秀的文化，要尊重各国文化的多样性以及认识到各国文化的差异性，"美人之美"是要尊重其他国家的优秀文化，认识其他国家文化的魅力，并且借鉴学习其他国家的优秀文化，"美美与共，天下大同"是在各国文化的异彩纷呈而非排斥异己的"一枝独秀"，各国之间在文化上彼此尊重、相互借鉴，使得文化不断繁荣发展、人类文明不断进步，最后实现"天下大同"，这种"大同"不是天下文化如出一辙，而是更高层次上的、尊重差异和多样性基础上的"不同之同"。费孝通所说的这一处理不同文化之间关系的十六字，正是体现了儒家所讲的"和而不同"。中国古代受儒家"和而不同"理念的影响，在与其他各民族的文化交流也是采取包容的态度。

在全方位、多层次共同体建设过程中，中国是以一种"包容"的心态，一方面向世界展现了中华民族优秀的传统文化，如沿路国家孔子学院的设立，发展了中国与这些国家的友好关系，增进他们对儒家文化的理解，另一方面认识到沿路国家文化的魅力，借鉴与学习这些国家优秀文化。中国在与沿路国家进行文化交流的过程中所体现的这种"包容"心态，是受儒家传统"和而不同"伦理观念影响的结果，也是发挥儒家伦理思想现代意义的过程。

四　结语

在先秦儒家伦理思想体系中，不论是"重义兼利"的义利观，还是"诚信待人接物"，还是"和而不同"，都体现了一个最为重要的范畴"仁"，或者说都体现了"仁"的境界。以"仁"为核心的儒家伦理思想具有一定的现代意义，将其放在当前全方位、多层次共同体建设中亦可发挥一定的积极作用。在先秦儒家伦理思想的影响下，用"重义兼利"的义利观指引沿路国家之间的经济合作，在国与国之间的政治沟通中坚持"诚"与"信"，以"和而不同"的伦理理念、包容的态度进行文化上的交流，"政治互信、经济融合、文化包容"的利益共同体、命运共同体和责任共同体将稳步、健康的构建。

跨国经贸合作的伦理审视

——以泰国"东部经济走廊"(EEC)计划的对接为例

陈晓琴①

一 跨国经贸合作的伦理选择

泰国政府出台了"东部经济走廊"计划，并凭借其独特的地理位置优势积极与我国"一带一路"计划对接，两国力求在未来经济发展过程中实现跨区域战略合作，共同推进全球经济发展。泰国区域经济发展并不平衡、仍然处于工业化进程中，甚至像大部分中亚国家一样，发展呈现"倒梯形"结构特征，所以在两国经贸合作下要充分发挥泰国的地理位置在"一带一路"沿线重要的交通引导作用。经济发展战略是各个国家和地区总的方针和目标，因地制宜地制定经济发展战略在国家发展过程中显得尤为重要。经济发展战略包括跨国经贸合作的计划实施充满了经济权衡和技术选择的同时，也掺杂着价值判断以及伦理考量，其中深藏的道德意蕴也不言而喻。正如不同的人有不同的世界观，不同的道德伦理观念下，同样衍生出不同经济发展观点或者说对不同价值观、伦理观的选择，体现出不同的经济发展战略的选择。纵观历史上各个国家从前工业化时期到近现代，不同的经济发展阶段经历进程大都相似，偶有不同。一种阶段是盲目追求效率的"先做大蛋糕，再分配蛋糕"，如第二次世界大战后的巴西、阿根廷等。众所周知，蛋糕做大了，未必所有人都能分到，真正分得多、分得大的人往往是少数人，忽视了社会公平，一定程度上激化了社会矛盾，资源分配不均等问题导致社会两极分化，扰乱社会安定。在这种意义上，这一伦理选择既忽视了人的需要与主体价值，也将社会公平的价值弃如敝屣。后来的国家看到上述经济发展带来的弊端，积极改进经济发展政策，因而选择了以公平为基础甚至具有"平均主义"思想的经济发展

---

① 陈晓琴，云南大学公共管理学院，科学技术哲学在读硕士，研究方向为科学社会学。

战略，如我们中华人民共和国成立初期的"人民公社化运动"注重集体主义和平均分配。实际上过分强调均衡人的需求，未充分发挥人的主观能动性，也丧失了社会生产、经济发展的动力。这一阶段在伦理上的进步在于看到人的需要是根本性的，经济发展地位是次要的，但过于注重公平甚至狭隘地将公平理解为平均，忽视了效率却也是不可取的。最后一种阶段是既注重公平又注重效率的经济发展政策，二者交替进行。这一策略在伦理上是很合理的，而且在实践中已经初具成效，但在社会主义初级阶段的我国，仍然有很长的路要走。真正如单个国家经济发展历程一样，跨国经贸合作的开展也绕不开这三种伦理选择。站在前人的肩膀上，我们看到三种伦理选择的不同价值取向以及经济、伦理结果。在"一带一路"倡议下进行的跨国经贸合作过程中，我国与泰国进行友好对接时兼顾两国利益，兼顾效率和公平也正是最明智的伦理选择。

二　跨国经贸合作的伦理目标

跨国经贸合作有其相应的经济目标、伦理目标。现阶段我国积极推进建立"经济带"新型合作模式，如"一带一路"下的经济发展计划；泰国推进"东部经济走廊"计划，在东部建立东部三府（北柳府、春武里府、罗勇府）重点开发区等；两国的经济发展计划都有其精确的经济发展目标、伦理目标。价值选择有其一定的尺度和准绳，跨国经贸合作也具有一定的伦理意识的导向。在当前全球经济发展不景气的大环境下，我国积极推进与"一带一路"周边国家的友好合作，将公平和效率、经济发展和伦理、增长和分配相统一。我国经济发展的最终目标是实现共同富裕，这一目标体现了缩小贫富差距、减少地区发展不平衡，带动全体人民追求美好生活的价值取向。亚里士多德在《尼各马可伦理学》中论述道："幸福是终极的和自足的"①。跨国经贸合作带动我国和别国经济发展，人们在共同富裕的基础上最终实现幸福。实际上在"一带一路"倡议下的跨国经贸合作坚持了我国经济发展的一贯政策和原则，即坚持可持续发展的方针政策，坚持经济发展与人口、社会、环境资源相协调，将当前经济发展与未来发展相结合。这种统筹兼顾的跨国经贸合作方式立足于人类本

---

① ［古希腊］亚里士多德：《尼各马可伦理学》，苗力田译，人民出版社 2006 年版。

身而不是其他，体现了对两国人民未来发展的关怀，深刻蕴含着一定的伦理情怀。跨国经贸合作实际上是两国间的利益关系协调与价值选择的问题，这就要求主客体之间加强道德意识以及伦理观念的时常更新，在合作中发展，在协调中统一。另外一点值得注意的是，在跨国经贸合作过程中加强两国人民的社会伦理意识和生态伦理意识，打破经济发展与道德之间的"二律背反"，经济开发与合作不能以牺牲环境为前提。一味发展经济导致生态破坏的例子屡见不鲜，因此在跨国经贸合作中尤其注意这一方面的协调。除此之外，跨国经贸合作为两国尤其是区域带提供了大量的工作岗位，很大程度上吸纳了社会上各行各业的人才，为就业问题的解决提供了很好的出口，比如国内每年毕业几百万的大学生、研究生，以及中国最广泛的城市建设者可以得到较多的就业机会。在这一点上跨国经贸合作所包含的伦理意蕴体现得淋漓尽致，既完成了充分就业的伦理目标，也使得劳动资源得到合理配置。除了解决就业问题以外，跨国经贸合作还打破贸易壁垒，促使两国之间的贸易、关税政策优化，很大程度上稳定物价，使经济发展始终遵循市场经济发展规律，尽可能避免通货膨胀、通货紧缩的出现。跨国经贸合作顺畅，经济发展平稳，人民生活才不至于受到货币贬值或增值的威胁，其中的伦理取向和道德意义普遍适用于所有发展经济的国家。

三 跨国经贸合作运行下的伦理调控

跨国经贸合作需要伦理调控。众所周知，跨国经贸合作中主要依靠市场自身调节和政府"看不见的手"即宏观调控调节这两种基本方式来保持经济平稳健康发展，事实上仍然存在着第三种道德伦理力量的调节。经济学家厉以宁先生曾经说过："通常在讲到经济调节时，只讲市场调节和政府调节，实际上，在这两种调节之外还存在第三种调节，这就是道德力量的调节。道德调节作为一种社会经济的调节方式，其存在首先可以从历史上得到说明。在很久以前，人类社会还没有出现市场，也不存在政府，那时人们的经济行为和社会行为就只能靠习惯和道义进行调节，在市场和政府出现以后，在市场和政府力量达不到的边远山区，在一些非交易的关系中，比如师生关系、学术活动、慈善活动等，仍然主要靠道德力量在调节着。同时，在市场和政府都在发生作用的地方，道德力量的调节仍然存在，对市场调节和政府调节起着补充和辅助作用。"① 在社会生活中人们很容易发现，作为非正式制度的伦理道德力量却约束了人类主体的大部分行为空间，这不仅是社会历史发展的结果，也是经济发展历程中所必不可少的存在方式。在市场调节和政府调节的局限性下，道德力量的约束显得尤为重要。如德国科斯洛夫斯基所阐述的市场调节的局限性，他说道："仅仅通过市场调节，即通过具有需求意义的支付意愿的成功参与来协调生产和社会分配状况，会导致对有本质意义生活目标的忽视。"② 在这个意义上道德力量的约束能够很好弥补前两者的不足。在跨国经贸合作中，两国经济对接实行共商、共享、共建原则，突出了道德力量的调节，在合作友好的基础上开展系列计划。在"一带一路"创建的"经济带"模式下，在道德调节作用下，跨国经贸合作最大限度实现了资源的优化配置，实现物尽其用、人尽其力。同时通过弘扬伦理道德精神和营造良好的道德氛围，积极将伦理原则贯彻到跨国经贸合作的战略当中去。

马克思主义揭示的资本主义市场经济的矛盾之一是："在自发的市场经济条件下，个别企业的生产是有计划、有组织的，整个社会的生产却是无生产、无组织的。"这就要求在跨国经贸合作过程中对经济秩序的有效调控，除了必要的政府调控外，充分发挥伦理道德的调控机能。比如通过伦理精神的弘扬，树立起良好的道德意识与责任感，将弱化经济主体利益最大化原则，积极主动承担相应的经济优化发展方案的责任。

四　跨国经贸合作面临的伦理问题及消解

首先，对"一带一路"战略对接国家来说，泰国东部设立的重点开发区实际上发展也是相当不平衡的。其工业化进程缓慢，主要依托不同程度的旅游业发展经济，区域之间矛盾较为突出，各区域之间的利益诉求不同。同时各区域之间缺乏相互协调的外贸政策，一定程度上是没有协调好经济主体之间的责任意识等道德伦理关系。其次"一带一路"战略下跨国经贸合作要面临三个层面的道德伦理问题：

---

① 厉以宁：《关于经济伦理的几个问题》，《哲学研究》1997 年第 6 期。
② ［德］彼德·科斯洛夫斯基：《资本主义的伦理学》，中国社会科学出版社 1996 年版，第 59 页。

（1）国家层面：泰国地域广阔，地理位置优越，毗邻诸多小国家，海上航道资源丰富，可西接印度，经阿拉伯海直达中东、非洲。在"一带一路"合作倡议下必然涉及与中亚、南亚经济合作中出现不可避免的多边争端，诸如资源配置问题，合作覆盖面涉及广度等。我国对外进行的经贸合作涉及对跨国目标企业的并购，这可能会被未遵循正常并购程序的国家反并购以及跨国经贸合作中政府调节过当，导致市场的经济紊乱；此外，跨国经贸合作对接过程中出现的利益摩擦、政治背景下引发的不同价值取向，甚至在跨国经贸合作中建立日益紧密的国际关系也可能引起西方大国的忌惮等都掺杂渗透着伦理道德观念缺失的问题。

（2）企业层面：跨国经贸合作在促进两国经济友好合作的基础上，涌现了大批公司、企业。一些熟悉泰语、汉语的人善于抓住机遇，借着政策的东风充分发挥自身优势经商。但由于缺乏相关知识储备或者因为文化差异导致双方企业信誉得不到完全保障。或者从国内迁移出去的原有企业来看，虽然我国企业有政策优势（我国已加入世界贸易组织）和泰国"东部经济走廊"背景下的企业之间仍然缺乏一定的"价值共识"和相应的经验。同为发展中国家，中泰两国企业也在拥有共同的"短板"即长久以来的粗放型经济影响下走出去开拓外部市场的难度不容小觑。企业响应国家号召坚持不懈走可持续发展的道路，但实际取得的成果与预期的绿色发展有一定差距，其中环保、绿色、人文意识仍有不同程度的缺失。此外，合营企业之间存在恶性竞争，缺乏伦理道德的约束容易引起知识产权纠纷，对参与合营企业中的任意一方的商业秘密和专利技术来说都具有极大的威胁。缺乏伦理道德意识的企业对不同国家的员工态度上存在种族、性别歧视、福利待遇政策分布不公等方面的问题日趋蔓延。

（3）个人层面：跨国经贸合作虽然是两个国家之间的合作，但真正受益者、参与者确确实实是广大群众。这一层面面临的伦理问题主要分为两个方面。第一，企业管理者、经营者即法人代表，其有具体明晰的经济利益目标，换言之在追求利益最大化的原则驱使下可能钻政策的漏洞，将"一带一路"计划当作牟利利器，甚至违背国家政策法规，损害两国的利益。显而易见这类现象的道德问题十分严重。此外，个别企业管理者在跨国经贸合作中缺失公司精神文化建设，不深入了解别国风俗习惯、伦理道德以及价值观，容易在日常经营活动中触犯别国禁忌，比如在泰国东部三府的神庙组织公司团建时，衣着不符合相关规定和要求，引起泰国人民的抵触情绪等。第二，作为普通大众来说，缺乏相关知识和系统的商业培训及道德伦理意识的培养，在跨国经贸合作中跃跃欲试极易造成经济损失，进而导致此类群体对跨国经贸合作的负面评价，因而在宏观上对两国合作造成舆论压力。

因此，对于以上伦理问题的消解主要分为三个方面：

首先，作为经济利益主体的国家层面极易出现类似伦理问题，并且其复杂程度、牵涉的内容更加广泛，多数情况下只能"两害相权取其轻"，无法从根本上避免。因此在现实状况严峻的情况下，不仅我国，合作的任意国家都应该在伦理道德方面达成共识，在这个基础上跨国经贸合作才能继续健康稳定地走下去。国家之间可以开发一种国际伦理观念来支撑跨国经贸合作。同时，在经贸和合作中政府积极发挥市场经济调节作用，并以道德伦理调节相辅。

其次，对于跨国经贸合作的企业以及国内外其他企业，至关重要的是要塑造企业伦理精神，将伦理道德意识灌输到企业日常运行经营的全过程中。著名学者厉以宁曾说过："企业伦理对于企业发展的重要性，企业伦理原则和企业的利益原则并不是矛盾的，伦理道德是一种精神生产力，它可以转化为物质生产力，可以提高劳动效率和经济效益；企业伦理可以提高企业家和员工的素质，形成他们的伦理人格，可以成为企业发展的现实力量。"[1] 协调好企业与企业之间、企业与消费者之间的诚信关系，深入贯彻落实科学发展观，培养伦理道德意识与责任意识，借鉴发达国家企业以生态为中心的公司管理策略，将企业的经济效益与环境保护有机结合，将发展伦理与环境伦理相统一。规范企业以及合营企业的内部管理也相当重要，企业之间除了所必须遵守的法律法规外，更要加强伦理道德上的培养管理。

最后，跨国经贸合作中的企业管理者应将职能从权力驱动者转变为责任驱动者，协调好企业中员工之间的交际关系，尊重别国的风俗习惯，不戴有色眼镜对待他人。企业家应克服轻视企业伦理上的误区与盲点。如定期组织伦理道德座谈会议，将我国自古以来"德性"的美好传统传承下去，做到"以人为本，以德为先"，他山之石，可以攻玉，企业管理者可以从其他企业管理应用中吸取伦理原则实践的经验。个人方面应该恪守伦

---

① 厉以宁：《关于经济伦理的几个问题》，《哲学研究》1997 年第 6 期。

理道德规范，不论作为"一带一路"合作倡议的参与者还是普通大众，都应该在伦理道德意识的约束下从事生产实践活动，树立起正确的价值观、伦理观。

五　总结

"一带一路"合作倡议下的跨国经贸合作有其必要的伦理审视即伦理选择、伦理目标、伦理调控等。伦理选择表现在对经济发展阶段的三种不同价值观念、经济观念的选择，对公平、效率、增长的协调；伦理目标表现在我国对外经贸合作坚持可持续发展战略，以共同富裕为目标，旨在造福全体人民，注重人本身的发展，经济利益为辅；伦理调控表现在跨国经贸合作是市场经济自身调节、政府调节以及伦理道德调节三者相辅相成的运行机制，缺一不可。

上述表明跨国经贸合作一定意义上也是恰当的伦理实践，因而不可避免会出现系列伦理问题。诸如国家层面的资源配置不均衡以及不同国家的价值取向和道德伦理观念的缺失；企业层面的发展和生态环境的矛盾以及合营企业间缺乏道德感引发的不同程度的矛盾；个人层面的企业管理者的诚信缺失以及普通大众缺乏道德伦理观念的正确引导等。正如经济发展中遇到的伦理问题一样，跨国经贸合作面临的伦理问题的消解需要多方面、全方位的配合。只有协调好经济利益与环境发展的关系才能更好地进行经贸合作；只有经贸合作的主体在伦理理论和实践中统一才能更好地服务于社会经济发展；只有社会经济平稳健康发展才能进一步修正伦理道德理论，才能更好地指导实践，将日趋成熟的实践经验推广到"一带一路"合作倡议的其他领域中去。

范式转换：人类命运共同体的理论创新

潘柳燕①

20 世纪 60 年代，美国著名科学哲学家托马斯·库恩提出了范式概念及相关的范式理论，回答了科学发展中的创新问题。库恩认为，范式就是一种公认的模型或模式。科学发展可以分为"常规科学"和"非常规科学"（"科学革命"）时期。科学革命就是抛弃旧范式建立新范式，当新的范式建立并得到确认后，科学革命就转变为常规研究。② 这就是库恩的"范式革命"，也就是范式转移或范式转换。库恩的范式理论不仅揭示了科学发展的阶段性和连续性，同时也回答了科学创新的问题，即新范式取代旧范式本身就是创新，或者说创新的实质就是新范式的建立与转换。库恩的范式理论同样也为哲学与社会科学研究提供了重要的分析工具，借助范式转换理论，可以更好地理解和总结人类命运共同体思想所蕴含的理论创新。

一 人类命运共同体在哲学理论上的创新发展

人类命运共同体是由以习近平总书记为首的中国共产党人提出并向世界阐述和推广的价值主张与思想理论。人类命运共同体思想作为一种重要的理论创新，最为根本的是其所蕴含的哲学理论的创新。

（一）确立哲学意义的新整体观

人类命运共同体在哲学理论上的创新首先表现为确立新的整体观，这实际上丰富和发展了马克思主义唯物辩证法的"整体与部分"的哲学范

---

① 潘柳燕，广西大学马克思主义学院教授，博士，硕士生导师，研究方向为思想政治教育与马克思主义理论等。
② 陈咸瑜、黄志凯：《库恩的"范式"与理论创新》，《广州大学学报》（社会科学版）2007 年第 11 期。

畴。第一，"人类命运共同体"是在汲取中国古代哲学智慧的基础上提出来的。在中国古代哲学中，老子的"道"与"太极"以及"和文化"思想都是具有整体观的哲学思想，这种整体观具有朴素而不可分的特性。由此出发所提出的人类命运共同体也具有中国古代哲学整体观的意涵。第二，在唯物辩证法中，整体和部分是对立统一的关系，这里的整体具有物质属性，它是无限可分的，整体分成不同部分，并包括部分；部分组成整体，并从属于整体，整体和部分可以互相转化。唯物辩证法的整体观反映的是整体可分的特性。第三，人类命运共同体的整体观在看到整体的可分性及整体与部分的辩证关系的同时，也揭示了还有一类不同的整体。这是一个具有不可分特性的整体，是你中有我，我中有你的整体，人为地割裂开来，整体就会受到损害甚至死亡。具有不可分特性的整体观不仅坚持整体与部分之间的相互依存性，而且还强调整体的连续性与开放性。比如生命就具有这样的属性。对于生命，无论是生物学家还是哲学家至今都没有找到一个合适的定义，这是因为，人们一直是以无限可分的方式看待生命，生命在现代科学技术高度发展的情况下已经被分解到了细胞和基因，甚至在原子或量子层面去理解生命，如有人认为生命就是"一堆粒子"。但事实上生命并不是这些细胞、基因、原子等的简单相加或堆砌，生命的特性在于它的不可分性以及由此演化出来的生命结构的精巧、自组织的独立和系统功能的完备。生命的功能与生命的整体相联系，比如人的大脑功能堪称无比完美、精细和强大，但如果把它从身体分离开来，它便一无所用。其他的任何器官都是如此。生命整体具有连续性，生命是一个连续的过程，生命的间断是一个极短的瞬间，生命一旦停止便无法重生。生命具有开放性，她时刻与外界进行着物质、能量与信息的交换，一旦这种交换停止，生命也无法存在。类生命体如人类命运共同体也同样具有生命的特性，即具有不可分的整体特性。这种认为整体具有不可分特性的观点就是新的整体观。人类命运共同体的提出意味着具有哲学意义的新的整体观的确立，这种新整体观并不否认唯物辩证法的无限可分的整体观，而是在其基础上的进一步发展与丰富，从而使整体观具有更为完整的内涵。人类命运共同体对新整体观的反映主要体现在两大方面：

一是以全球视野提出人类命运共同体理念。作为一种哲学理论的创新，"人类命运共同体"超越了个人、国家以及国家与国家之间的关系，以具有全人类视野的全局观，提出了整个人类其实是休戚相关的命运共同体。习近平总书记指出："随着世界多极化、经济全球化、社会信息化不断发展，各国利益交融、兴衰相伴、安危与共，形成了你中有我、我中有你的命运共同体。"① "今天，人类生活在同一个地球村，各国相互联系、相互依存、相互合作、相互促进的程度空前加深，国际社会日益成为一个你中有我、我中有你的命运共同体。中国人民和各国人民休戚与共，中国人民的梦想和各国人民的梦想紧紧相连。"② 这些把全世界联系起来考虑的做法既反映了以习近平总书记为首的中国共产党人的大格局意识和全球治理策略，同时也体现了一种不可分的整体观思想。

二是在全球化意识下处理国家之间的关系。人类命运共同体是在全球化背景下提出的，习近平总书记对人类命运共同体在不同场合下有不同的表达。在与各地区、各国的外交关系中，形成了中国—东盟命运共同体、亚洲命运共同体、中巴命运共同体、中非命运共同体、中拉命运共同体、中阿命运共同体等诸多提法，在考虑全球大局的基础上，也充分照顾到了不同国家、地区的利益与关切。如他所说："人类只有一个地球，各国共处一个世界。共同发展是持续发展的重要基础，符合各国人民长远利益和根本利益。我们生活在同一个地球村，应该牢固树立命运共同体意识，顺应时代潮流，把握正确方向，坚持同舟共济，推动亚洲和世界发展不断迈上新台阶。"③ 这种在全球化意识下处理中国与其他国家和地区关系的思想和主张，很好地反映了只有在不可分的整体观下，整体中的部分才能各得其所，各显功能。

新的整体观是人类命运共同体所蕴含的最重要的理论创新，其他的理论创新都是在这一基础上实现的。相对于现代西方习惯于分析的哲学思维，人类命运共同体所包含的具有不可分特性的整体观就是一种看待和研究世界的新哲学范式。

---

① 习近平：《在中国国际友好大会暨中国人民对外友好协会成立 60 周年纪念活动上的讲话》（2014 年 5 月 15 日），http://politics.people.com.cn/n/2014/0516/c1024-25023611.html。

② 习近平：《让工程科技造福人类、创造未来——在 2014 年国际工程科技大会上的主旨演讲》（2014 年 6 月 3 日），人民网，http://opinion.people.com.cn/n/2014/0604/c1003-25101839.html。

③ 习近平：《共同创造亚洲和世界的美好未来——博鳌亚洲论坛 2013 年年会上的主旨演讲》（2013 年 4 月 7 日），载《习近平谈治国理政》，外文出版社 2017 年版，第 330 页。

（二） 以和谐原理为哲学认识论基础

从整体观视角看，人类命运共同体在哲学认识论上是以和谐原理为基础的。和谐原理是我们在洞察达尔文进化论具有片面性的基础上提出的一种全新的科学与哲学理论。达尔文进化论的核心思想是"生存斗争""自然选择"与"适者生存"，他认为这是生物学的基本法则。达尔文进化论在社会中的应用就是社会达尔文主义，而社会达尔文主义正是当今时代霸权主义和冷战思维的理论根源。然而现代生物学的发展让我们看到在生命发展和物种进化的过程中，除了遗传和进化外，还有多样性与共生的自然现象。由此我们认为，反映生物科学的最基本的科学原理应该包括遗传、进化、多样性和共生原理，我们把这四大原理合称为和谐原理。换句话说，和谐原理实质上是包含了适用于生物界和人类社会的遗传原理、进化原理、多样性原理和共生原理在内并具有内在统一性的整体性原理和根本性原理。

虽然习近平总书记在提出和阐述人类命运共同体思想理念时并没有明确指出其背后的哲学认识论依据，但从人类命运共同体思想内涵看，它是体现并符合和谐原理的。

首先，"人类命运共同体"是总结历史经验得出的结论。习近平主席指出，面对风云变幻的世界局势，首先要回答的问题是：我们从哪里来、现在在哪里、将到哪里去？纵观历史发展，充满了战争与和平的更替，可以发现全人类共同的愿望是和平与发展，而实现和平发展，中国给出的方案是：构建"人类命运共同体"，实现共赢共享。[①] 亦即构建"人类命运共同体"是在总结人类过去的历史经验和探索人类发展的历史规律之后得出的结论。实际上已经包含了对人类历史的继承性，体现了遗传原理。

其次，"人类命运共同体"是不断丰富发展的理论。人类命运共同体不仅是对古老的共同体概念的继承和超越，而且它本身也有一个不断丰富发展的过程。我国最初提出"命运共同体"描述的是中国大陆与台湾地区的关系，之后用以形容亚洲各国的关系。2012 年 10 月，在党的十八大报告中首次提出"人类命运共同体意识"；2013 年 3 月，习近平主席出访

---

① 习近平：《共同构建人类命运共同体》，载《习近平谈治国理政》（第二卷），外文出版社 2017 年版，第 537—538 页。

俄罗斯发表演讲，正式提出了世界是一个"你中有我，我中有你的人类命运共同体"；2015 年 9 月 28 日，习近平主席在美国纽约联合国总部举行的第七十届联合国大会一般性辩论时的讲话中对打造人类命运共同体提出初步倡议；到 2017 年 1 月 18 日，习近平主席在联合国日内瓦总部发表演讲中对构建人类命运共同体进行全面阐述，人类命运共同体的整体内涵才最终得以完善。由此可见，"人类命运共同体"思想的提出是一个不断丰富和变化发展的过程，体现了进化原理。

再次，"人类命运共同体"强调文明的多样性。习近平主席指出："人类在漫长的历史长河中，创造和发展了多姿多彩的文明。"[①] "人类文明的多样性是世界的基本特征，也是人类进步的源泉。" "文明没有高下、优劣之分，只有特色、地域之别。文明差异不应该成为世界冲突的根源，而应该成为人类文明进步的动力"[②] "每一种文明都是独特的……一切文明成果都值得尊重，一切文明成果都要珍惜"，"文明因交流而多彩，文明因互鉴而丰富。"[③] 这些提法都强调了文明的多样性及其对人类发展的贡献，展示出一种新的文明观，这是多样性原理的体现。

最后，"人类命运共同体"强调了人类之间休戚与共的相互依存关系。早在 2013 年，习近平主席就指出："人类生活在同一个地球村里，生活在历史和现实交汇的同一个时空里，越来越成为你中有我、我中有你的命运共同体。"[④] 2014 年 3 月 27 日，在联合国教科文组织总部的演讲中也指出："当今世界，人类生活在不同文化、种族、肤色、宗教和不同社会制度所组成的世界里，各国人民形成了你中有我、我中有你的命运共同体。"[⑤] 事实上，习近平主席在许多场合都特别强调这种"你中有我、我

---

① 习近平：《文明因交流而多彩，文明因互鉴而丰富》，载《习近平谈治国理政》，外文出版社 2017 年版，第 258 页。

② 习近平：《共同构建人类命运共同体》，载《习近平谈治国理政》（第二卷），外文出版社 2017 年版，第 543 页。

③ 习近平：《文明因交流而多彩，文明因互鉴而丰富》，载《习近平谈治国理政》，外文出版社 2017 年版，第 258—259 页。

④ 习近平：《顺应时代前进潮流，促进世界和平发展》，载《习近平谈治国理政》，外文出版社 2017 年版，第 272 页。

⑤ 习近平：《文明因交流而多彩，文明因互鉴而丰富》，载《习近平谈治国理政》，外文出版社 2017 年版，第 261 页。

中有你"的命运共同体，指出"人类只有一个地球，各国共处一个世界"，这也是提出"人类命运共同体"的逻辑起点和现实出发点，充分体现了共生原理。

以上可见，人类命运共同体思想符合遗传、进化、多样性与共生原理，说明人类命运共同体是建立在和谐原理基础之上的。可以说，正是和谐原理在哲学的源头为人类命运共同体提供强大的理论支撑，才使得人类命运共同体在现实层面具有科学的依据。同时和谐原理也因其克服了达尔文进化论在认识上的局限性而实现其在哲学认识论层面的范式转换。

二　人类命运共同体在国际关系视域的创新发展

国际关系是指人们超越国家界限建立起来的一种特殊社会关系，它主要包括政治、经济、军事、文化等关系。当今世界，国际关系更多地表现为国家之间的政治与经济联系，绝大部分的外交活动都是围绕着政治、经济关系而展开的。因此，人类命运共同体在国际关系视域的创新，也主要体现在政治、经济关系上的创新。

（一）构建以合作共赢为核心的新型国际关系

马克思主义认为，政治根源于经济并由经济所决定，但政治也会反作用于经济，对经济产生重大影响。因此，政治是经济的集中表现，而经济的发展也需要政治来保驾护航。随着全球经济的大力扩张与迅速发展，已经在事实上宣告了世界政治经济时代的到来。"二战"后建立起来的联合国更是世界政治组织的代表，它在维护世界和平，缓和国际紧张局势，解决地区冲突乃至阻止局部战争以及协调国际经济关系，促进各国经济与科学文化的合作交流等方面，都发挥着积极作用。在全球化的影响下，世界越来越小，国与国之间的关系也越来越密切，因此，世界各国应该秉承我们共有一个地球的全面合作理念，构建以合作共赢为核心的新型国际关系，开展政治、经济、文化等方面的全方位的合作发展。

（1）坚决反对霸权主义，尊重各国人民自主选择发展道路的权利。我国历来奉行独立自主的外交政策，反对霸权主义，倡导和平，反对战争。2013年4月7日，习近平主席在博鳌亚洲论坛2013年年会上的主旨演讲中指出："我们应该尊重各国自主选择社会制度和发展道路的权利，消除疑虑和隔阂，把世界多样性和各国差异性转化为发展活力和动力。"①
2015 年 9 月 3 日，习近平总书记在纪念中国人民抗日战争暨世界反法西斯战争胜利 70 周年大会上的讲话中指出："偏见和歧视、仇恨和战争，只会带来灾难和痛苦。相互尊重、平等相处、和平发展、共同繁荣，才是人间正道。"② 2017 年 10 月 18 日，习近平总书记在党的十九大报告中再次明确指出："中国坚定奉行独立自主的和平外交政策，尊重各国人民自主选择发展道路的权利，维护国际公平正义，反对把自己的意志强加于人，反对干涉别国内政，反对以强凌弱。"并指出："在国际事务中，坚持正确义利观，维护我国的独立和主权，反对霸权主义和强权政治，维护世界和平，促进人类进步，努力推动构建人类命运共同体，推动建设持久和平、共同繁荣的和谐世界。"③ 可以说是一再强调国家之间应平等相待，相互尊重，共同协商，共同发展。

（2）积极倡导平等互商、合作共赢的新型国际关系。2015 年 3 月 28 日，习近平主席在博鳌亚洲论坛 2015 年年会的主旨演讲中指出："迈向命运共同体，必须坚持各国相互尊重、平等相待。各国体量有大小、国力有强弱、发展有先后，但都是国际社会平等的一员，都有平等参与地区和国际事务的权利。涉及大家的事情要由各国共同商量来办。"④ 2017 年 1 月，在世界经济论坛 2017 年年会开幕式上的主旨演讲中，习近平主席再次指出："国家不分大小、强弱、贫富，都是国际社会平等成员，理应平等参与决策、享受权利、履行义务。"强调的都是国与国之间的平等地位、权利和义务。2015 年 9 月，在第七十届联合国大会一般性辩论的演讲中，习近平主席指出："当今世界，各国相互依存、休戚与共。我们要继承和弘扬联合国宪章的宗旨和原则，构建以合作共赢为核心的新型国际关系，

---

①　习近平：《共同创造亚洲和世界的美好未来》，载《习近平谈治国理政》，外文出版社 2017 年版，第 331 页。

②　习近平：《铭记历史、缅怀先烈、珍爱和平、开创未来》，载《习近平谈治国理政》（第二卷），外文出版社 2017 年版，第 446 页。

③　习近平：《决胜全面建成小康社会 夺取新时代中国特色社会主义伟大胜利》（2017 年 10 月 18 日），新华网，http：//www.xinhuanet.com/politics/19cpcnc/2017-10/27/c_1121867529.htm。

④　习近平：《迈向命运共同体，开创亚洲新未来》（2015 年 3 月 28 日），新华网，http：//www.xinhuanet.com/politics/2015-03/28/c_1114794507.htm。

打造人类命运共同体。"① 2016 年 7 月 1 日，习近平总书记在庆祝中国共产党成立 95 周年大会上的讲话中再次强调："中国始终是世界和平的建设者、全球发展的贡献者、国际秩序的维护者，愿扩大同各国的利益交汇点，推动构建以合作共赢为核心的新型国际关系，推动形成人类命运共同体和利益共同体。"② 从而把"合作共赢"与"人类命运共同体"紧密联系在一起。可以说，在所有谈及"人类命运共同体"和"国际关系"的场合，习近平主席几乎都在强调"合作共赢"，指出这是符合各国共同利益和共同发展需求，保持人类长期和平发展的重要路径。

（3）积极发展全球性合作伙伴关系，促进共同发展。中国历来主张与各国发展合作伙伴关系，大家团结合作，促进共同发展。2014 年，习近平主席在亚太经合组织第二十二次领导人非正式会议上提出："亚太经济体需要共同构建互信、包容、合作、共赢的亚太伙伴关系，为亚太专区和世界经济发展增添动力。"③ 此外，习近平主席还提出要建立中俄"平等信任、相互支持、共同繁荣、世代友好的全面战略协作伙伴关系"④，"打造中欧和平、增长、改革、文明伙伴关系"等，强调的都是与各国建立和平相处、团结协作、共同繁荣的合作伙伴关系。2017 年 10 月 18 日，习近平总书记在党的十九大报告中指出："中国积极发展全球伙伴关系，扩大同各国的利益交汇点，推进大国协调和合作，构建总体稳定、均衡发展的大国关系框架，按照亲诚惠容理念和与邻为善、以邻为伴周边外交方针深化同周边国家关系，秉持正确义利观和真实亲诚理念加强同发展中国家团结合作。"⑤ 这是对中国与世界各国建立伙伴关系的集中表述，表明中国愿意与世界任何国家建立伙伴关系，真诚合作，互利共赢，共谋发

---

① 习近平：《携手构建合作共赢新伙伴，同心打造人类命运共同体》，载《习近平谈治国理政》（第二卷），外文出版社 2017 年版，第 522 页。

② 习近平：《共提时代责任，共促全球发展》，载《习近平谈治国理政》（第二卷），外文出版社 2017 年版，第 481 页。

③ 习近平：《共同构建互信、包容、合作、共赢的亚太伙伴关系》，载《习近平谈治国理政》（第二卷），外文出版社 2017 年版，第 453 页。

④ 习近平：《共创中俄关系更加美好的明天》，载《习近平谈治国理政》（第二卷），外文出版社 2017 年版，第 466 页。

⑤ 习近平：《决胜全面建成小康社会 夺取新时代中国特色社会主义伟大胜利——在中国共产党第十九次全国代表大会上的报告》（2017 年 10 月 18 日），新华网，http：//www.xinhuanet.com/politics/19cpcnc/2017-10/27/c_1121867529.htm。

展。当然，我们也承认世界各国之间有竞争，但已经不再是过去所理解的你死我活的零和竞争，而是可以合作共赢的良性竞争。

（二）提倡互惠互利合作共赢的共同发展理念

经济发展是社会进步、国家强大、人民富裕的物质基础和重要保障。但在全球经济如此紧密相连的背景下，对一个国家来说，要发展经济是不可能关起门来实现的。因此，人类命运共同体倡导建立互惠互利、合作共赢的世界经济协调发展机制和体系，是时代使然，也是经济全球化背景下的理论创新。

（1）树立利益共同体意识，形成各国合作共赢格局。2014 年 11 月 15 日，习近平主席在二十国集团领导人第九次峰会第一阶段会议上的发言中说："面对世界经济面临的各种风险和挑战，二十国集团成员要树立利益共同体和命运共同体意识，坚持做好朋友、好伙伴，积极协调宏观经济政策，努力形成各国相互促进、相得益彰的合作共赢格局。" 2014 年 3 月 27 日，习近平主席在中法建交 50 周年纪念大会上的讲话中也指出："中方愿意同法方一道，牢固树立利益共同体意识，寻找更多利益契合点，深化经济合作。"[①] 2016 年 6 月 22 日，习近平主席访问乌兹别克斯坦时发表重要演讲，其中提到："中乌是平等互利、安危与共、合作共赢的利益共同体和命运共同体。""中国始终从战略高度和长远角度看待中乌关系，把打造平等互利、安危与共、合作共赢的中乌命运共同体和利益共同体作为外交优先方向之一。"[②] 可以说，在与各国的互访交流与经济合作中，习近平主席都在强调利益共同体意识，主张经济上的互利互惠，合作共赢。并进而把构建利益共同体与命运共同体紧密结合起来，在更广阔的领域与世界各国建立互利共赢的合作关系。

（2）坚持互利共赢，深化与各国的经济合作。早在 2015 年，习近平主席在博鳌亚洲论坛 2015 年年会上的主旨演讲中就指出，"要摒弃零和游戏、你输我赢的旧思维，树立双赢、共赢的新理念，在追求自身利益时兼

---

① 习近平：《在中法建交 50 周年纪念大会上的讲话》（2014 年 3 月 27 日），新华网，http：//www.xinhuanet.com/world/2014-03/28/c_ 119982956_ 2.htm。

② 习近平：《携手共创丝绸之路新辉煌——在乌兹别克斯坦最高会议立法院的演讲》（2016 年 6 月 22 日），新华网，http：//www.xinhuanet.com/world/2016-06/23/c_ 1119094900.htm。

顾他方利益，在寻求自身发展时促进共同发展。"① 2017 年 9 月 4 日，在金砖国家领导人厦门会晤大范围会议上的讲话中，习近平主席强调指出："我们应该紧紧围绕经济务实合作这条主线，在贸易投资、货币金融、互联互通、可持续发展、创新和产业合作等领域拓展利益汇聚点。""我们愿同各方一道努力，把以往成果和共识落实好，让现有机制运行好，共同把握新工业革命带来的历史机遇，积极探索务实合作新领域新方式，拉紧联系纽带，让金砖合作机制行稳致远。"②由习近平提出和描绘的"一带一路"更是开创了与世界亚、欧、非洲等 60 多个国家务实合作的通途，中国愿意让世界各国搭乘中国发展的列车共同发展，这都可以看到中国与世界各国合作的诚意，也体现中国的大国担当与领航责任。

（3）打造开放型合作平台，维护和发展开放型世界经济。2017 年 1 月，习近平主席在世界经济论坛 2017 年年会开幕式上的主旨演讲中指出，经济全球化是社会生产力发展的客观要求和科技进步的必然结果，"世界经济的大海，你要还是不要，都在那儿，是回避不了的。想人为切断各国经济的资金流、技术流、产品流、产业流、人员流，让世界经济的大海退回到一个一个孤立的小湖泊、小河流，是不可能的，也是不符合历史潮流的"。因此，提出"我们要坚定不移发展开放型世界经济，在开放中分享机会和利益、实现互利共赢"。"我们要下大气力发展全球互联互通，让世界各国实现联动增长，走向共同繁荣。我们要坚定不移发展全球自由贸易和投资，在开放中推动贸易和投资自由化便利化，旗帜鲜明反对保护主义。"③2017 年 5 月 14 日，习近平主席在"一带一路"国际合作高峰论坛开幕式上再次指出："我们要打造开放型合作平台，维护和发展开放型世界经济，共同创造有利于开放发展的环境，推动构建公正、合理、透明的国际经贸投资规则体系，促进生产要素有序流动、资源高效配置、市场深度融合。我们欢迎各国结合自身国情，积极发展开放型经济，参与全球治

---

① 习近平：《迈向命运共同体，开创亚洲新未来》（2015 年 3 月 28 日），新华网，http：//www. xinhuanet. com/politics/2015-03/28/c_ 1114794507. htm。

② 习近平：《开启金砖合作第二个"金色十年"》，载《习近平谈治国理政》（第二卷），外文出版社 2017 年版，第 491 页。

③ 习近平：《共担时代责任，共促全球发展》，载《习近平谈治国理政》（第二卷），外文出版社 2017 年版，第 481 页。

理和公共产品供给，携手构建广泛的利益共同体。"①

　　总而言之，人类命运共同体在国际关系视域的理论创新，主要体现为建立合作共赢的新型国际关系，政治上主张用协商方式解决国际争端，反对用战争等暴力方式处理国际事务；经济上建立互利互惠的合作模式，主张共商共赢，反对零和博弈的恶性竞争。实质上是一种价值理念与思维模式的范式转换。

三　人类命运共同体在社会形态上的理论创新

（一）提出"和平崛起"的新范式

　　2012 年 11 月 29 日，习近平总书记带领新一届中央领导集体参观中国国家博物馆"复兴之路"展览现场，首次提出"中国梦"。他说："我以为实现中华民族的伟大复兴就是中华民族近代最伟大的中国梦。"② 之后在不同场合都提到中国梦。指出："在新的历史时期，中国梦的本质就是国家富强、民族振兴、人民幸福。"③ 而要实现中国梦，除了必须坚持中国特色社会主义道路，必须弘扬中国精神，必须凝聚中国力量外，还必须坚持和平发展。从而把中国梦与世界梦结合起来，即实现中国梦不仅仅造福中国人民，而且还造福世界人民。从而清晰地表明，中华民族的伟大复兴是要走和平之路实现的，这就给世界传递了中国的最大善意，让世界明白中国的崛起是和平的崛起，是和世界人民共同分享劳动果实的崛起。这也是对西方奉行的"修昔底德陷阱"的最好回击。

　　所谓"修昔底德陷阱"，它来源于古希腊著名历史学家修昔底德对雅典和斯巴达冲突根源的总结，是指一个新崛起的大国必然要挑战现存大国，而现存大国也必然会回应这种威胁，这样战争变得不可避免。随着中国的崛起，西方的一些学者也用"修昔底德陷阱"来描述中美关系，认

---

　　① 习近平：《携手推进"一带一路"建设》（2017 年 5 月 14 日），新华网，http://www.xinhuanet.com/2017-05/14/c_ 1120969677. htm。

　　② 习近平：《实现中华民族伟大复兴就是中华民族近代以来最伟大的梦想》，载《习近平谈治国理政》，外文出版社 2017 年版，第 36 页。

　　③ 习近平《实现中国梦不仅造福中国人民，而且造福世界人民》，载《习近平谈治国理政》，外文出版社 2017 年版，第 56—57 页。

为中国最终会挑战美国霸权，中美之间必然爆发战争。这是西方冷战思维得到的结论。但习近平主席指出，中美也已经形成了你中有我，我中有你的不可分割的经济关系，因此，中美之间要摒弃对抗思维，建立起新型的大国关系。2015 年 9 月，习近平主席对美国进行国事访问并发表演讲，其中提出从四个方面努力构建新型大国关系，一是正确判断彼此战略意图；二是坚定不移推进合作共赢；三是妥善有效管控分歧；四是广泛培植人民友谊。其中特别指出，世界上本无"修昔底德陷阱"，但大国之间一再发生战略误判，就可能自己给自己造成"修昔底德陷阱"。习近平主席一再强调中国坚持走和平发展道路。重申无论发展到哪一步，中国永远不称霸、永远不搞扩张。中国愿同各国一道，构建以合作共赢为核心的新型国际关系，以合作取代对抗，以共赢取代独占，树立建设伙伴关系新思路，开创共同发展新前景，营造共享安全新局面。① 在演讲中，习近平主席明确且诚恳地表明，中国的发展不会危害他国利益，相反是要通过推动共建"一带一路"等来为全球发展作出贡献。中国是以合作共赢理念与各国建立外交关系和进行政治经济往来的，只要中美双方互诚互信，就能够建立起有益双方的新型大国关系。中美两国合作好了，可以成为世界稳定的压舱石、世界和平的助推器。中美冲突和对抗，对两国和世界肯定是灾难。这种以合作共赢为核心的大国关系，以和平发展为主导的崛起之路，实际上就是对 100 多年来西方某些国家通过战争取得霸权地位的"修昔底德陷阱"的破解，也是对西方习惯性的冲突对抗思维的范式转换。因此，走和平发展的中国崛起和民族复兴之路，也是人类命运共同体的理论创新。

（二）提倡"和而不同"的社会形态

从中国古代的大同世界，到西方近代的空想社会主义，再到马克思主义的共产主义社会，都是人类千百年来对美好社会的设想，其中共产主义社会是最为理想的社会。但共产主义社会是以阶级消亡为前提的，它的实现还需要漫长的时间。那么，在目前的社会阶段应该是怎么的一种社会形态呢？人类命运共同体给出新的答案。

----

① 习近平：《在华盛顿州当地政府和美国友好团体联合欢迎宴会上的演讲》（2015 年 9 月 22 日，西雅图），新华网，http://www.xinhuanet.com/world/2015-09/23/c_1116656143.htm.

　　实质上，人类命运共同体倡导的是"和而不同"的美好社会。如果说"世界大同"是我们未来的社会理想追求，那么目前的阶段更为现实的应该是"和而不同"的人类命运共同体。

　　首先，科技的高度发达给人类带来快捷舒适的生活和前所未有的风险和危机，宇宙只有一个地球使得人类命运与共。人类从来都没有像今天这样紧密关联和彼此相依。面对人类的困境与挑战，任何一个国家或个人都难以独善其身。世界人民只有团结起来，结成命运共同体，才能应对未来可能发生的风险与危机。其次，当今世界并不太平，发展的不平衡与文明的多样性不可避免地会带来矛盾和冲突。霸权主义、强权政治并没有消失，相反，由于发展中国家的崛起让先进国家感到其世界霸权地位受到威胁，为了维护其霸权地位不惜诉诸武力，以各种莫须有的罪名打击甚至侵略其他国家，因此，中国的和平崛起之路充满困难、艰险与阻力。事实上，美国针对中国发动的贸易战，就是阻碍和遏制中国和平崛起的看不见硝烟的战争。这时，提倡世界大同的社会理想无异于授人把柄，给别人留下攻击的理由。

　　因此，习近平主席从人类的命运与共与文明形态多样共存的理念出发，提出了构建人类命运共同体，追求的并不是终极意义的"世界大同"，而是现实世界中的"和而不同"。习主席说："中华文明历来崇尚'以和邦国''和而不同''以和为贵'。"① 这里的关键是"和而不同"。"和而不同"强调的是承认并珍惜文明的多样性，尊重文明差异，提倡文明交流互鉴，正如习近平主席所说："文明因交流而多彩，文明因互鉴而丰富。文明的交流互鉴是推动人类文明进步和世界和平发展的重要动力。"② 具体到处理国家关系，就是尊重每个国家自由选择国家制度和发展道路的自主权利。这是一个务实而又为世界各国接受的政治主张和价值理念。在人类命运共同体的框架下，习近平主席不失时机地为世界各国描述了一幅和平安宁、繁荣富饶、幸福美好的未来图景，这是一个通过坚持对话协商、共建共享、合作共赢、交流互鉴、绿色低碳，就可以建设和达

　　①　习近平：《共同构建人类命运共同体》，载《习近平谈治国理政》（第二卷），外文出版社 2017 年版，第 545 页。

　　②　习近平：《文明因交流而多彩，文明因互鉴而丰富》，载《习近平谈治国理政》，外文出版社 2017 年版，第 258 页。

成的持久和平、普遍安全、共同繁荣、开放包容、清洁美丽的新世界。这种对社会理想的整体性设计，既是对历史的继承，又是新时代的创新，更是一种基于现实畅想未来的范式转换。

（三） 建设"人境和谐"的美丽世界

习近平主席说过"宇宙只有一个地球，地球是人类唯一的家园。"人类命运共同体的一个重要思想就是提倡人与自然是不可分割的生命共同体，这也是中国古代哲学"天人合一"思想在新时代的表达。习近平主席非常重视环境保护与生态文明建设，提倡绿色低碳。2015 年 9 月 28日，习近平主席在第七十届联合国大会一般性辩论时的讲话中指出："我们要构筑尊崇自然、绿色发展的生态体系。人类可以利用自然、改造自然，但归根结底是自然的一部分，必须呵护自然，不能凌驾于自然之上。我们要解决好工业文明带来的矛盾，以人与自然和谐相处为目标，实现世界的可持续发展和人的全面发展。"呼吁"国际社会应该携手同行，共谋全球生态文明建设之路，牢固树立尊重自然、顺应自然、保护自然的意识，坚持走绿色、低碳、循环、可持续发展之路"①。2017 年 1 月 18 日，习近平主席在联合国日内瓦总部的演讲中再次明确提出要"坚持绿色低碳，建设一个清洁美丽的世界"。并指出："人与自然共生共存，伤害自然最终将伤及人类。空气、水、土壤、蓝天等自然资源用之不觉、失之难续。工业化创造了前所未有的物质财富，也产生了难以弥补的生态创伤。我们不能吃祖宗饭、断子孙路，用破坏性方式搞发展。绿水青山就是金山银山。我们应该遵循天人合一、道法自然的理念，寻求永续发展之路。"②在党的十九大报告中，更是把生态文明建设作为决胜全面建成小康社会的重要战略，指出："人与自然是生命共同体，人类必须尊重自然、顺应自然、保护自然。人类只有遵循自然规律才能有效防止在开发利用自然上走弯路，人类对大自然的伤害最终会伤及人类自身，这是无法抗拒的规律。"强调"我们要建设的现代化是人与自然和谐共生的现代化，既要创

---

① 习近平：《携手构建合作共赢新伙伴，同心打造人类命运共同体》，载《习近平谈治国理政》（第二卷），外文出版社 2017 年版，第 525 页。

② 习近平：《共同构建人类命运共同体》，载《习近平谈治国理政》（第二卷），外文出版社 2017 年版，第 544 页。

造更多物质财富和精神财富以满足人民日益增长的美好生活需要，也要提供更多优质生态产品以满足人民日益增长的优美生态环境需要。"并认为"生态文明建设功在当代、利在千秋。"① 他的这些思想都是人类命运共同体思想的重要组成部分，这就使得人类命运共同体突破了"人类"的封闭系统，扩展到了整个自然环境，即把整个自然界也纳入人类命运共同体之中，把自然界看作是关乎人类命运的重要部分，人类社会的美好存在离不开自然界的永续存在，建设美好的人类社会形态也必然要有一个美丽的自然世界。因此，要把人类与自然环境都看作是一个相互依存、不可分割的整体，只有人与环境的和谐，才能实现人类的长久和永续发展。这种把自然界纳入人类命运共同体的思想，是对过去社会形态理论的范式转换。

综上所述，"人类命运共同体"所体现的范式转换，是人类命运共同体最大的理论创新。哲学理论上确立了新整体观和以和谐原理为认识论基础，这是对旧整体观与达尔文进化论思想的范式转换；国际关系上确立以合作共赢为核心的新型国际关系，这是对冲突对抗冷战思维的范式转换；社会形态上确立和而不同的社会存在形式以及和平崛起的民族复兴模式，这是对独占天下零和博弈的霸权主义的范式转换。其中哲学理论创新是基础和前提，国际关系的理论创新是手段和途径，社会形态的理论创新是目标和结果，它们共同构成人类命运共同体理论创新的完整体系。

---

① 习近平：《决胜全面建成小康社会 夺取新时代中国特色社会主义伟大胜利——在中国共产党第十九次全国代表大会上的报告》（2017 年 10 月 18 日），新华网，http：//www.xinhuanet.com/politics/19cpcnc/2017-10/27/c_ 1121867529. htm。

对当代社会中"道德失范"现象的几点思考

——从中国传统伦理思想为现实问题寻求方法

关　朝[①]

一　从儒家孝文化谈起

（一）孔子之言"孝"

中国文化历来有注重孝道的传统，而儒家的孝道伦理则是中国两千年封建社会的核心道德。孔子生活在礼崩乐坏，传统伦理极具瓦解的时代，其学说之目的就在于重建伦理体系、重筑人心信仰。他创建了以"仁"为核心的哲学体系，强调"仁者爱人"。至于如何"爱人"，"子曰：'参乎，吾道一以贯之。'曾子曰：'唯。'子出，门人问曰：'何谓也?'曾子曰：'夫子之道，忠恕而已矣。'"[②] 由此原则审视孝道，孝敬父母的行为并非发源于外界环境，而是源自人内心的一种情感要求和道德自觉。孔子以为，"未能事人，焉能事鬼"[③]，在祭祀鬼神和侍奉双亲的权衡上，他更加重视"事人"，人活着便应该尽人事，而即使是在双亲死后去祭奠，也是为了使人们更加去重视孝道、提升德性，以加深对"人事"的把握与坚守。《论语·雍也》中言，"樊迟问知，子曰：'务民之义，敬鬼神而远之，可谓知矣。'"《论语·述而》又言，"子疾病，子路请祷。子曰：'有诸?'子路曰：'有之，诔曰：祷尔于上下神祇'。子曰：'丘之祷久矣。'"可见孔子认为，人的道德修养比迷信鬼神更重要。譬如他在回应"三年之丧"时言道："予之仁也，子生三年，然后免于父母之怀。夫三

---

① 关朝，云南大学公共管理学院 2016 级哲学专业本科生。

② 《论语·里仁》。

③ 《论语·先进》。

年之丧，天下之通丧也。予也有三年之爱于其父母乎?"① 在他看来，"三年之丧"的依据并不是对祖先灵魂的畏惧或祈求，而在于对父母抚育之恩的怀念。孔子对孝道的解释，"使孝这种始自人性的本能意识升华为一种自觉的道德意识，使孝道完成了从天国到人间的转化，从一种虔诚礼敬的宗教伦理变成了一种对自我意识进行反思的人伦道德"②。

（二）后代对孝道形式与内涵的颠覆

孔子所提倡的"孝"是强调生者之所为的，而"死后祭奠"也即是为了强化生者之所为在人心之中的重要性；但在其后的时代发展中，此二者的重心逐渐平衡甚至发生反转。在小家（指家族或家庭）中，死后之礼由生者悟孝之过程变为了孝本身的一部分，更有甚者使死后之礼成为真正意义上的孝，这样即使生时不孝也可以靠死后之礼来"弥补"。如此一来，孝便异化为某些生者不孝的安慰与借口，孝的内容更异化为与礼相近的刻板的纯粹模式，而早已遗忘了孝本身在最初时的道德追求与价值体现。在大家（指国家）中，本用来规范血缘家庭的孝道伦理，却异化成了国家层面的政治哲学，将非血缘的利益关系强说为父子兄弟之间的人伦关系，使得孝道本身的意义发生了扭曲；宋明理学时期更将儒家的伦理学说上升至形而上学的层面，化为"天理"来压迫人、统治人，其在本质上是对传统儒家哲学的一种颠覆，更在内涵上完全背离了传统的孝道原则。

二　道家学说中的"德""行"之思

（一）儒道两家在德性③目标上的一致性

庄子社会思想的核心在于对现实社会的批判性和否定性，他的批判可以分为三个方面，即对君主的批判、对仁义的批判以及对文明的批判。而

---

① 《论语·阳货》。
② 肖波：《中国孝文化概论》，人民出版社 2012 年版，第 115 页。
③ "德性"一词在学术探讨中有善恶德性之分，而在日常话语体系中一般被默认为善的德性，本文中所提到的"德性"也遵循后者，仅指善的德性。

仁义作为儒家理论的基础性概念，也是封建君主对社会进行专制统治的现实理论基础，故此通常认为儒道两家不仅在其思想主张上存在着差异，更是思想上的矛盾者、抵抗者。在庄子看来，"屈折礼乐，呴俞仁义，以慰天下之心者，此失其常然也"①。也就是说他认为儒家所追求的仁义礼法不过是束缚人性的枷锁，违背了人的本然真性，这一思想是对老子自然人性论的继承和发展。老子曾言道："失道而后德，失德而后仁，失仁而后义，失义而后礼。夫礼者，忠信之薄而乱之首。"② 道家这种"大道衰而仁义生"的观点在内容上的确是反对儒家的，认为儒家如此吹捧仁义有摒弃人之本然真性之嫌，是与人之为人背道而驰的。

从儒道两家所追求的德性目标上看，他们却似有共通之处。道家反对儒家之仁义，并非对德善的摒弃，而在于期盼恢复人之淳朴本性，遵循自然大道，回归到他们所向往的最为自由真实的能够"与道为一"的理想道德境界，即是一种自然。儒家弘仁义，劝导人们遵循礼，在外在行为上的确是对个人的一种约束和规制，有了"有所为""有所不为"的分别，但我们仅从这些伦理要求上去审视其思想之目的是不充分的。儒家在提倡各种具体的伦理要求的同时，也强调最高的伦理追求在于"终成君子"，而君子之为君子就在于其德行发源于其自在德性而非现实中的各种规制约束，如前文提到的孝道的目的就在于让人们能够"由心而发""自然而然"。相对于道家理想之"自然"，儒家的"自然"更具现实性，让道德观念与道德行为相结合，让人们从缥缈的思想天空之中着陆于厚实的大地之上；而两家的一致性在于，在德性目标上的"自然"之追求都肯定了人之本性的能力与人之为人的高度。

（二）　由道学观"德""行"相悖之根源

王弼在《老子指略》中说，"夫敦朴之德不著，而名行之美显尚，则修其所尚而望其誉，修其所道而冀其利。望誉冀利以劝其行，名弥美而诚愈外，利弥重而心愈竞。"也就是说，如果敦厚朴实的仁德不够彰显，而美德言行却得到崇尚的话，那么修养崇尚的美德便是为了其被美誉，习修所谓的大道是为了其背后的利益；如果用名誉利益来劝勉人们的行为，那

---

①　《庄子·骈拇》。

②　《道德经》第三十八章。

么名号越美好而诚心则会越远离事物之本身，利欲越重那么争胜心便越强烈。如此观之，可以把"敦朴之德"理解为人们本身所拥有的真实而实在的德性；而不由德性发源出来的德行在老子看来即是虚伪的，是失去本真的，故他提出了"绝仁弃义，民复孝慈"① 的观点。我们暂且不讨论"绝仁弃义"这一观点对儒家伦理学说的批判与反对，而从跳脱时代局限（或言局外人）的角度出发，去思考其内在逻辑。老子之所以坚决反对仁义之施行，是因为于仁义之下的对人们的各种要求和规范，各方面的引导和协调使得人失去了人之本然，违背了"把人当人看、使人成为人"的人本思想；而人们在如此杂多的规制约束之中生活，久而久之亦会认同如此这般的行为规范与伦理原则，这似乎构成了和谐有序的社会运行模式。然而老子指出，人们逐渐对如此这般的行为与理念的认同与遵循并不是因为对这些行为规范、伦理要求的认可，而是看重了其背后的名誉与利益。仁义之行为固然正确，那么人们按其行事必然会得到他人的认同，名利即随之而来，而仁德之本心何来，这正是老子所强调的重中之重。正谓如此，才有"既知不仁为不仁，未知仁之为不仁也"②，"绝仁非欲不仁也，为仁则伪成也"③，即成德须有人之淳朴之本心，而非由仁义所造就的名誉之心、利益之心。在老子的思辨之下，向我们揭露了日常行为之德行并非"德性之本身"的残酷事实，这即是"德""行"相悖之根源所在，由此也就造就了道德的人与不道德的社会的"人间悲剧"。

三　伦理规范的混乱及其微弱的约束力

（一）传统文本及思想阐释的世俗化与平庸化

世俗化现象属宗教社会学中的常见概念，指宗教的衰退，即宗教思想、宗教行为、宗教组织失去其社会意义，世界渐渐摆脱其神圣特征，社会的超自然成分减少，神秘性减退，表示"神圣"社会向"世俗"社会

---

① 《道德经》第十九章。
② 王弼：《老子指略》。
③ 王弼：《老子指略》。

的转化。① 而世俗化的过程中若无有的放矢地批判扬弃，久而久之必然导致其自身的平庸化，乃至颠覆其自身。这里将借用社会学中的这一概念对"道德失范"现象的内在原因进行思考。前文提到的儒家孝道伦理在后世发展中逐渐被曲解和颠覆的现象，即是儒家思想在世俗化过程中逐渐被平庸化的铁证。儒学的"走下神坛"在一定程度上完成了孔子的夙愿，使其学说推行至天下君臣百姓，但亦由于深化其推行之深度与广度的目的和需要，这一学说的内容要义也在不自觉地因人因时因地而变，随着世俗化的程度日益加深，随之而来的不断平庸化亦使其不再属于其自身。这就导致了儒家思想内涵的曲解和颠覆，君主为了巩固其统治而各说其词，百姓为了适应其生存而各解其义，儒家思想在这样的环境下犹存看似展现了"大一统"之风范，却早已混乱于人心之中；但不可否认一种思想要想在不同时代不间断地传承下来，变其自身是不可避免的必然。

弗洛伊德的著作在由德文转译为英文的过程中，也经历了其文本的平庸化的过程，甚至在英文版译著中出现了德文原著未曾提出的概念，比如"本我"（Id）；② 而中国当代书坛在进入大众文艺的过程中，也体现出了其世俗化倾向的负面影响，进而形成了功利欲望泛滥、创作精神平庸、核心价值颠覆的世俗化社会现象。传统文本与思想阐释的世俗化与平庸化，同样适用于伦理规范及其价值追求的发展过程，不作思辨以及应有的扬弃的缺失，加之某些方面的功利倾向尤其需要我们重视。

（二）强压时代下的逐利之心

"城高则冲生，利兴则求深"③，这句话是说如果城墙高大坚固了，那么攻城的器械就随之产生了；如果利欲兴起了，那么追逐利欲的心就进而加深了。处于现时代的人，科技的日新月异、经济的急速增长、文化的新旧碰撞，让内心无一时刻不处于强压之下。人们在推动社会向前的同时，社会也在一步步地催促着人；人们无须停下步伐，因为退步将带来于他们

---

① 席纳尔：《经验研究中的世俗化概念》，载希尔·米歇尔：《宗教社会学》，基础图书公司1973年版，第228—251页。

② 本观点出自士恒精品讲座系列之"从灵魂到心理——基于弗洛伊德标准版英译本的知识社会学研究"讲座记录，主讲人为北京大学社会学副教授孙飞宇。

③ 王弼：《老子指略》。

而言不可承受的生命之重创。人的内心渐渐地赶不上如此之外界环境，但他们已无暇顾及内心，甚至失去了掌控；而"压力之城"越高，则"冲生之速"越达，人们急迫地想从强压的吞噬中挣脱出头角，却已无能另辟蹊径，当他们抓住了利欲之捷径后，决心不再放手。只有"恪守"逐利之心，人们才能从这强压的"战场"上迅速脱身，使慌乱已久的心得到满足；可"利兴则求深"①，逐利一旦开始，便会让人们越陷越深，内心之欲求不断扩大，由此造成无法逃脱的恶性循环。至此，道德的人与不道德的社会便成了这个时代不忍直视的真实写照；"为仁则伪成也"②，能够造就不道德的社会的"道德"的人，即"伪成也"。在利益关系面前"坚守道德"，在无利益之时"放弃道德"，这是人心中的伦理之慌乱，亦是强压之下的必然。

四　伦理情感的自生与再生

（一）由自生之自然观再生之紧迫

在原始生活中，由于生产力低下，人们认识和驾驭自然的能力极其有限，外在于人的一切都体现为未知的神秘力量，在人们心目中普遍弥漫着一种畏惧的情绪，这种畏惧的心理在日常生活中就体现为原始禁忌对于人类行为的规范。于是，先民们关于秩序的朴素观念在潜意识中开始逐渐形成。与禁忌所带来的完全被动的生活不同，原始崇拜进一步助推了道德观念的萌发，它把人类纳入一种积极的规范和秩序之中，通过祖先崇拜而不断培养起来的情感和意识中，包含着人们对于祖先和家族所怀有的感恩之心，这种质朴的情感一般被理解为道德观念得以产生的重要条件。如此看来，原始禁忌刺激了人们对于秩序的发觉，随后的原始崇拜让更为丰富的伦理情感得以产生。此时的伦理情感即是自生的，是顺应人类生存发展和外在环境变化的自然而然，人的内心对于这些情感和规范是充分认同的，于其发自人的内心并能够指引人走向好的生活，亦使人成为"人"。而现今时代下的人们已不再把道德看作一种目的，而变成了谋求自身之利的手

---

① 王弼：《老子指略》。

② 王弼：《老子指略》。

段，道德常常趋利而"生"，道德存在的价值不再是因为需要道德之自身而去践行它，却变成了由于需要他方之利而去遵守它。此时的道德从不是由心而发，而似乎成了"从天而降的约束之牢笼"，人们因逐利而不得不依其行事；再观伦理规范与其价值追求，于强压的时代下已然在人心之中混乱不堪，人们对其捉摸不透而不知所措。故言伦理情感急需再生，以维持人之为人，以使人成为人。

（二）伦理的回炉重造与人心的再次发觉

伦理的回炉重造是指回归经典、回归传统、寻文明之内核、思辨以扬弃的过程，这一过程主要是对"世俗化与平庸化"这一现象的突破与超越。世俗化与平庸化的过程虽然使普及程度大有提升，但这一过程中的"各说其词""各解其义"却不可避免；我们不能主张让某种思想或情怀置之高阁，飘然于理想之空中而不与民所享，而是要在其为民所知的过程中杜绝恶性的扭曲和颠覆。在回归经典、回归传统的过程中，去发觉最初的价值与追求，重温传统美德，从文明之根源出发去思考它、扬弃它以服务于后人之心，如此之回炉重造才能让伦理情感在为众人所感的过程中仍能保持本然之性。

人心的再次发觉是在伦理之回炉重造后自然进行的，[①] 只有人心之根基稳固才能使其自身不再动荡不安，才能重整旗鼓，对曾经含混不清的伦理规范与价值追求再次认识与把握，在这样的过程中[②]使逐利之心渐渐被抹去，直至伦理情感再次真正地由心而发，而过去在慌乱之中抓住的逐利之捷径在内心安稳之时自然会被放弃。不可否认，社会中的许多伪德之行并不全是仅由自身逐利之心而发的，而会受到如"道德绑架"等发自他人之极端事件的影响，但"道德绑架"这一事件之所以存在正是伪德所造成的，是伪德对每个社会成员监视和约束的结果。唯有冲破伪德，造就伦理在人心之中的再生，才能使"心"再次发觉，才能抚平如此社会之中慌乱无从的人心。

---

① "伦理的回炉重造"与"人心的再次发觉"是指逻辑上的先后关系，而非时间上。

② 这一过程是指伦理情感在其"自生"的基础上进行"再生"，其中"自生"指道德情操先内化于心再外化于行的过程，而"再生"就是在前者的基础上使之再次内化于心。

云南乡村发展研究

——以大理州云龙县为例

韩娇柔[①]

2013 年 9 月和 10 月习近平主席在访问东亚和中南亚国家时分别提出共建"丝绸之路经济带"和"21 世纪海上丝绸之路"的构想，秉持和平合作、开放包容、互利共赢、互学共鉴四大理念，打造利益、命运和责任三大共同体，打造绿色、健康、智力与和平的四大丝绸之路。"乡村振兴"战略作为党的十九大报告中重点提出的七大战略之一，与"一带一路"合作倡议共同构成了中国经济发展的两轮驱动，乡村经济发展成效显著。云龙县在产业、文化、生态等方面皆取得显著成效。我们必须抓住机会、直面挑战，更好更快地实现中华民族伟大复兴的中国梦。

一 "乡村振兴"战略的提出

（一）"乡村振兴"为乡村发展带来机遇

2017 年 10 月 18 日，习近平总书记在党的十九大报告中提出解决"三农"问题的"乡村振兴"战略。在"一带一路"合作倡议中，我国将与世界各国进行文化沟通与商业往来，我们的国家和乡村将与其他地区的区域文化产生碰撞、交流，形成一个大融合的局面。这将为乡村发展带来难得的机会，刺激原本因"自给自足"而弱于与外界交流的部分乡村的发展，进而创造全新的机遇。"一带一路"建设不是空洞的口号，而是看得见、摸得着的实际举措，将给地区国家带来实实在在的利益。[②] 通过"一带一路"合作倡议，中国农村常年存在的生产力落后、资源利用率低

---

① 韩娇柔，大理大学马克思主义学院马克思主义基本原理专业在读硕士研究生。

② 李正彪、杨青：《基础设施建设对经济增长的促进作用研究——以云南省为例》，《经济问题探索》2012 年第 8 期。

等问题将会得到一个较好的解决机会，从而让乡村的经济得到发展，让农民过上富裕的日子，实现乡村的振兴。

（二）"乡村振兴"为乡村发展助力

在我国的经济发展过程中，乡村发展是一个难度大、情况复杂的问题。"乡村振兴"战略的实施将使中国的乡村取得长足的发展和较大的进步，进而助力中国在"一带一路"合作倡议中主导地位的稳固，成为国家在"一带一路"合作倡议中的重要基础部分和坚实的后盾。国家计划将处于西南地区的重要部位的云南打造成面向南亚、东南亚的中心区域，推动中国与东南亚各国的沟通与交流。云龙县作为云南待发展的乡村，虽然经济水平较为落后，但物产丰富，文化历史悠久，具有地方性的特色产业，发展潜力很大。云龙县通过"乡村振兴"战略将自身的潜力激发，将对该地区的经济构成、文化发展和科技进步产生正面影响，促进"一带一路"合作倡议的顺利进行。

二 "乡村振兴"下云龙县发展的机遇与挑战

中国的"一带一路"合作倡议自从提出后便成为世界各国关注的热点，"一带一路"合作倡议将对中国乃至世界格局产生巨大的影响。"2014 年习近平总书记在中央民族工作会议上指出，建设'一带一路'对民族地区特别是边疆地区是个大利好，要加快边疆开放开发步伐，拓展支撑国家发展的新空间。"① "一带一路"合作倡议既能给我们带来发展的机遇，同时也会因文化交流与经济资本的沟通给我们带来全新的挑战，如果不能正面突破这些问题，我们将无法参与今后的世界竞争。云龙县在"一带一路"背景下实现了产业兴旺、生态宜居、乡风文明、生活富裕，同时我们也要正视发展带来的消极问题。

（一）云龙县乡村发展的机遇

1. 旅游业快速兴起

产业兴旺在"乡村振兴"战略总体要求中居于首位，是实现"乡村

---

① 田烨：《"一带一路"战略对我国民族关系的影响》，《青海社会科学》2015 年第 6 期。

振兴"战略的突破口。云南作为连接南方丝绸之路的重要城市，国家"一带一路"合作倡议给云南旅游业提供了千载难逢的发展机会。"一带一路"合作倡议实施后，各国之间的交往更加便捷，云南省的旅游市场范围将会扩大。云龙县地处滇西澜沧江纵谷区，是大理州国土面积最大的县，因"澜沧江上夜覆云雾，晨则渐以升起如龙"而得名。诺邓千年白族古村，位于大理州云龙县城北部，凭借厚重的历史文化、完整的古旧建筑、良好的生态环境，先后获中国历史文化名村、中国传统村落、中国少数民族特色村寨等多项殊荣，成为中国最值得旅游的古村落之一。在游览云龙美景的同时，逐日增加的客流量也为云龙县带来发展的商机，云龙其他产业也将随着客流量增长而得到升级发展。因此，旅游业可以说是云龙发展的龙头产业，旅游业的发展将推动云龙县整体的发展。

2. 生态环境宜居

2016 年 8 月 17 日，习近平总书记在关于"一带一路"建设工作的会议上强调要共同打造绿色丝绸之路，《关于推进绿色"一带一路"建设的指导意见》的发布正是贯彻落实习近平总书记关于打造绿色丝绸之路精神的具体举措。云南作为丝绸之路的重要连接部分，在"一带一路"生态链的发展进程中，云南的生态保护显得尤为重要。云龙县山河壮丽，有世界罕见的地貌"天然太极"，国家级自然保护区"高原明珠"天池，壮美的澜沧江高峡平湖等自然奇观。在"一带一路"合作倡议的正确引导下，云龙县以建设生态文明为核心，逐渐呈现出生态增量、林业增效、农民增收的良好发展趋势。随着"一带一路"合作倡议对生态保护提出的相关举措，云龙县政府以建设"森林云龙"为目标，在"一带一路"生态环境合作机制监管下，实现了生态致富之路。

3. 文化相互交融

中国通过"一带一路"合作倡议参与全球化进程的重要途径之一就是文化交流，文化相互交流对于促进"一带一路"合作倡议的发展起着重要的意义。云龙县是一个大杂居小聚居的多民族地区，各民族在相互影响的同时也保留了各自的特色文化。生活在这里的人们在生产过程中创造了大量的山地白族灿烂文化。例如起源于明代的云南省级非遗项目"白族吹吹腔"戏是最古老的民族戏种之一，云龙县人曾多次参加省州演出表演吹吹腔，中央电视台多次报道吹吹腔活动情况，大达白族吹吹腔作为《走遍云南》专题播出。国内外专家均对其十分重视，"滇西北地区保护与发展"项目将其旧州列为吹吹腔保护区，大达村被列为白族吹吹腔保护村。

4. 工业蓬勃发展

随着都市化和现代化进程的推动，乡村经济发展模式逐渐由农业向第二、第三产业过渡。"云龙县有澜沧江、怒江两大水系，有沘江等流域面积超过 10 平方公里的中小河流 70 多条，水资源总量 25.29 亿立方米/年，地处怒江、澜沧江上游，是'三江'成矿带多金属资源集中区，矿产资源丰富，良好的水能和矿产资源优势决定了工业经济发展在整个县域经济发展中的带动和支撑作用。"① 云龙县地处偏远山区，交通不便，与外界的信息交流速度较慢，通过"一带一路"合作倡议，云龙县的交通得到了发展，实现了产业出口。在云龙县诺邓白族古村有悠久的腌制火腿的历史，在唐宋时期，南诏王微服私访，见采用盐泥敷制而成的火腿，既使人赏心悦目又能让人唇齿留香。凭借这一独特的工艺，诺邓古村的火腿远近闻名，自清朝便通过"南方丝绸之路"出口临近的东南亚国家。通过对接"一带一路"合作倡议，诺邓火腿厂的经济效益日渐提升，企业加大招商引资的力度，建立诺邓火腿腌制体验旅游项目，使云龙县走出了一条发展壮大的闪光之路。

（二）云龙县乡村发展面临的挑战

1. 民族认同问题

云南省居住着 25 个少数民族，是中国少数民族最多的一个省份，其中与周边邻国跨境的有傣族、壮族等 16 个少数民族。② 其中，云龙境内居住的少数民族就有 20 多种。云南作为"一带一路"的交通大枢纽，与各边境少数民族会有密切的交流，文化的传播更为便捷，也会带来文化之间的交流碰撞。不同民族有各自的文化认同，进而产生各自的归属感，影响个体对自己所属群体的积极评价。另外，当前世界整体大局虽平稳，但仍存在部分地区局势动荡不安，霸权主义和敌对势力仍然存在，这会给"一带一路"的沿线少数民族地区带来"三股恶势力"的

---

① 段冬梅：《突出优势特色与推进云龙县域经济发展》，《中共云南省委党校学报》2013 年第 14 期。

② 方铁：《云南跨境民族的分布、来源及特点》，《广西民族大学学报》2007 年第 5 期。

挑战。正确处理这些问题既关系到云南省自身的发展，也会影响中国的
国际形象。

2. 劳动力缺失问题

在"一带一路"合作倡议下，劳动力缺失问题也是云龙县发展所要
面临的一大重要挑战。云龙县城的人口老龄化十分严重，县城中的青壮年
劳动力普遍选择到外地寻求谋生，出现了"工人荒"现象。从劳动力市
场的角度来看，这是劳动力需求数量与求职人数的比率趋于上升。云龙县
若要沿着"一带一路"走向世界，就必须有充足的劳动力。因此，要实
现"乡村振兴"战略，云龙县必须积极地面对劳动力竞争这一挑战，不
仅要让流失的年轻劳动力重返云龙，还要吸引外地劳动力解决劳动力不足
问题。

3. 市场竞争压力问题

在过去很长一段时间，云龙县的特色产业由于产量少、规模小，主要
贸易对象是县内与某些固定用户，在"一带一路"合作倡议下，云龙县
也要打开市场、走向国际。但"一带一路"合作倡议不仅是给予机会，
更是让云龙这样的县城与许多沿线区域站到了同一起跑线上，使云龙县面
临着来自市场竞争方面的压力。如果云龙县不能随着"一带一路"的发
展而走出自己的特点，就会失去在市场上的竞争力，不仅无法获得更多的
发展机会，甚至会让部分已经确定合作关系多年的固定客户因得到更好的
选择而放弃与云龙县的合作，让云龙县在"一带一路"的浪潮下失去发
展机遇。

4. 生态破坏问题

随着云龙县在"一带一路"合作倡议下产业的兴起，生态保护问题
也将更加明显。目前，云南省全省的生态环境水平均处于全国前列，优
美的环境吸引了无数人的眼光，这也是云南省目前的优势之一。然而无
论是旅游业、种植产业还是轻工业的发展，都无法完全避免对环境的影
响。放眼目前中国的大环境，旅游业的规模限制、对景观的开发、矿业
的开采、农作物种植范围等均有可能成为云龙县崛起的点，但这些点若
开发过度也会让云龙县的环境遭到破坏。我们必须沿着绿色发展、可持
续发展的路子走下去，不能竭泽而渔，为一时的利益牺牲生态环境这一
巨大优势。

三 云南乡村的发展路径

(一) 依托区位优势，发挥枢纽作用

滇藏茶马古道是连接中国与南亚地区的重要贸易通道，滇内商人把茶叶等商品从源头云南省普洱市，通过中心大理白族自治州送往西藏，又从当地购买马匹、土特产等运至丽江、大理和昆明销售，而藏区商人则大多购买茶叶等日用品并带回西藏。因此，云南省是茶马古道的重要连接点，云南及云南乡村想要获得进一步发展的机会，就可以依托茶马古道经济带，发挥云南区位优势，推进与周边国家的国际运输通道建设，建设面向南亚、东南亚的辐射中心，重现茶马古道盛景。"在道路连通、贸易畅通、货币流通、民心相通等方面，做好与周边国家互联互通。"[1] 从道路上来说，"基础设施互联互通是'一带一路'建设的优先合作领域"[2]。云南是南亚和东南亚的接合部，接通了南亚、东南亚和西亚市场；从贸易畅通、货币交融来说，云南应积极推动金融向南向，让周边国家的企业、人民共享"一带一路"的建设成果；从民心相通来说，在教育体系方面创造对外交流合作机会，使教育主动服务和融入国家"一带一路"建设；在卫生健康方面，强化顶层设计，加快制定《推进"一带一路"卫生合作暨打造"健康丝绸之路工作计划"》，推进与周边国家医疗卫生事业合作交往。

(二) 加强生态保护，推动绿色发展

"生态环境问题是'一带一路'建设的制约因素之一，而绿色'一带一路'建设可有效促进沿线国家生态环境保护，传播分享我国生态文明

---

① 国家发展改革委、外交部、商务部：《推动共建丝绸之路经济带和21世纪海上丝绸之路的愿景与行动》，《人民日报》2015年3月29日。

② 中国社会科学院、云南省社会科学院"云南融入'一带一路'建设研究"联合课题组，邢广程、李涛、任佳、陈利君、孙宏年、吕文利、罗静、童宇韬：《云南融入"一带一路"建设研究》，《中国边疆学》2015年第2期。

理念，推进绿色经济及可持续发展。"① 在过去的十几年里，国内部分区域将经济发展粗暴的凌驾于环境保护之上，导致环境急剧恶化，这引起了无数人对于环保问题的重新思考。当前，绝大多数人已经认识到，曾经的"先污染后治理"路径是不可取的，优美的生存环境才是人类最珍贵的宝藏。因此，云龙县在乡村振兴道路上应该继续加强生态保护。同时，以产业振兴带动经济发展，将经济发展所得进一步投入生态保护方面，实现绿色发展的良性循环。

（三）增强"五个认同"，维护区域稳定

2015 年 8 月 24 日，习近平总书记在中央第六次西藏工作座谈会上提出了促进民族关系，搞好民族团结的"五个认同"思想。云龙县位于祖国的边疆地区，人口成分复杂。搞好民族关系、维护区域稳定，做到让少数民族兄弟达成"五个认同"便成为一个十分重要的问题。通过"一带一路"合作倡议，云南地区的发展将走上一个新的高度，居民的生活质量必将获得明显的提升，这对维护区域稳定、增强少数民族对党和国家的认可度十分有益。我们必须提高对发展区域的管理精细程度，防微杜渐，增强民众对"五个认同"的认可程度，达到维护区域安定的目的，让"一带一路"沿线民众的幸福生活得到保障。

---

① 袁国华、苏子龙、郑娟尔、傅连珍：《推进绿色"一带一路"建设的思考》，《中国国土资源经济》2018 年第 6 期。

互利共赢之路与中国价值观的传播

李延超①

互利共赢之路是指中国与各国合作倡议的实施是世界发展的重要机遇，是各国的共同财富。互利共赢之路的提出和发展是中国发展大国外交的重要机遇，是改善国际关系的重要纽带。习近平总书记在国家、国际大会重要场合多次阐述"一带一路"战略，由此可见这条互利共赢之路对于中国的发展意义深刻。它使得中国与各国的关系更加紧密，表明中国大国的担子更加沉重，中国与各国间的友好关系的建立承担着重要使命。

一　互利共赢之路的提出与发展

互利共赢之路的提出就是指"一带一路"（The Belt and Road，B&R）倡议的提出，2013 年 9 月和 10 月由中国国家主席习近平分别提出建设"新丝绸之路经济带"② 和"21 世纪海上丝绸之路"③ 的合作倡议。倡议的提出具有历史性意义，使得世界各国人民紧密联系在一起，促进国家的交流和往来。习近平总书记对倡议的提出可以看出中国对各国间的关系十分重视，说明中国在各国的互动往来中起到重要的主导作用。2014 年 8 月，习近平出访蒙古国时，表示欢迎周边国家"搭便车"④。习近平总书记"搭便车"的概念的提出，再一次表明中国的大国风范，表明中国秉承着对外开放的政策。2015 年 2 月 1 日，推进"一带一路"建设工作会

① 李延超，云南大学公共管理学院马克思主义哲学专业在读硕士研究生，研究方向为马克思主义哲学中国化。

② 习近平：《弘扬人民友谊 共创美好未来——在纳扎尔巴耶夫大学的演讲》，《人民日报》2013 年 9 月 8 日第 4 版。

③ 《携手建设中国—东盟命运共同体——在印度尼西亚国会的演讲》，http：//www.gov.cn/ldhd/2013-10/03/content_ 2500118. htm。

④ 习近平：《欢迎各国"搭便车"亚洲方式布局周边外交》，http：//www.chinanews.com/gn/2014/08-22/6523301. shtml。

议在北京召开，中共中央政治局常委、国务院副总理张高丽主持会议并讲话。① 这再次表明倡议将尽快得到实施，这次会议也是互利共赢之路实施的重要标志。2015 年 3 月，为推进实施互利共赢之路，让古丝绸之路焕发新的生机活力，以新的形式使亚欧非各国联系更加紧密，互利合作迈向新的历史高度，中国政府特制定并发布《推动共建丝绸之路经济带和 21 世纪海上丝绸之路的愿景与行动》。② 这个行动对于中国和世界意义都是非凡的，亚欧非各国间的关系更加紧密，整个世界都是这个关系推动的成果的共享者，这个愿景和行动一方面表明各国间的发展想要达成的目标，另一方面也表明各国为了各国的共同发展所共同付出的努力。2015 年 5 月 7 日，中国国家主席习近平开启对欧亚三国的访问，首站抵达哈萨克斯坦。此次访哈可视作是 "丝绸之路经济带" 的落实之旅，将进一步助推互利共赢之路。习近平总书记对哈萨克斯坦的这次访问可以说是历史上的重要一笔，也是合作倡议由理论转为现实的重要标志，对于中国和哈萨克斯坦来说，意义更加深刻，中国与哈萨克斯坦的会晤是两国对其他参与国家的友好典范。2015 年，博鳌亚洲论坛开幕式上，习近平发表主旨演讲，表示倡议不是要替代现有地区合作机制和倡议，而是要在已有基础上，推动沿线各国实现经济战略相互对接、优势互补。③ 习近平总书记表明中国的友好立场，同时表明经济战略互接的重要意义，建立合作机制十分重要，合作伙伴关系对于世界的发展、人类社会的发展意义深刻。正如习近平总书记在 2016 年 8 月召开的推进工作座谈会上所指出的，该倡议正从无到有、由点及面，进度和成果超出预期。④ 习近平总书记的发言表明互利共赢之路已经取得了阶段性的明显的成功，在未来的发展阶段中，互利共赢之路将会继续实施，成果也会更加明显，现阶段取得的成果也十分显

---

① 张高丽：《努力实现 "一带一路" 建设良好开端》，http：//www. xinhuanet. com/politics/2015-02/01/c_ 1114209284. htm。

② 国家发展改革委、外交部、商务部 28 日联合发布了《推动共建丝绸之路经济带和 21 世纪海上丝绸之路的愿景与行动》，http：//www. xinhuanet. com/world/2015 - 03/28/c_ 1114793986. htm。

③ 张静：《何为 "一带一路"》，http：//www. china. com. cn/guoqing/2015-04/14/content_ 35314357. htm。

④《习近平出席推进 "一带一路" 建设工作座谈会并讲话》，http：//politics. gmw. cn/2016-08/17/content_ 21514691. htm。

著。2016 年 10 月 13 日，国家主席习近平在金边同柬埔寨首相洪森举行会谈，两国领导人共同见证了外交、共建互利共赢之路。中国与柬埔寨关系的发展是中国外交特色的重要表现，中柬双方共建一带一路，是双方外交关系发展重要的表现。2017 年 1 月 18 日，习近平总书记指出共同构建人类命运共同体。① 构建人类命运共同体是世界历史发展的重要转折意义上的概念，这标志着我国互利共赢之路走向新的台阶，各国共同致力于世界的发展。2017 年 3 月 17 日，"一带一路"写入联合国决议。联合国对倡议的认同表明中国的国际地位得到提升，在世界中逐步占有话语权，这是中国对互利共赢之路的实施带来的新的机遇。2017 年 6 月 14 日，首次提出"空中丝绸之路"的概念。"空中一带一路战略丝绸之路"概念的提出，表明世界科技与交通发展迅速，互利共赢之路必须紧跟时代的潮流，顺应时代的发展，结合新的科技，加大各国间的合作力度与范围。2017 年 6 月 20 日，中国首提"一带一路"海上合作设想，是互利共赢之路再一次跨越领域，占领海、陆、空三大领域，使得各国间的合作畅通无阻。2017 年 10 月 24 日，"一带一路"写入党章。中国共产党是中国特色社会主义事业的领导核心，写入党章证明中国共产党会带领中华民族致力于人类命运共同体的建设，致力于走与其他各国互利共赢之路。2017 年 12 月 31 日，习近平发表 2018 年新年贺词：积极推动共建"一带一路"②。2018 年是中国历史意义十分深刻的一年，在新年贺词上，习近平总书记再一次重申，表明中国会将改革开放进行到底，将中国与世界的发展前途紧紧拴在一起。2018 年 3 月"一带一路"峰会在厦门召开。这表明中国是世界人类命运共同体建构的主导者。

二　走互利共赢之路，传播中国特色的价值观

走互利共赢之路，对于中国价值观的传播可以说是新的机遇和契机。中国的价值观对中国人民意义重大而深远，影响也极其深刻，中国人民都牢记中国的价值观，也积极对外传播中国特色的价值观。近年来，中国在

---

① 习近平：《共同构建人类命运共同体——在联合国日内瓦总部的演讲》，http://cpc. people. com. cn/n1/2017/0120/c64094-29037658. html。

② 《2017"一带一路"大事记!》，https://www. yidaiyilu. gov. cn/xwzx/roll/44335. htm。

经济、文化各方面日益发展，逐步走向世界舞台的中央，在价值观的传播上，中国扮演着重要的角色。

（一）当代中国主流价值观的传播

中国社会发展成日益富强的民族，中国的价值观当然也独具特色。中国社会的主流价值观就是中国目前在人民群众口中心中、口口相传的核心价值观。中国核心价值观的传播是中国价值观传播的重要体现，也是中国价值观传播最具影响力的传播内容。随着时代的发展、新时代的到来，中国的主流价值观也发生了重要的改变，但主要表现为国家、社会、个人三个层面的核心价值观。

首先，中国的主流价值观在国家层面表现为富强、民主、文明、和谐。中国在价值观的传播上重要的是要给世界人民明确的态度。中国在国家层面的核心价值观富强实际上是在向世界表态，中国已经走向强起来的道路，中国的发展已经是日益繁荣。中国也在向世界表明，中国可以作为引领者带领世界共同进步、共同繁荣、共同发展，共同摆脱落后就要挨打、贫穷就要挨饿的局面，构建人类命运共同体，共同走向繁荣富强的发展道路。中国在国家层面的核心价值观民主一方面是向中国人民表明，我们是人民当家做主的社会主义国家，始终坚持全心全意为人民服务，另一方面也是向世界表明中国永远不会以强欺弱，作为世界中的大国，中国一定会维护各国间的共同利益，为世界人民谋利益、谋福利。中国在国家层面的核心价值观文明，中国在向世界表明，我们中华民族是文明的、是有文化、有素养的民族，中国的发展也是有根据的，中国日益繁荣是因为我们始终秉承着作文明人、行文明事的宗旨，我们也向世界人民承诺，中国无论多强大，也不会对世界各国做出野蛮的行为。中国在国家层面的核心价值观和谐，其一是在向中国人民说明中国人民是一个家庭，是一个共同体，永远不分割，中华民族的命运紧密联系在一起，和谐共生、步调一致迈向新时代。其二是向全世界人民表明中国与世界紧密相连，中国愿意与世界各国和谐进步、有苦同享、有难同当，中国人民也会努力与世界各国人民共进退。中国在传播国家层面的主流价值观时，首先要运用中国的指导思想马克思主义思想，坚持世界整体的思想，鼓励各国间团结互助的友好关系的发展。并且精神交往理论是马克思主义的重点理论，马克思主义的精神交往理论对中国主流价值观的传播起到了重要作用。因此中国在国家层面的价值观传播过程中，一方面要重视中国的核心价值观对他国的启示；另一方面要重视核心价值观对中国与他国之间关系的共同作用之处，促进中国与各国关系的和谐发展。

其次，中国的主流价值观也就是核心价值观在社会层面表现为自由、公正、平等、法治。中国在价值观上的传播表明中国愿意将中国的核心价值观面向世界传播，让世界得以借鉴和吸收，鼓励各国人民都可以生活在自由、平等的社会环境中。中国在社会层面的核心价值观自由，一方面要表明中国共产党和中国政府在努力创造中国全体人民群众言论自由、人的自由全面发展的环境；另一方面要表明中国在为世界人民争取交往自由、交往畅通的环境，努力使得世界各国人民沟通、交往方便化、畅通无阻。中国在社会层面的核心价值观平等是相对意义上的平等，做到绝对平等一种是不可能，另一种是更会带来真正意义的不平等，中国社会在努力构建人民享受的待遇、福利相对平等，还实施少数民族政策，鼓励各族人民共同发展，在少数民族地区建立少数民族干部机制，一定意义上也是对平等的重视，并且在贫困地区，大力加大扶贫力度，鼓励先富帮后富，全体中华人民共同富裕。中国平等的价值观的对外传播实际上也表明中国不歧视任何一个国家、任何一个种族，中国愿意与各国人民携手共进。中国在社会层面的核心价值观公正实际上是指公平正直，在一定的条件下不偏不倚，实际上也说明是相对公正的，因为公正都是针对一定的标准而言。对于中国，公正就是指各族人民享受的法律制度相对公平、正直、无私。在核心价值观的传播上中国有权利、有义务维护受到不公正对待的人民和国家，中国有权利站在保护各国人民利益的立场。中国在社会层面的核心价值观法治也是重要的概念，法治本是指中国社会一定要给中国人民提供法治的环境，提供有法可依、有法必依的心理，在核心价值观、主流价值观的传播上，中国表明世界要形成法治的共同体环境，任何国家不得破坏规则和法律制度，要接受共同原则的规范。中国在社会层面主流价值观的传播一定要重视看待问题的立场和方法，同时遵守马克思主义遵守一切历史发展的规律，遵循规律办事。

最后，中国的主流价值观在个人层面表现为爱国、敬业、诚信、友善。中国的主流价值观表现了中国共产党和中国政府对中国人民的重视，对人民利益的维护，同时中国主流价值观的传播为世界人民谋取利益，为世界谋求共同发展之路。中国表现在个人层面的核心价值观爱国是指为增强中国人民的统一感、认同感和归属感，也是表明中国人民是构成中国整体的重要部分，中国爱国价值观的传播实际上也是在提示五湖四海的朋友爱世界、爱祖国、爱人民。中国表现在个人层面的核心价值观敬业是国家培养中华民族各族人民职业道德素养，是人民热情提高的重要举措。在世界中传播中国的敬业核心价值观，有助于世界人民为世界的发展做贡献，是提升各族人民自我约束能力和对职责的负责的态度，中国表现在个人层面的核心价值观诚信是中国培养中华民族各族人民诚信做人、诚信行为的传统美德，中国在主流价值观的传播过程中，要将诚信的美德传播向世界，将诚信的美德作为世界的美德。中国表现在个人层面的核心价值观友善是中国培养良好的人际关系的重要手段，中国在主流价值观友善的传播过程中，要将中国的友善传播到世界，建立友善的国际关系、友善的种族关系，各国人民共同发展。中国在个人价值观的主流传播过程中，要遵循马克思主义理论人民主体的地位，人民群众的利益必须得到维护，人民群众的立场需要维护。

走互利共赢之路，在发展政治、经济、文化各个方面的传播，更要重视价值观在世界的传播，核心价值观是中国价值观的主流价值观，核心价值观的传播是中国走互利共赢之路的重要传播内容，中国的价值观得到传播，互利共赢之路也得以实现。

（二） 当代中国政治、经济价值观的传播

中国始终坚持中国共产党的领导，在新时代的今天，坚持马克思主义的指导，坚持习近平中国特色社会主义思想的引领，中国共产党与人民的关系可以作为政党与人民正确的关系传播，中国共产党的特色政治可以将政治价值观传播出去。中国的人民主体地位也是中国政治的特色价值观，可以随"一带一路"倡议日益传播。中国坚持市场经济，以经济建设为中心，对外开放经济政策，对外开放是我国提出走互利共赢之路的基础，对外开放的经济政策可以拉动世界经济共同发展，世界经济的共同进步，中国的对外开放政策使中国的发展走近世界经济舞台的中央，带领世界各国人民经济迅速发展、迅速进步，对外开放政策是中国最重要的经济价值观，中国经济价值观的传播有助于各国经济共同发展、共同进步，加快经济的全球化，加快世界一体化的进程。

（三）　当代中国文化价值观的传播

中国的传统文化独占风骚，孔孟之道、仁、义、礼、智都是中华传统文化价值观的重要内容，中国历史向来倡导"以和为贵"，"以和为贵"是中国传统文化价值观的重要特征。"和而不同"的文化价值观，既是中华文化源远流长的力量之源，也是中华文化浩瀚恢宏的博大气象和历久弥新的内在品格。各国间的文化交往也是中国文化价值观传播的重要手段和途径，在文化交往的过程中，各种物质文化和精神文化的传播一定要注重方法，一定显示中国特色。在传播过程中，我们一定要树立文化自信，自己国家的文化走向世界，中华民族各族人民要昂头挺胸，保护好国家传统文化价值观，不要让自己国家的价值观惧他国所有。在各种思想相互交流、相互碰撞的过程中，遵循互相借鉴、互相融合的原则，不以消除某种价值观为目的，以弘扬各国优秀的文化价值观为目的。在中华优秀传统文化价值观的传播过程中，要掌握文化交流的主动权、掌握文化价值观传播的话语权，有助于促进各国文化兼容发展。

（四）　当代中国生态价值观的传播

随着中国的不断发展，中国的社会地位也得到提升，作为世界舞台中的大国，中国必须承担起保护环境的较大责任，为还人类社会绿水青山做出重大努力。中国近几年来，十分重视人与自然的关系，努力创造和谐的关系，努力改善动物与人类共同体栖息的生活家园。人与自然和谐共生，生存在一个大家园，必然要协调关系，共同发展。自我国古代就十分重视人与自然的关系，"天人合一"思想从某种程度上就表现了这一重要内容。节约资源、保护环境、维护生态系统就是中国现阶段生态价值观的重要内容。中国的生态文明建设具有制度化、实践性强的特征，社会的发展离不开生态文明建设，中国始终表明愿意承担人类生态环境保护的使者，愿意承担生态文明建设的重要使命。中国的这种生态价值观传播要注重方式、方法，要鼓励"一带一路"国家共同营造良好的生态环境，共同发展经济的同时，共同承担起恢复良好生态环境的重任。世界的发展离不开生态环境的建设，各国的发展也离不开生态环境的建设。中国在这种生态价值观传播的过程中，要表明中国的立场，运用马克思主义核心价值观作为引导，鼓励各国共同进步、共创美好家园。

三　互利共赢之路对于中国价值观
在世界上传播的意义

互利共赢之路使世界各国紧密连接在同一条发展线上，使各国同呼吸、共命运。"一带一路"倡议以"五通"为重要方式。政策沟通理念，使沿线国家共同商议发展模式，有助于构建人类命运共同体。设施联通理念也是重要的内容，设施联通是指中国与各国在信息技术，在能源、交通、通信等方面都保持联系畅通，理念联通，抓好区域间的链接，做好共同进步工作。贸易畅通理念是中国与各国之间加强经济往来的重要手段，经济进步、国家富裕、社会才能得以进步，各国加强贸易往来也是中国对外开放政策的重要体现，中国积极与各沿线国家构建产业链，积极构建经济命运共同体，一方面体现了大国外交的特征，另一方面也表明中国的国际地位发生转变。民心相通理念，中国始终坚持"以人为本"的重要理念，各国间民心相通也是中国提出"一带一路"倡议的重要内容和目标，以推进经济、政治、文化、生态各个方面的发展为短期目标，长期目标就是要使得不同国家的人民民心相通，民心所向一致，共同为社会、为人类的发展谋取空间和利益。中国在合作倡议实施的过程中，积极努力地传播中国价值观，以达到各国的价值观、各国的思想文化不断交融、不断彼此影响、互相吸收和借鉴，形成沿线国家共同的价值观，共同的文化底蕴，有助于世界整体的发展，有助于各国的迅速发展。互利共赢之路为中国价值观的传播提供了传播途径，为中国价值观的传播提供了适合传播的传播对象，为中国价值观的传播提供了传播方式和传播思维，在中国价值观传播的过程中，中国要十分重视沿线国家的利益、文化习俗，宗教信仰，中国要尊重各国的价值观基础。这样的价值观传播，于中国、于世界都是最完备的交融方式。

高校大学生的价值观教育

刘利[①]

一 加强大学生价值观教育的必要性

价值观作为一种社会意识，是一定社会存在的反映，是社会文化发展中人文素养的集中体现。随着互联网科学技术的快速发展，人类步入信息化、智能化时代，中华优秀传统文化、价值观等与世界各国文化之间的相互交融更加深刻，文化与文化之间的碰撞更为激烈，使得大学生与世界更近了一步，而绚丽多彩又纷繁复杂的世界也深深地吸引着我们的大学生，时常影响着他们的价值判断与选择，在这样的现实情况下必须加强对大学生的价值观教育。

(一) 提高思想认同，树立正确的价值观

加强大学生价值观教育能够提高其思想认同，符合其自身成长成才的要求。首先，正确价值观树立的过程可以磨炼大学生的意志品质，使其养成坚韧、有为、敢为的品格。辩证唯物主义认识论认为，认识的过程并不总是一帆风顺的，价值观作为一种意识，是在不断的实践过程中去培育。正确价值观的形成更需要经历诸多的考验，这个过程正是锻炼大学生意志品质的关键时期。其次，只有在正确价值观的指引下，才能正确区分、判断是与非，善与恶，美与丑，并做出正确的选择。

(二) 符合高校"育人""树人"的目的

我国各高校大学生与沿线国家甚至是世界各国之间的人才交流不断加强。各国留学生"走出去"与"走进来"比以往更加频繁，这在一定程

---

① 刘利，大理大学马克思主义学院思想政治教育专业在读硕士研究生，研究方向为民族地区精神文明建设。

度上推动了世界各国之间的文化交流。但是，大学时期正是学生价值观形成的关键时期，面对形形色色的文化，我国大学生能否辨别其真伪，对外来文化能否做到"取精去糟"，关系到高校"育人""树人"目标的实现。首先，新的时代背景下，加强对大学生价值观教育是高校实现"育人"目标的必要选择。这是使学生在思想上认同的过程，是内化的过程。其次，是实现高校"树人"目的的客观要求。高校的根本任务是"立德树人"，就是要培养和造就有高尚德行和高超技艺的人才。同时高校立身之本也在于"立德树人"，培育有正确的认知，有高尚德行的人符合其发展的客观要求。评判一所大学是否是好大学，关键看它为社会、为国家培养了多少人才，培养多少高尖端人才。

（三）　社会发展的必然要求

大学生是中国梦的"追梦人"，更是"圆梦人"。无论是"追梦"还是"圆梦"都需要有正确价值观的指引，引导学生树立正确的价值观是社会发展的要求。一是社会是由人组成的，作为社会人，培育青年人才是一个社会、一个民族、一个国家发展的必然选择，符合社会发展的客观规律。"青年一代是最富有朝气、最富有梦想的一代，他们也是社会上最富活力、最具创造性的群体"[1]，只有一个有朝气，有理想，有活力，有创新精神，创新能力的群体投身到中国特色社会主义伟大建设中，才能一改"中国制造"现状，向创新型中国转变，实现"强起来"。二是广大青年，尤其是大学生是推进祖国统一，民族团结，促进两岸同胞友好往来的可靠力量。"青年是民族的未来，也是两岸的未来。"[2]两岸友好关系需要一代又一代青年维护、推进，圆祖国统一的梦。在"一带一路"背景下，两岸关系也会随之发生变化，这也需要大学生树立正确的价值观，从而推动两岸友好往来。三是如果说大学生是否有饱满的精神状态，良好的综合素质，关系着一个国家的发展活力，关系着国家核心竞争力及综合国力的强弱。那么，大学生是否有正确的价值观就关系着中国在世界各国中的话语权。然而事实也证明，只有拥有更多高素质的人才，一个社会、一个民

---

① 习近平：《在知识分子、劳动模范、青年代表座谈会上的讲话》，《人民日报》2016 年 4 月 30 日。

② 《习近平总书记会见中国国民党主席朱立伦》，《人民日报》2015 年 5 月 5 日。

族、一个国家才能更好地发展，才能在纷繁复杂的国际社会中有立足之地，更好地促进民族进步、国家发展，乃至为世界贡献智慧。

二 对大学生价值观的影响

事事皆有矛盾，大学生正确价值观的形成和培养是对立统一的关系。前者对后者来说既是机遇也是挑战。

（一）机遇

首先，"一带一路"的推进为大学生价值观教育提供了更为丰富的教育资源。一方面，"一带一路"的推进实施，必然会提高世界各国的文化、价值观念的传入，从而使大学生更好地接触世界，了解世界，认识世界，并融入其中。如今又是信息化、智能化高度发达的时代，外来文化及价值观传入后能通过这些新媒体迅速的传播开来，跳出时间空间的限制。另一方面，随着"一带一路"的推进，出国留学将成为大多数大学生的选择，这些学生会通过多种途径来了解这个地方的风土人情等，并做出判断，这在一定意义上也为大学生的价值观教育提供了丰富的资源。

其次，随着"一带一路"的深化，增强了教育内容时代性。如前文所说，"一带一路"丰富了教育内容，并以网络媒体为传播途径，使价值观教育与时代接轨，使其更具有时代性。教育者通过"一带一路"的目标、精神等来引起学生的共鸣。

总之，"一带一路"推动了我国经济政治文化的全面发展，这在一定程度上为大学生的发展提供了良好的环境。良好的经济环境是创造优质的教学环境，为学生提供良好学习环境的基础。良好的经济基础使学生有更多的时间和精力学习、思考，提高自身的文化素养，虽然文化水平、文化素养的高低并不能决定一个人的价值观如何。但是，就大多数情况而言，文化素养高的人其价值观一般不会与社会脱轨，面对是非能做出正确的价值判断和价值选择。

（二）挑战

"一带一路"的推进实施意味着我国对外开放的深度、广度加深，使我国大学生价值观教育环境更加复杂。

一是国际环境复杂多变。"一带一路"自提出之日起,得到全球诸多国家及组织的认可及支持。但西方一些反社会主义声音仍然此消彼长。一些国家及群众对"一带一路"仍存在误解和怀疑,更有甚者对它进行曲解、抹黑、反对,带来许多负面影响。二是国内环境复杂。随着倡议的推进,外来文化及价值观念在中国的传播更加方便。一方面,外国留学生来中国留学的比例将会不断提升,在求学的过程中,他们会有意无意的将其价值观念通过不同的方式表现出来,并影响我们的学生。然而他们的价值观并不一定与马克思主义价值观一样,甚至是与其相背离的。另一方面,随着经济水平的提高,出国留学成为大多数学生的选择,在留学的过程中,必然会受到西方价值观的影响。大学阶段正是其价值观形成并稳固的阶段,他们对事物的认知能力、判断能力仍处于上升时期,对新事物总是有着比他人更大的好奇心,也极易受到历史虚无主义甚至是反马克思主义等社会思潮的影响,并不断通过网络对学生进行价值观渗透,冲击着学生的思想意识,影响他们的价值追求和判断。

三　加强大学生价值观教育对策

多元化的文化交流,丰富教育资源的同时,也使得马克思价值观教育的环境更加复杂化,加剧了大学生价值观教育难度。面对复杂的国际国内环境,需要综合社会、学校多方的资源,加强大学生价值观教育。

(一)　营造良好的社会教育环境

大学生群体在学校的时间居多,但是大学相对来说是比较开放的,对学生的管理相对于中学要宽松许多,所以他们常常会利用课余时间兼职、游玩等,或多或少会受到影响。社会氛围的好坏,影响着大学生的道德品质及价值观。一般来说,良好的社会环境,对人的影响是积极向上的,反之则对人产生消极的影响。在"一带一路"下,社会要积极宣传马克思主义价值观,营造良好的社会教育环境。一是推进榜样示范。对社会产生积极影响,为社会做出贡献的人进行奖励。并以这些人为榜样,从而激励大学生群体乃至整个社会群体做遵守社会公德,爱护公物的人,营造良好的社会氛围,引导学生树立集体主义价值观。二是在全社会宣传社会主义核心价值观,坚定其作为社会主流意识的地位。三是加强网络监管。21

世纪是信息化，网络化的时代。全社会都沉浸在网络中，尤其是大学生群体沉迷于网络，而网络又是监管比较薄弱的环节。一些不良信息，不良网站使大学生的价值观扭曲，不同程度的侵蚀着大学生精神乃至肉体。治污先治源，因此要加强对网络的监管，把与马克思主义价值观相背离的思想扼杀在信息源头。

（二）加强对学生的思想政治教育

高校有系统的育人模式、专业的教师队伍、科学的管理体系，有丰富的教学资源，是培养社会主义建设人才的重要基地。价值观教育实际上是对学生进行思想教育，给予其方向上的指引，使其树立符合社会认同的价值观，就是要加强对其的思想政治教育。

就教育内容来说，要加强对大学生的马克思主义价值观教育，坚持正确的办学方向。一要加强对大学生主流文化的教育引导。二要引导学生学习党的各项方针政策，与时俱进，了解国际国内最新动态，对当前的形势有正确的认识。三要加强理想信念教育，引导他们树立共产主义远大理想和中国特色社会主义共同理想。四要加强对大学生的集体主义为核心的价值观教育。五要加强对学生进行中国传统优秀文化教育。比如"利用读书日等推动师生广泛阅读经典原著。加强礼仪教育，坚持在重要节庆日举办内涵丰富的庆典、纪念活动等，创新开学、毕业典礼等仪式，使礼节礼仪成为培育主流价值的重要方式，使中华优秀传统文化成为涵养社会主义核心价值观的重要源泉"[①]。以此筑牢学生的思想基础、为其提供价值引领，助其树立正确价值观。

就教育方式来说，不断创新对学生主体的思想政治工作方式。思想政治工作是一项长期的工作，"一带一路"的背景下，必须结合实际工作及学生实际情况、学校文化特色，立足于实践，提升教育的针对性，积极贯彻落实推动学生思想政治教育工作。比如，通过强化校园文化建设，增强文化滋养内生力，通过挖掘自身办学理念及特点，把我们的核心价值观融入教育的各个方面，加强推进学术研究、手工艺等，加大校园文化的辐射面及引领力，使学生在潜移默化中形成正确价值观。

---

① 李延延：《大学生社会主义核心价值观教育有效路径探析》，《中国石油大学胜利学院学报》2018 年第 4 期。

"一带一路"及其思想使我国经济开放及对外合作呈现新的局面的同时，也加深了与世界其他国家在教育及文化上的合作交流，这些国家的价值观念便随之而来。这些外来文化、思想、价值观在大学生群体中的传播更加广泛，对教育产生了很大影响。高校要坚持马克思主义价值观教育，从思想上武装学生，避免学生遭受外来不良思想、价值观的冲击。同时，更要利用好"一带一路"的开放思想，抓住机遇，传播正能量、传播科学的思想、正确的价值观，使学生自身发展与社会、民族、祖国的发展同心同向。

（三）加强大学生自我教育

大学生自我教育是正确价值观形成的关键。不论是社会、学校、家庭给予其教育或者引导，只有自觉自愿接收，才能达到预期的效果。首先，教育是一个内化到外化的过程，只有学生积极主动地接受来自教育者的教育，达到自我内化，才能真正形成正确的价值观。其次，要主动学习，勇于创新。努力学习优秀传统文化，及其当代优秀先进文化。当然也要主动学习和借鉴外来文化中的优秀成分，包容世界文化的差异。最后，要做实事，勇于实践，将理想信念付诸实际行动中，俗话说"一口吃不成胖子，一步也跨不到边"，任何真知都是源于实践，又反作用于实践，只有在具体的行动中，才会知道哪些需要改进，通过实践才能知道自己的价值观是否正确。从而在实践的过程中积累经验，提升修养。

"一带一路"的深入推进，使我国对外开放更将广泛而深刻。从"一带一路"推进至今使我国经济合作及领域不断扩大，并逐步被更多国家及群众认可。但是，在其推进过程中，外来文化及价值理念对我国的文化、价值观的冲击也日益明显。大学生作为祖国的未来、民族的希望，在复杂的环境中利用好"一带一路"的开放思想，加强对他们的价值观教育，树立正确的价值观，助力中国更好地发展。

二 优秀传统文化的传播

中华文化国际传播研究文献综述

刘　滢①

2013 年习近平在纳扎尔巴耶夫大学演讲时结合国内外良好的合作情况以及人类命运共同体的深入推进创新性地提出了共同建设"丝绸之路经济带"的倡议，这代表着"一带一路"倡议的开端和雏形。"一带一路"是一个复合型名称，包括"丝绸之路经济带"和"21 世纪海上丝绸之路"两个部分，这不单单是世界经济发展的共享之路，更是中华文化跨越边界、走出国门的重要契机。借助于这一倡议，利用中华文化打通沿线各个国家之间的民心链接，实现中华文化形式与内容的双重有效输出，让世界各地了解中国、认同中国、赞同中国，为经济和政治各方面的互信打造人文精神支撑，塑造良好的中国形象。

一　中华文化"走出去"的战略意义

中华文化的走出去包含两个层面的含义，一方面是文明精神、文化理念、精神传承的传播；另一方面是文化产品及各种服务的出口。文化共同点的寻找和创造是促使各个国家相互了解、相互尊重、相互包容的一颗纽扣，是实现国家心意相通的纽带。文化的有机融合是"一带一路"倡议在各个沿线国家产生共鸣，并得以持续深入进行、逐步实现深层次多领域合作、实现经济共享发展的关键一招。

学者们从不同的角度出发，对于借助于中华文化走向世界舞台的战略意义做出了多角度、多层次的分析，囊括了国际、国内意义两大层

---

① 刘滢，大理大学马克思主义学院马克思主义基本原理专业 2017 级在读硕士研究生。

面。赵梅艳从经济和政治意义的角度出发认为，一方面，可以推动多国之间的文化交流，了解其他国家的发展历程以及国家政体选择，在政治方面互相信任。另一方面，文化之间的交流也会带动经济之间的良性互动①两大现实意义。曹爱军、陈思从文化自身的角度以及文化在国家主权和国家形象的塑造性层面分析指出，"一带一路"倡议下积极推动中华文化跨出国门界限，是推动我国产业升级，提升文化软实力的有效措施。"我国唯有大力推动中华文化'走出去'，撕掉西方资本主义国家加诸在我国形象上的标签"，②借助于文化潜移默化的力量打破西方对于中国各种污蔑性言论，同时在思想上筑牢防止文化入侵的长城。"我国不能总是处于自我防御的状态，更应该主动进攻"③，我们一贯强调中华文化要"走出去"，走到世界大环境中接受世界人民的检验，我们不是为了称霸或者是独权，而是为了与西方的文化入侵战略形成制约性力量，维护世界文化的多样性和各个民族文化的独立性。隗斌贤指出"文化是'一带一路'的灵魂"④，文化可以帮助各国之间进行精神层次上的互通，推动互相认同，深化文化之间的合作层次、拓展文化合作领域。文化的沟通是"一带一路"沿线各国实现民心相通的重大工程，是打破各国人民心理障碍的先行之举。同时沿线各国有着共同的文化复兴心愿并且有着共同的被压迫、被奴役的文化历史，有着一定的文化背景，利用文化的共识拉近沿线各国的心理距离，深层次上促进"一带一路"倡议的落实和贯彻，让"一带一路"倡议真正落实在沿线各国人民群众的内心之中。双传学主张以文化的力量筑牢伙伴关系，提出了文化的交流能够淡化各国之间交往的政治色彩，突破沿线各国的抵触和抗拒心理，"不谋求地区事务主导权、不营造势力范围"⑤。以文化的力量沟通民心，共同钩织"一带一路"倡议的情感纽带，建设平等、包容、

---

①　赵梅艳：《"一带一路"背景下推动中外文化交流的路径选择》，《中华文化论坛》2016 年第 10 期。

②　曹爱军、陈思：《"一带一路"背景下中华文化"走出去"研究》，《石家庄经济学院学报》2016 年第 39 期。

③　郑士鹏：《"一带一路"建设中文化交流机制的构建》，《学术交流》2015 年第 12 期。

④　隗斌贤：《"一带一路"背景下文化传播与交流合作战略及其对策》，《浙江学刊》2016 年第 2 期。

⑤　双传学：《"一带一路"视阈下的我国文化开放战略》，《东岳论丛》2016 年第 37 期。

互惠、共享的文化体系以及各国之间经济发展和而不同的共赢之路。文化是"一带一路"倡议的先行工程，同时又是"一带一路"倡议得以深入持久实施的后续保障，是各国之间良性贸易往来的辅助。李贵从增强中华文化软实力的建设角度出发，指出"中国文化要走出国门，以一种开放的姿态主动投入世界文化发展和竞争的潮流中，发扬民族文化的优秀传统，汲取世界各民族的长处"①。中华文化在国际领域内获取空间的大小不仅仅是影响力和感染力的证明，文化的背后隐藏的是一个国家经济和政治的实力，文化认同范围反映的是国家政治力量的强弱。民族文化要跨出国界的限制，充分汲取外来文化中存在的优势，探寻到与各个国家的文化共鸣，进一步稳固国际影响力。郑士鹏从构建中华文化交流机制的层面出发，指出了实现中华文化的走出去是"整合、调动全部国家资源的力量艺术"②。文化走出去才能引起国内以及沿线各国的文化共鸣，实现智力和国家资源的共享。"一带一路"沿线诸多国家有着各自的经济优势和智力支撑，中华文化能否在其他国家站稳脚跟，获取民心事关能否实现深层次的合作，实现经济资源的优势互补，弥补各个国家发展过程中的短板，实现国家的综合性、均衡性发展，打造国际发展的新格局。

借由"一带一路"的倡议推动中华文化走出去、走进去，对于中国来说有助于推动实现中华文化复兴，也是实现经济发展模式快速转型、质变的有效助推剂。同时在国际上，注重中华文化内容与形式的双重输出和宣传，是重塑中国对外形象，打破有意制造出的"中国威胁论""中国霸权论"等一系列污蔑性言论的关键之举。"一带一路"是经济发展之路、资源共享之路、政治互商之路，文化就是使这条路走的更加通畅的保障。文化上能够引起各个国家的心理共识，是实现国家合作深入进行的心灵之窗。文化走出去是先行之举，但是仅仅走出去是不够的，还要走进去，并且在方法上还要走的巧，方法策略上的应用得当是实现文化传播的有效润滑剂。

---

① 李贵：《"一带一路"战略对于中华文化走出去的价值意蕴》，载《决策与信息》杂志社、北京大学经济管理学院《决策论坛——"管理科学与经营决策学术研讨会"论文集》（下），《决策与信息》杂志社、北京大学经济管理学院。

② 郑士鹏：《一带一路建设中文化交流机制的构建》，《学术交流》2015年第12期。

二　中华文化走出去的战略措施

新时代下传播中华文化的重要契机，作为世界上拥有最长跨度的经济发展带，拥有着数十种民族文化，要实现中华文化更好、更全面、更深刻地渗透其中，我们需要始终秉持着"和而不同"这一治国理政的理念，利用中华文化的传播激起各个沿线国家留存的文化细胞，激荡共鸣，实现民心相通，奠定长期合作、共享发展的合作心理基础。

在路径的选择上，大多学者从国家、企业以及民间组织的角度出发，同时也有学者从文化自身的层面出发，注重提升文化的质量和水平。赵梅艳提出首先要引起文化的共鸣"为了更好地消解异质文化对于'一带一路'建设的负面作用，需要在发展中不断探寻中外文化的交叉地带"①，作者鲜明地提出了中医药文化在搭建这个文化平台中的可取性。借助于文化的交叉地带，同时发挥中国作为沿线国家中最大的发展中国家的地位，帮扶沿线国家的文化基础设施建设，输血与造血同时并举。我国作为东道主，针对我国目前纷繁复杂的文化产品出口的现状，要"对文化产品、文化制造业的质量进行严格的监督和把控，积极鼓励文化企业进行产品创新，设计更多的满足社会大众需求的健康文化产品和文化艺术"②。加强对于出口文化产品及服务的监督。优质的文化产品输出带来的是正面积极的国家形象。同时要注重文化的创新，内容与形式的双重革新，不断丰富文化的内涵，提升文化的吸引力。通过教育合作，以"'孔子学院'为依托，加强对沿线国家的汉语教育，大力开展'留学中国'教育计划，积极地参与到中外教育合作"③，和区域文化空间的构建即"一是以政府为主导或社会文化沟通；二是以文化产业为依托的文化经济往来。"④ 共同开发人类的文化财富，以此塑造恰当的国家形象推动建立国家互信体系的

---

① 赵梅艳：《"一带一路"背景下推动中外文化交流的路径选择》，《中华文化论坛》2016年第10期。

② 赵梅艳：《"一带一路"背景下推动中外文化交流的路径选择》，《中华文化论坛》2016年第10期。

③ 郝忠维、崔冉：《"一带一路"下，中外文化如何交流》，《吉林省社会主义学院学报》2018年。

④ 赵梅艳：《"一带一路"背景下推动中外文化交流的路径选择》，《中华文化论坛》2016年第10期。

建立，增强与沿线各国的感情沟通和人文交流，吸引更多国家的主动参与。曹爱军、陈思从国家和企业两个层面，首先在国家宏观调控方面，提出了提升我国综合国力、完善人才培养机制、注重对民间组织人才的重用、转变文化输出方式、推动各国间磋商机制的形成以及注重文化输出的反馈。这五方面涵盖了经济、政治、文化、社会四大领域，文化与政治权力和经济实力始终是相生相依的，除此之外，注重文化反馈是方法策略调整的依据，以适应受众群体的心理需求。在企业层面，主动投身国际市场，同时加大文化品牌的建设，完善文化产品的发展模式，完善文化产品的生产链，有效融通国家、银行和民间力量，根据市场需求指标打造中国品牌，汇聚中国力量。隗斌贤在此基础之上，提出了"可以采用'蛙跳式'策略实现重点突破，以点带线。这就要按照近中远三重辐射空间布局的整体要求在'一带一路'沿线有所侧重地选择交流传播支点国家或地区，在进行培育扶持的基础上示范推广、辐射相关国家"。"一带一路"沿线国家众多，不可能面面俱到，我们要寻找到支点国家，"采用'中国故事、世界表述''世界内容、中国创意'的方式交流传播"①，以个别国家、个别企业带动辐射整个沿线区域，同时更加注重差异化传播，根据不同的国情、世情做出相应的战略调整，实现文化传播内容与形式的双重适应和创新。赵澄澄从传播本身的角度出发，指出"根据传播规律，运用恰当的传播语言"②。在里面提出了三种传播语言，分别是文字传播、教育传播和艺术传播，采用多种文化传播形式，进行全方位的渗透，将动态与静态的形式相结合，扩大人们对于文化的感官接触，将中华文化形象化、立体化。双传学在文化传播中更加注重科技的渗透性，提出"新形势下，顺应媒介融合发展的大趋势，要积极创新媒体传播方式，加快推进对外宣传媒体的数字化建设"③，要充分借助科技的范围优势、时效优势，充分利用微信、QQ、微博等多种新兴媒体交流平台，打造中国文化品牌和文化精品工程。采用民众乐闻喜好的方式，从日常的民众交流之中将文化丝丝渗透到各国人民的日常生活之中，借此也可以淡化文化传播的政治

---

① 隗斌贤：《"一带一路"背景下文化传播与交流合作战略及其对策》，《浙江学刊》2016年第2期。

② 赵澄澄：《"一带一路"视域下的跨文化传播策略》，《今传媒》2016年第24期。

③ 双传学：《"一带一路"视阈下的我国文化开放战略》，《东岳论丛》2016年第37期。

色彩，实现多渠道、多层次的文化传播。同时，作者也在文章中指出文化传播要实现多主体参与，要坚持将政府作为主导型角色，同时调动企业、社会、市场多方力量的补充作用，不断丰富文化交流的形式和内涵。文化传播不仅仅是政府的任务，只运用政府的力量，我们所能传达的文化内涵只能是官方化、政治化的文化内容。民心相通才能促进国之通，人与人的面对面交流以及普通民众之间的直接交流，才能实现文化在潜移默化的形式之中传播内涵与形式，抵消片面化、偏差化的认识，实现中华文化在"一带一路"倡议中的全面阐释。

三　研究不足及展望

对于中华文化在"一带一路"中的传播，学者们根据我国现阶段面对的困境出发，以问题为导向，提出有针对性、可实现性的措施，进一步改善我国的文化传播体系体制，但是这些措施大多从我国作为一个整体的角度出发忽略了我国国内沿线各国的地区差异，宏观上国家政策与微观上客观存在的诸多地区差异有所偏差，各个地区的优势所在各有不同，我们在注重与沿线各国沟通交流的同时，国内各个省份之间的交流与衔接也要注重相应的方式方法。在国内环境上由于西方文化入侵的消极影响，精神上钙分流失导致信仰不坚定，如何整合国内文化资源，重塑大国文化精神，打造中国精神是目前亟须解决的困境。国内民众的良性相互沟通和交流，文化认同感和自豪感的建立，文化的融合和共鸣点的寻找以及扩大是我们中华文化能够更好地走出去并且走进去的文化积淀。我国提出的"一带一路"倡议，致力于实现沿线各国全方位的共同发展，推动国家发展成果实现共享，不单单是促进各个国家之间经济层面各项优势资源的优势互补、互通有无，同时，文化的传播和融通是一项先行工程，同时也是保障措施。中华文化借助于"一带一路"这一桥梁，走出国门，实现与沿线国家人民的良性沟通。古丝绸之路的成功为我们新时代下"一带一路"的推行铺垫了深厚的情感基础和人文情怀，我们要借鉴古丝绸之路的成功经验指导新时代环境下的人文交流和文化传播工程，搭建文化传播新平台，将文化传播具体化、针对化，用中华文化特有的柔性和包容性推进"一带一路"倡议始终如一但又与时俱进的贯彻。

国际区域经济合作与中华文化国际传播

郝立影①

古代丝绸之路给文化的国际传播带来了重要的成功经验，国际区域经济合作是推动经济格局重塑的重要动力，同时也是文化发展的重要动力，"一带一路"倡议作为国际区域经济合作的重要战略，正像"丝绸之路"一样为中华文化的国际传播奠定重要的基础，文化的影响力是超越时空和跨越国界的。因此合作倡议的提出具有深刻的含义和意义。

一　国际区域经济合作的深刻内涵

（一）国际区域经济合作的重要内涵

"丝绸之路经济带"和"21 世纪海上丝绸之路"是区域经济合作的重要战略。2013 年 9 月 7 日上午，习主席在哈萨克斯坦纳扎尔巴耶夫大学做演讲，提出共同建设"丝绸之路经济带"。习近平总书记在会上表达"2100 年前，中国汉代的张骞肩负和平友好使命，两次出使中亚，开启了中亚同各国友好的大门，开辟出一条横贯东西，连接欧亚的丝绸之路。"②国际区域经济合作是合作发展的理念和倡议，是依靠中国与有关沿线国家合作发展的多边机制，是中国为建设世界命运共同体提出的重要战略，其实质是各国在发展本国政治、经济、文化的同时，始终坚持和平与发展的时代主题，积极建立发展与沿线国家的合作伙伴关系，创建合作共赢的经济发展体系，形成互信互利、互相包容的一体化社会。丝绸之路对于中国来说是重要的精神理念，是一直支持我们坚持传播中华文化的重要理念，而合作倡议是区域经济合作，构建人类命运共同体的重要举措，表明中国

---

① 郝立影，云南大学公共管理学院马克思主义哲学专业在读硕士研究生，研究方向为马克思主义哲学中国化。

② 习近平：《习近平谈治国理政》（第一卷），外文出版社 2014 年版，第 287 页。

将准备好与世界共担责任、共同进步，也代表中国愿意与沿线国家共创利益、共享利益，更代表中国愿意与沿线国家同呼吸、共命运，共同致力于各国的共同发展，中国愿意与各国形成责任共同体、利益共同体与命运共同体。中国是个开放性、包容性十分大的国家，合作倡议表明中国致力于建设"绿色、健康、开放、共享"的丝绸之路。

（二）国际区域经济合作的深刻意义

首先，丝绸之路沿线经济的发展作为区域经济合作的重要战略，目标是建立一个政治互信、经济融合，文化包容与交融的世界命运共同体，可以促进东西方经济的交融与互通，文化上的交流与融合，将世界各国经济带动起来。"一带一路"是在区域经济合作背景下，中国与丝路沿线国家分享资源、分享社会发展资源、共建基础设施，夯实各国经济发展基础，实现全球化过程中经济发展的相对平衡。其次，国际区域经济合作鼓励向西部开发，推动西部地区经济发展，使得经济在世界中占有比较优势，使得沿途、沿岸国家获得利益，缩小地区之间的发展差距和不平衡，推动建立共同发展的和谐世界。最后，"一带一路"合作倡议鼓励创新性国家的建立，鼓励建设创新性的国家、全球化理论、区域合作发展理念，创新型的发展理念鼓动新的国际合作的形成。国际区域经济合作的实施，有利于保障我国国家能源与资源的安全，有利于形成新型国家产业链，有利于发挥市场的重要作用，推动、促进各国间的文化交流，带动各国经济的文化繁荣。

二　中华文化为国际区域经济合作贡献中国价值

（一）中国哲学为国际区域经济合作贡献中国价值

国际区域经济合作是历史发展过程中的重要成果，同样，也是中华传统文化在当今世界的再现，中华文化的国际交流与传播的重任就承载在合作倡议中。合作倡议使得中华文化更具特色，传播更加广泛。中国哲学为区域经济合作倡议贡献中国价值。中国古代哲学中礼、让、忠、信在人际交往中起到重要作用，同样也是对德性的重要规范，孔子就十分注重仁义，礼仪，因此这种礼让精神在今天被中华民族继续传承，并且在社会中得到广泛尊重和认可，中国古代哲学中"孝"也十分重要，敬天子、敬父、敬兄自然是忠孝中的重要方面，《礼礼·祭统》中记载："忠臣以事其君，孝子以事其亲，其仪一也，上则顺于鬼神，外则顺于君长。"由此可见中国哲学中孝十分重要，而在当今社会孝字是否无用？父母病于床，儿女视而不见？很显然并不是如此，俗语谈，你养我小，我养你老，可想而知，社会的发展需要"孝"之礼，只是中国哲学这种特有的传统礼仪常常被认为成尊卑有序，不民主、不平等的体现，实质上，各国人民都尊有如此礼仪，而中国人民正将借助"一带一路"合作倡议将如此优秀的传统文化弘扬出去。鼓励各国了解中国哲学，正是中华传统文化的魅力所在，并且中国哲学对智慧的追求在价值观上与西方一致，因此更易于接受，因此中国哲学可以为国际区域经济合作贡献中国特有的价值，应将中国哲学的"普遍和谐""德性修养""具体理性""知行合一"大大弘扬出去，使中华文化屹立于世界之林。

（二）中国文学艺术精神为区域经济合作贡献中国价值

中国哲学也重视诗歌散文及中国文字的博大精深，中国的文学具有强大的生命力、精神力，中国诗歌与散文极具语言魅力，既平仄有序，又音韵极美，悠然意远，中国古代的豪侠义气也正是当今的英勇主义，当今的社会仍然需要见义勇为的各种精神。中国的艺术更具魅力，中国的艺术更具有魅力，有"窈窕淑女，钟鼓乐之"的魅力文化，又有梁祝美好的爱情故事，有京剧脸谱，又有《清明上河图》等经典画作，也有中国雕刻艺术。在国际区域经济合作下，中国文学艺术走出去的最好时机也到来了，中国文学艺术独具魅力，中国的文化也应日益走近世界舞台的中央。中国文学艺术精神是中国魅力的最好象征，同时也是最能彰显中华文化的标志，中国文学艺术独具中国价值，使得中国在世界占据文化的话语权。写中国文字，说中国话，用中国的文化交往方式，赏中国艺术，是现阶段中国人民的现实追求。中国文化走向世界，要依靠博大精深的中华传统文化，更要依靠全体中国人民的付出和努力，将中国的文学艺术在"一带一路"合作倡议中输出，吸引世界各国民众的眼球，引起世界各国人民对中国文学艺术的关注与赞赏，为国际区域经济合作贡献中国力量和中国价值。

（三） 中国宗教精神为区域经济合作贡献中国价值

中国与西方各国相比较，中国宗教精神相对淡薄，然而就是因为中国古代资源丰厚，因此更注重务实，所以对生活中的快乐与苦难都更注重于解决当下的问题，孔子对宗教最重要的体会就是"对鬼神敬而远之"，更表明了一大批宗教哲学家们对宗教的态度，儒家很少讨论上帝是否存在的问题。而在当今的社会，在漫长的历史发展过程中，中国各宗教文化都已经成为中国传统思想文化的重要组成部分，在中国，各种宗教地位平等，和谐共处，宗教人士与非宗教人士相互尊重，团结和睦，对外国来说也是一个重要启示，因此中国宗教精神为国际区域经济合作贡献重要的价值，中国在宗教方面始终坚持宗教与社会主义社会相适应，所以这一点就表明了中国宗教与政治既相结合又是各自独立的，这种方法应该传递出去，这种制度是十分符合中国国情的政教关系，这与中国博大精深并且有极大包容性的中国文化相关联。将中国这种巨大的包容性传递出去，也正确地传递了中国与各国之间的关系也具有极大的包容性，也体现了中国与各国之间交流的重要理念。道教起源于中国，道教革除了封建经济，对新中国成立后实行的民主管理十分重要，道教与新中国共同迈向了新时期。"一带一路"合作倡议中，中国应大力将中国道教的精神弘扬出去，中国宗教精神可以为社会贡献中国传统文化的重要价值。

三 区域经济合作背景下中华文化传播的现实困境

（一） 资金消耗较大

对于中国来说，国际区域经济合作既是机遇又是挑战，可以使得各国的经济得到发展，但由于众多举措实施的沿线国家多为发展中国家，经济建设及社会发展对资金的需求都非常巨大，尤其中国作为世界上最大的发展中国家，承担较大的经济责任。首先，区域经济建设涉及大量基础设施建设和产业合作，需要大量资金给予支持，而仅靠中国政府也难以提供足够的资金，这也是十分不现实的。中国的产能和资源都是极其有限的，所以对于中国来说，资金消耗较大。其次，大多数项目进行建设的周期较长，如果不采取合适的、恰当的投资、融资，中国将会承担重大的经济压力,所以对于中国来说,资金消耗巨大。最后,据国务院发展研究中心估算,2016—2020年"一带一路"沿线国家基础设施投资至少需10.6万亿美元,由此可见,中国承担的经济压力巨大。国际区域经济合作对资金的需求也十分大。并且,据亚投行估计,"一带一路"65个国家的基础建设基金缺口高达21万亿美元,所以筹集资金也面临一定的困难,中国不仅要提供一定的资金支持,同样也提供一定的贷款支持,也需要联系各种资金支持,成立丝路基金,设立亚投行进行全球筹款,要在各国家各企业间起到重要的中介作用,因此资金是中国对"一带一路"倡议实施面临的较大困难,其中最重要的表现就是中国的资金消耗十分巨大,只有资金的问题得以解决,中华文化才能在"一带一路"倡议中进行广泛地传播。

(二) 高素质人才不足

中华优秀的传统文化想要"走出去",必须得到高素质人才的支持。"一带一路"合作倡议需要高素质人才的思想支持。我国的传统文化形式多样,内容丰富多彩,重要的语言文学为载体的文化形式。我国缺乏的高素质人才一方面就是对外交流的语言人才。语言是心灵的窗户,语言美是中华传统文化的重要特征,因此将中华文化传播出去,最重要的就是专业的语言人才。尤其中国特有传统文化的传播必须有了解中华文化的人才又对语言十分擅长的专业领域人才。另一方面中国与国外习俗的差异,因此会出现文化交流的不畅通,也不能使得中国独具魅力的传统文化与外国文化发生火花,可能也使得各国对中国传统文化产生误解。再有,国际区域经济合作背景下,中华传统文化的对外传播也需全能型、创新型人才,可以在文化发展、文化传播的过程中,提出创新型思想,创新文化交流与传播方式,加强各国间的文化交流,使中国文化、中国精神更加准确地被各国接受,理解,加以传播,使各国能掌握中国传统文化的精髓和核心。

(三) 文化产业实力薄弱

中国现阶段文化产业相对发展缓慢,中国的文化产业和文化产品相对薄弱并且稀少,中国的文化产业和文化产品是中国文化对外交流、对外传播的重要载体,我国目前的文化产业发展水平很难承担向外传播中华优秀传统文化的重任。首先，中国现代的文化产业的商业化运作模式并不完善，中国当代的文化产业太注重于利益，而不注重于品质，这对中华优秀传统文化的传播产生了重要的影响。中国的文化产业科技含量不高，是中国文化产业相对薄弱的重要原因，产业链条的断层也是中国现阶段文化产业发展缓慢的重要原因。其次，中国现阶段缺乏优质的文化产品。虽然，中国近几年来，十分注重输出中国的文化产品，包括大量拍摄电影，出版各种读物，但国际影响力还不够，也不是真正优秀的文化产品的代表。再次，中国的文化产业实力薄弱还体现在中国进行文化产品生产的手段还过于落后，我国文化产业使用的相关技术还处于传统技术的手段，使用的生产工具也都是西方国家进行淘汰而留下的，另外中国对文化产品的文化创意与其他外国的文化创意存在明显差异。最后，政府对文化输出的管理也不够严格，对电影艺术、文化产品的监管不力，由于文化产品的"中国英雄主义"过于强烈，因此对中华文化的传播也造成一定的影响，文化产品生产方式过于传统，影响文化产品的创新，没有优质的文化产品，政府的恰当管理，完善的产业发展模式，所以难以将中国的传统文化向国际传播。

（四）西方文化的影响根深蒂固

西方国家对本土文化的信仰是十分坚定不移的。受本土文化的影响根深蒂固，因此想要撼动十分困难。思想赋予了生命意义，我们的心灵需要思想，就像身体需要食物一样，西方国家的思想在他们心中早已根深蒂固，中西方启蒙教育的差异也导致中西方认知方式的不同，我们不能妄想中国文化传播对西方生产活动方式和发展水平进行改变，中西方不同的认识方式，深刻影响中国的思维。西方国家也在民族理论和科学文化方面得到了不同的发展，尤其西方哲学的发展也是十分重要的。西方文明与西方文化的发展也对西方各国人民形成重要的影响，中西方价值观与人生追求不同，中国的儒家思想在封建制度的支持下，对人生信念有重要的影响，并且这种思想传入西方也十分难，因为西方人民受头脑中固有的思想的影响，不易改变，不易接触中国文化，甚至随着社会的进步与发展，可能中国人民更易接受外来思想。

四　区域经济合作背景下推动中华文化海外传播的对策和建议

（一）拓展资金链，沿线国家共同发展经济

在区域经济合作背景下，推动中华文化向海外传播，存在较大困难，因此，只有致力于解决这些困难，中华文化才能以恰当的方式向世界各国传播。首先，拓展资金链，区域经济合作，沿线国家共同发展经济。中国已经指出基础设施建设项目建设的资金来源于几个重要方面，一是企业投资，二是出资方共同合作，三是来自当地其他途径的一些资金。融资是区域经济合作的重要表现和重要手段，资金的筹集对各国来说都是重要的手段。其次，利用"一带一路"沿线国家各种丰富的资源，对基础设施建设提供重要的支持，并且各国在经济上采取互补的方式，对彼此的潜力进行大力挖掘，加强沟通，并且多进行交流，促进贸易互通、资金相融，中国企业也致力于出海寻找技术与资金，服务沿线国家整体的大市场，同样，这种寻找不应该只依托于中国企业去寻找，而应该各沿线国家共同拓展资金链，鼓励各国企业共同融资，共同开发资源，共同寻找资金与技术，所以这也要求各国共同发展经济。国际区域经济合作涉及众多国家，并不是中国一个国家的事情，中国无意在"一带一路"建设过程中，唱独角戏，也绝不是一个国家能做到的，中国始终坚持和平与发展的主题，坚持合作共赢，合作发展的理念，促使沿线国家共同参与"一带一路"建设。并且拓展"一带一路"发展的资金链，使得各国意识到肩负的重要责任，培养各国的责任意识。这使得中国减轻经济负担，对各国都给予共同建设的机会。

（二）完善人才的培养与引进机制

中华文化的传播离不开专业人才、创新型人才的支持，因此，我国要更加注重人才的培养与引进。只有这样，中华传统文化才能得以正式正确的方式传播。不断深化人才发展体制机制改革，要完善人才培养机制，以国家发展需要和社会需求为导向，以培养创新精神和创新能力为重点，以提高思想道德素质和职业精神为基础，形成专业的人才培养模式。首先，

人才不要鱼眼镜要有自己的目标，也就是要明确区域经济合作需要什么样的人才，区域经济合作需要语言型人才，需要了解中华文化的人才、需要创新性人才，这样的人才才能推进中华文化的传播。其次，人才培养与引进机制重要的是给予专业型人才的待遇，真正好的待遇才能使人才愿意从事文化传播工作，尤其对已经成熟的人才来说，他们承担如此工作的利益，可能也取决于待遇，好的待遇也可能防止人才的流失，所以建立好的内部环境可以采取制度将人才留下。最后，要建立专业的人才培养机构，还要选择有专业技能，有专业科学素质和思想道德素养的人从事教师，优秀的教师带出来的学生也将更专业、更优秀。并且要创新人才培养方法，不能运用传统的笔试来作为考核标准，要对注重现实考察，更要注重对科技的利用。只有这样，中国优秀传统文化才能得以向国际舞台传播。

（三）增强企业文化竞争力

区域经济合作背景下，中华文化企业面临着重要的挑战，想要中华文化得到广泛传播，必须要增强文化企业的竞争力。我国部分文化企业已形成若干粗具实力的拳头产品，如体育产业的国安足球俱乐部，电影业的紫禁城影业有限公司推出的贺岁大片，报刊行业的《北京青年报》，老舍茶馆 、湖广会馆等处的曲艺艺术表演等。[①] 但在内容上还需丰富，内容的丰富与形式的多样性相结合，才能促进中华文化的对外传播。并且企业文化的主要目的是提高效能，培养有国际竞争力的企业是中华优秀传统文化走出去的重要方式，提升文化企业的竞争力，重要的就是升级文化企业结构，培养积极乐观的文化企业市场，使得文化产业规模化、制度化、专业化，打造中国特色的文化产业和文化产品，重点要有中国特色的企业文化，使得商业与文化完美地融合到一起，促进中国文化的传播与发展。

（四）注重文化与科技深度融合，转变中华文化的传播方式

当今处于 21 世纪，中华文化得到迅速发展，当今社会技术越来越走向世界舞台的中央，技术越来越占据重要的地位，文化变革与文化创新都是技术带来的，只有技术的进步，才能加快文化的传播，才能加快社会的进步与发展。文化与技术的结合也是当今社会加快文化传播的主潮流，技

---

① 周延召：《文化企业竞争力提升路径探析》，《学术交流》2008 年第 5 期。

术上的各种进步也代表了"一带一路"的发展方向。因此在区域经济合作背景下，技术应当与文化相结合，能够使文化加速发展，造福人类。并且可以运用互联网思维加快社会的进步。中国提出"一带一路"的初衷就是建设成各国互利共赢的联合体，中国在推进"一带一路"建设的过程中，可以依靠中国的文化软实力，提升文化的国际影响力，同时推进中华文化的对外传播，转变中华文化的传播方式可以依靠现阶段的技术与互联网水平，使得各国进一步得到发展和进步。

中国价值观传播策略研究

杜淑菁①

随着中国特色社会主义新时代的到来，中国的价值观传播也迎来了全新的契机和挑战。通过中国价值观传播为形式，利于我们将中国精神、中华文化带入世界舞台。但是由于"一带一路"沿线国家的国情社情舆情复杂，加之敌对媒体的蓄意歪曲和抹黑，导致中国价值观在国际传播过程中阻碍重重。为此，中国价值观的传播应当随着国际形势的发展变化不断调整传播策略，优化传播载体。在传播的过程中要保障主导化，寻求利益化，尊重差异化，借助文艺化。

一 中国价值观传播应保障主导化

保持独立自我，保障主导地位对于倡议的稳定实施具有重大意义。中方所秉持的是共商、共建、共享原则来推进国家传播活动，也应当是在自我构建和他者认同的基础上完成的，在此基础上应保障中国价值观传播的主导地位。

从中国价值观的内容上看，习近平总书记说："当代中国价值观念，就是中国特色社会主义价值观念。"② 当代中国的价值观是对中华优秀传统价值观的一脉相承，继而在社会发展的过程中，继承了中国革命传统。不同民族国家在不同的发展历程之下产生了各具特色的价值观，建设和改革中的价值传统，是中国人民现实生活的真实写照和生动诠释。因此，需要明确，在价值观国际传播过程中走出去的应是具备中国特色的中国价值观，需经由中国人的头脑产生，保障中国价值观内容的主导化。

从中国价值观的传播过程来看，中国价值观的传播实际上是对自我价

---

① 杜淑菁，大理大学马克思主义学院思想政治教育专业在读硕士研究生，研究方向为学校德育与心理健康教育。

② 习近平：《习近平谈治国理政》（第一卷），外文出版社 2014 年版，第 69 页。

值观进行的传播。在传播过程中中方必须植根中国实践，发挥主体性作用，保障主动性。为世界提供中国方案，贡献中国智慧。在传播过程中，我们可以根据自己的需求决定传播路径与传播方案。随着社会的发展不断调整传播内容，选择具有代表性的能够凸显中国特色的价值观进行传播，并采用新形态的传播路径，在传播过程中主动开发新技术。

从中国价值观的传播效果来看，我们应当保障自我评估的主体地位。在"一带一路"合作倡议的实施过程中，西方媒体的蓄意抹黑和歪曲对我们的价值观传播带来了严峻的挑战，部分国家尚存疑虑。如若我们把评估中国价值观传播效果的主导地位交由西方，放弃中国自身的价值评判标准，任由西方对我国价值观传播进行评判评估。那么我们将失去中国价值观的传播价值，一味地去迎合他者的评判标准。因此，保障中国价值观的传播效果的评估主导地位是毋庸置疑的。

二　中国价值观传播应寻求利益化

从国际经济的角度说，要发展经济，要输出资本，就必须赢得海外市场。中国同样需要寻求新的市场，中国的产品也需要进入世界市场。在这种需求之下，中国抛开了老殖民地主义、老帝国主义的做法，倡导了新形式的国际合作。马克思曾指出："人们奋斗所争取的一切，都同他们的利益有关。"① 在"一带一路"合作倡议背景下传播中国价值观，更多的是为了民心相通，应站在寻求利益化的角度去加强中国价值观的国际传播。

首先，在中国价值观的国际传播中，要寻求经济利益化。经济作为基础是人们的物质生活得以保障的必备条件，群众共同的目标追求是在于寻求一个具备共同目标的价值观。中国价值观要想在世界舞台上熠熠生辉，首先得确保世界各国对其产生价值认同，形成价值共识。而"一带一路"所倡导的互利共赢的思维模式正好具备这个共同的目标追求。因此，在中国价值观的国际传播中应寻求经济利益化，坚持互惠互利。

其次，在中国价值观的国际传播中，要寻求文化利益化。在社会利益中，要以经济利益为根本利益，但是也不能淡化文化利益的寻求。尤其是在物质生活逐渐充裕的时候，人们更多地倾向于追求精神利益，满足精神

---

① 《马克思恩格斯全集》（第 1 卷），人民出版社 1956 年版，第 82 页。

利益要从寻求文化利益充分，文化集中地表现于人的精神活动。要树立大国形象，必须要对外发挥影响力。除了经济硬权力之外还要注重文化软实力，且当前更多地侧重于由经济硬权力向文化软实力转换。从这个角度来说，现在所寻求的文化利益也将是未来的经济利益。

最后，在中国价值观的国际传播中，要寻求政治利益化。在庞大的社会利益系统中，政治利益是核心利益。政治利益所满足的是政治人在政治层面的需要，与其他利益模式有明显的互动关系。寻求政治利益化，协调政治利益需求可以消解政治冲突。在中国价值观的传播过程中，需要培养利益主体，实现合理的政治利益需求。

三　中国价值观传播应尊重差异化

世界上各国各民族的价值观各有差异，在中国价值观的国际传播过程中应当尊重彼此的文化主权，尊重他国的价值观。在传播中国价值观的同时，加强不同文明间的交流互鉴，尊重不同文化之间存在的差异化，促进世界和平发展。"一带一路"合作倡议占据了国际道义的制高点，推动构建人类命运共同体。这与中国传统的协和万邦的天下观相符合。因此，秉持这种传统的中国价值观的一脉相承，我们在当今中国价值观的传播中也应当尊重差异化，共享和谐。

尊重差异化要求在传播中加强国别研究。在"一带一路"合作倡议视域下传播中国价值观，还需要关注传播的外部环境，沿线国家众多，国情社情舆情复杂。这些国家在历史文化、宗教传统、地缘政治等方面都存在一定的差异。这就要求我们在中国价值观传播的过程中要尊重差异化，加强国别研究。在传播的内容和方式上有针对性的对待，根据实际情况进行凝练和提升，达到精准传播。

尊重差异化要求在传播中具备全球视野。在传播中保有开放的胸襟和全球视野。对外传播中国价值观重在说明阐释，旨在世界的认可理解。[①]中国价值观的传播差异除了体现于各国价值观内容自身的不同之外，还会在传播载体途径中产生差异。因此，需要避免自说自话，避免狭隘民族主义立场，找寻与各国不同文化，不同价值观之间的融汇点。针对传播载体

---

① 陈伟军：《"一带一路"背景下中国价值观的国际传播路径》，《学术界》2018年第5期。

和接收载体调整传播形式，灵活变通。

尊重差异化要求在传播中运用文化协同。各国价值观差异的存在既决定了文化的多样性，同时也能引发创新。在跨文化的交流和传播过程中，我们应当善于综合不同的价值观，进而创造出适合自身发展的新的传播策略。在中国价值观的传播过程中充分运用文化协同策略，综合不同的文化优势来为己所用。

四　中国价值观传播应借助文艺化

当前中国价值观的传播需要借助文艺化的载体，发展新形态的产业，适时转换文化产品。文艺一直是人民大众最易于接受的一个传播载体，也是一种独到的教育方式。其特点就在于具备一定的潜移默化的教化作用，让人民大众在无形之中就能进行吸收。以文艺化的载体形式传播中国价值观无疑是当前新型文化产业发展中一个极佳的选择。

第一，影视作品。当前，有越来越多的中国经典影视作品被翻译成了多国语言在海外市场流传。它们以中国的叙事方式结合融通中外的话语凝练传播了中国价值观。此外，目前在影视市场广受关注的各类综艺节目也是一个较好的文艺载体。目前，虽然对于国内众多综艺节目的争议较大，但是这种争议也就使得综艺节目饱含关注度，被推至影视业的风口浪尖。例如，某综艺节目在拍摄地点的选择上选取了"一带一路"合作倡议沿线国家。较大的关注度所引发的舆论监督从一定意义上促使了综艺节目越来越多地侧重于去传播中国价值观与中华文化。

第二，动漫产品。现今，学界兴起了对于教育图画形式的研究。研究者致力于研究挖掘动漫产业的教化作用，力图将我国的教育产业用图表化的形式别具一格地表达出来。中国风的图腾，中国风的壁画，动漫产品都可以帮助我们塑造一种独到的中国形象，用中国民间话语的形式参与国际对话。

第三，网络游戏。随着网络时代的到来，新媒体的兴起，网络逐渐融入了人民的生活中。网络游戏的开发利用使得人们在繁忙之余有了一个放松自我身心的表达方式，尤其受青年一代国人的欢迎。目前许多具备中国特色的网络游戏的开发对于中华传统文化的推崇具有较大的意义。可借助网络话语为载体，将中国价值观通过网络游戏的传播，带入国际舞台。

　　除此之外，传统的利用纸质为媒介的书刊作品、新闻出版物等文艺传播形式也不可忽视。这些融通中外的表达方式对于中国价值观的传播具有较大的推进作用。这就要求我们的文艺工作者具备德艺双馨的条件，为中国价值观的传播搭建优良的文艺平台，优化文艺世界，促进中国价值观传播。

读《智慧宫：阿拉伯人如何改变了西方文明》的思考

赵雯萱①

如果我们从当今新闻化媒体覆盖的视角来看阿拉伯—伊斯兰地区的社会进展，似乎让人感觉媒体更乐于传达那些血肉模糊，劣迹斑斑的现实，而与那些厚重的历史存在渐行渐远，伊斯兰文明的媒体形象对于表达往日的峥嵘已经较为苍白，因而需要一些中肯为学的知识分子为阿拉伯—伊斯兰文明正名。致力于东西方关系研究的美国学者乔纳森·莱昂斯的《智慧宫：阿拉伯人如何改变了西方文明》（以下简称《智慧宫》）正是应这种需要产生的为阿拉伯—伊斯兰文明正名的代表作。

一　阿拉伯文明被妖魔化以及合理解释的必要

就笔者对文明偏见这个问题的关注而言，首先，在美国研究东方主义问题的巴勒斯坦裔学者爱德华·萨义德的著作《报道伊斯兰》是值得推荐的。较《智慧宫》早先些，从媒体与政府的公关上、知识与权力的互构上等问题，在关于"报道"一词上一语双关，用"covering"（遮盖与诠释）揭示了在西方传媒界，特别是美国媒体以美国学界的冠冕来为自己对假想敌的报道正名的事实（那种十字军东征对"收复失地"的宗教亢奋似乎不减当年），为被媒体声称的恐怖包围，潦倒日下的伊斯兰文明清出一条可以用正经真实的学理表达的道路。

其次，对于前些年的那场西亚中东的大部地区的政治民主革命与清洗运动，学界与媒体以"阿拉伯之春"为命名导向，并没有将"伊斯兰"字眼推上政治语境，其原因可以说是，伊斯兰在代言了宗教本身的同时也映射了某种恐怖，而阿拉伯则意在说明这场民主革命运动对于这个文明集群的历史性洗礼。然而，这个历史上伟大的文明集群的形成离不开伊斯兰

---

①　赵雯萱，首都师范大学哲学系硕士研究生，研究方向为儒教。

教，离不开由伊斯兰教辐射的强有力的集权下的繁荣景况，"穆斯林的征服行为以及穆斯林帝国的联系，恢复了这块辽阔大陆上历史文明中心的旧有联系。这也为智力传统铸就了一个非常珍贵的大熔炉，使那些因为政治分歧而被分隔长达数百年之久的智力传统得以再次交融在一起"。这些都直接促成了古代阿拉伯人在人文与自然科学诸学科上的光辉成就。但是，这些智慧成果在促成了西方现代优越的同时未能被正本清源，反而让西方在大国崛起的国际政治声论下光环不减，且使西方与伊斯兰之间变得更加难以平等对话，加剧了文明冲突。

也正如此，《智慧宫》的关注角度从阿拉伯古代的学术聚集来切入，更让人耳目一新。本书以史话的方式梳理了阿拉伯在西方中世纪早先就从古希腊、印度、美索不达米亚及中国等文明区域吸收消化并形成的高度缜密成熟的科学文化成果以及其中几位重要的学者，将西方对阿拉伯科学文化的敌视、正视、注视再到重视的"知识朝圣"的历史阶段喻为穆斯林的宗教习惯——从黄昏到次日下午的祷拜过程。书中再现了中世纪时期阿拉伯科学文化繁荣的盛况，从十字军东征到西方态度的变化，以及翻译运动的开展对中世纪黑暗的冲击，其中涉及如阿德拉、罗杰·培根等这样效从于"阿拉伯导师"的西方科学先知也是功不可没的。虽然阿拉伯世界政教一体，一定程度上效力于宗教的科学却不难发现是延续于亚里士多德的经验主义，且具有强调实验与实证过程的理性传统的，"他们认为探求知识的宗教热情更能让人贴近神"。从王朝的兴盛，大学教育的兴起，市政建设达到近代水平等看来，都与学术的发达，技术的精密密切相关，发掘现代西方文明的端源，阿拉伯人的影响都是至为重要的。以下就据《智慧宫》的内容来提要概括分析作者是如何从科学史角度为阿拉伯文明正名的。

二　"智慧宫" 及其智慧

"'智慧宫'就是阿拔斯王朝早期的一项官方国策，是一种由皇家表达的集体而有组织的发展智力的志向。随着时间推移，'智慧宫'内设立了翻译局、图书馆、图书储藏室和一个研究院，研究院里有来自帝国各地的学者和知识分子。"在阿拔斯王朝哈里发指导下，大量希腊文、梵文和波斯文文献被翻译成阿拉伯文，哈里发建立皇家图书馆，为学者们提供工作场所，给予行政和财力支持。自此，阿拉伯人将所有能获得的希腊科学和哲学书籍全翻译成阿拉伯文。阿拉伯语也取代希腊语，成为科学探索的通用语言。"智慧宫"由此便已粗具规模，这一学术组织的集合，类似于现代官方主持建立的"智库"，一方面代表国家最前沿的智力趋向，另一方面也为国家与人民福祉建立发展规划，提供可靠科学的实行方案。

在阿拉伯的科学史上，诸多科学领域的成绩都是非常可观的，诸如天文学，物理学、医学、数学等都可以窥斑知豹。因为受到信仰引领以及对神秘力量的兴趣，早先的科学活动一般都关注天上的事，像泰比特·伊本·奎拉——那位先期对西方科学先驱阿德拉科学取向颇有启发的科学家，在占星方面的成就不可小觑。作为皇室的占星家，同时也是对语言学和数学颇有建树的重要学者并不否决科学在诸如制作咒符、占星与巫术这些神秘领域的作用，其中天文学和数学是其形成的基调，后期的穆斯林学者也将占星术和巫术同天文学，医学，化学和气象预报学等学科结合起来，为神秘领域寻找多种解释的可能。当然，"占星学和古典科学这两股力量的结合，有力地推动了早期阿拉伯人智慧的发展"，并且一个成功的占星家也要具备新兴的现代科学家的能力。在泰比特的学说中，阿德拉似乎并没有对占星本身的技术手段表示兴趣，更推崇的是在占星以及制符中"人应该理解自然、甚至征服自然"那种具有人类中心主义的观念。就算是炼金术，在阿拉伯炼金术士的手中也被进行了"灵魂的转变"的哲学提纯，以及对古希腊"空气、水、土、火"的四种要素基本框架的"第五元素"的补充，将本来是宗教科学的炼金术转变成为实用的化学科学。以一种对研究对象科学提纯的能力与敏感来看阿拉伯的科学史，阿拉伯人所具有的传统确实在很多方面高人一筹。

对于数学史以及阿拉伯历史的研究，花拉子密是不可跨过的。他在学问中心巴格达，阿拔斯王朝哈里发马蒙创办的智慧宫所属的沙马西亚天文台工作，长期从事数学研究和天文观测，直至逝世。他在数学方面的贡献尤为具有丰碑性，也正是凭借他对古代印度数学"十进位制"的数字进行整理解释，并最终形成阿拉伯数字的拉丁文译本，这种计算技术才最终传到西方。其间，他汲取和综合了古巴比伦、希腊和印度数学论著的成果，促进了数学的纵深发展。其所著《算术》一书，系统地叙述了十进位制记数法和小数的运算法，普及了十进位制。针对处理遗产、诉讼、贸易、宗教税"天课"等实际的财产问题，花拉子密的代数学也是有其重要效用的，他的《还原与平衡准则》一直具有普遍深刻的影响。书中阐述了解一次和二次方程的基本方法及二次方根的计算公式，明确提出了代数、已知数、未知数、根、移项、集项、无理数等一系列概念，提供了代数计算方法，把代数学发展成为一门与几何学相提并论的独立学科。不仅如此，他的天文学成就也是值得称道的，对于计算天体运动与历法制作而言，他的两个著名星表《信德及印度星表》是现存的最古老的伊斯兰的积尺范例，在数百年来的伊斯兰世界和后来的基督教徒那里都一直沿用。所以，花拉子密是智慧宫卓越的研究员，更是人类科学史上成绩斐然的科学将士，诠释了智慧宫的智慧内涵。一个时期学术的长足发展，以至发展到智力巅峰，政治的因素是不可少的。要说智慧宫的构建和厚重博雅的学术气候的形成，马蒙功不可没。他是阿拔斯王朝第七位哈里发，"一生精于科学和哲学，对占星术也有过认真的研究"，熟读亚里士多德等哲学家的作品，确乎是一位有洞见的帝王。在他的时代，翻译科学和哲学著作的运动步入高潮。他曾派巴格达代表团前往君士坦丁堡收集古籍，然后组织各地学者包括非穆斯林学者进行翻译。阿拉伯人的翻译事业虽始于伍麦叶王朝，那时的译书行动，多为穆斯林或非穆斯林的个人行为，而到了马蒙时代，则成为国家的一项主要文化事业。马蒙的出类拔萃在于他对知识和智慧价值的洞见以及善于吸收学习外域的文化，广求各方人才，使巴格达成为阿拉伯世界学术文化的中心，促进了伊斯兰学术文化的成熟发展。他的时代是阿拔斯王朝的鼎盛时代，也是由智慧组构的伊斯兰文化的黄金时代。

三　中世纪西方的蛮荒及其转变

十字军东征确实是基督教内部自身矛盾的转嫁，随从而来清洗阿拉伯文明的只不过是一群荒蛮不堪、纵情声色的淫徒。中世纪中期，欧洲的人口增长和经济停滞导致大面积破产。而教会与世俗君主之间的紧张关系一直难以化解。中央集权的罗马教皇权力日渐增强，其代价则是世俗君主和贵族们的统治日趋分解。在这种情况下，煽动针对穆斯林异教徒的仇恨，发动圣战把西欧的政治动荡和社会骚乱引向东方，无疑是教会巩固其统治的最佳选择。然而，反观这时西方的学术与文化景况，除了惨淡失神的神学框架以外，仅存的只有波伊提乌翻译整理的未完成的古希腊多门科学的遗稿作为"中世纪的欧洲真正见到的一点自然哲学"，除此之外，中世纪粗陋的时间的技术刻度并不能给人们的生活带来良好的秩序。"地球就像一个轮子"的宇宙观也阻碍了西方参与宇宙论的探讨。所以作为西方科学先知的阿德拉"下决心要向穆斯林学习，而不是在十字架这个招牌下屠杀他们。"

　　西方进入中世纪以来，大量宝贵的古希腊遗存成了禁品，对古典科学与经验主义的否定直接导致了那时期的精神与秩序的匮乏，从而形成了"黑暗的中世纪"这一文化断层与空场时期。这段空缺的弥补离不开阿拉伯人对各种文明的智慧集合，以及以阿德拉为代表的学者的智识敏感与勤苦努力。阿德拉是古典东方学的代表人物，他似乎早已嗅到那种阿拉伯科学将深刻改写西方历史的气息，历史的转向确实需要这样博采众长且具有哲学敏感的人来承担。他很早就接触到阿拉伯文化，并对此极感兴趣。为能自由活动于阿拉伯人控制的地区，他最先来到安提阿乔装成伊斯兰教信徒，以便获取图书资料。阿德拉是最早把阿拉伯文献译成拉丁文的著名翻译家之一，翻译了大量的阿拉伯的科学著作。如阿拉伯文的《几何原本》，质量较高，在西欧颇为流行。还翻译过花拉子密，塔比伊本库拉等人的著作，为希腊和阿拉伯数学在欧洲传播做出了贡献。阿德拉本人还撰写有数学和哲学著作，书中讨论了算术、几何、音乐和天文等，可以看出他学术背景的广博，对不同文化与智慧的包容胸襟。这些都是非常值得后人敬畏的。

　　在阿拉伯学术智慧的启发下，人文科学也在勃兴，诸如莎士比亚，塞万提斯等的文学启发也来源于早先阿拉伯璀璨的文化。但是文艺复兴后的西方却反而在争夺了阿拉伯的智慧成果后，对自身文明的自信与优越感，占有欲更强了，否决了历史，否决了阿拉伯文明对于他们文明启蒙的必要点拨与帮助，更严重的是进行了殖民主义的压迫与政治语词的攻讦，或许只有再返回来看的时候才知道这是个多么严重的历史错误，不给伊斯兰文明以正常的尊重以及为其正名，西方所需承担的恐怕不只是政治责任。

　　与当年的阿德拉一样，《智慧宫》通过阿拉伯科学史与翻译运动的整体把捉，摘除了对于"他者"异族文明的有色眼镜。对于东方主义的问题，作者乔纳森也在现代东方学的旗徽下给出了自己客观的立场与中肯的答案。如果说在当今的国际政治的狭隘视角以及媒体事实上的学术批评还不足以给限于自苦于外部压力的伊斯兰文明带来福音，那么一些无意识形态的原则，一些自然哲学的自我陈白，以及那些散发着古典光芒的智慧则足以在历史上扫清污霾，让人用一颗诚实沉静的头脑来重新思考现代语用的浮浅。

三 民族文化与民族伦理

白族节日文化中的道德礼仪与传承

杨国才①

白族是一个有着悠久历史和文化的民族。然而，在以往的学术研究中，对白族的历史、文化研究很多，但对于白族道德生活方面的研究却仍然没有引起足够的重视。众所周知，白族道德生活史是中华民族道德生活史中的有机组成部分，也是白族文化中的重要组成部分。白族节日文化在白族文化中是如何形成、发展及其演变传承的？几千年来，白族人民在不同历史时期和阶段的节日道德礼仪形成、发展和演变的轨迹如何？其形成发展传承的规律如何？白族节日道德礼仪与价值追求之间的内在联系等问题，是着重要解决的问题。

白族在长期的历史发展过程中，形成了具有本民族特点的传统节日文化。这些节日礼仪规范则融入白族人生活的方方面面，表现在日常道德礼仪之中。因此，白族节日礼仪中蕴含着丰富的白族传统伦理道德的观念。

受汉文化影响，白族地区的节日部分与汉族相似，如春节（白族叫过年节）、清明节、端午节、中元节、中秋节、重阳节、冬至节等；还有一部分节日是独具民族特色或地方特色的传统节日，如三月街、绕三灵、火把节、耍海会等。白族节日众多，且受到区位阻隔和自然环境的影响，白族本民族的节日又带有鲜明的地域特点。

一 节日活动中的道德标准

节日是在漫长的历史中逐渐形成，与日常生活休戚相关，不是无故产

---

① 杨国才，云南民族大学教授（二级），博士生导师。

生，或是寄予自己美好的期望，或是为了表达某种愿望，希望达到某种目的，包含着丰富的文化内涵和人文精神。据考古发现，早在 4000 年前，部分白族地区就已经进入了农耕文明，因此，白族节日中与其他民族一样，有自然节日、宗教节日、社会节日、文化节日等，其中与农事活动有关的节日占有很大比例，即便是其他节日，内容中也包含了大量农事活动，祈望丰收的内容。①

因此，在白族的不同地区都有很多不同的传统节日，但主要且普遍的有清明节、端午节、火把节、中元节、中秋节、冬至节、过年节等。其中，有一些传统节日的活动内容与形式与汉族基本相似，这是由于白族和汉族人民长期友好交往的产物。大部分节日的主要活动内容是祭神、祭祖，祈求人畜两旺，五谷丰登；一部分节日，如三月街、渔潭会等以交流物资为主。这些传统节日及其主要活动内容和形式，都蕴含着白族人民长期历史生活中形成的道德规范。如下是主要节日及其活动内容和形式之中白族节日的道德要求及规范。

（一）　不同地域里的节日及道德要求

白族既有大聚居，也有小杂居。居住在不同区域里的白族在同一年节里又有各自不同的要求与规范。

1. 二月八

二月八是白族的特色节日，盛会极多，各地白族自有内容和特色，不过主要的活动中心是围绕白族的本主崇拜主题展开的，而节日举行的主要目的便是求本主神保佑家人平安健康，五谷丰登，六畜兴旺。

那马人在二月初八日这一天，主要到中排木瓜依祭木瓜依庙里的菩萨。这一祭祀活动的规模很大，会有超过 2000—3000 人前来参加。长久下来，这里便形成了一个"庙会"，保山、大理、维西等地的商人也会赶来参加。如今，木瓜依庙早已倒塌，庙里的菩萨有的说是弥勒佛，有的说是用香柏树刻的大黑天神（怒江勒墨人说是斗维摩，即释迦佛）。人们对木瓜依庙里的菩萨非常敬畏。祭时，先供上四碟蔬菜，烧香，磕头，然后由两个男人从庙里把菩萨抬出来转村，由澜沧江西岸游到东岸，要持续两

---

① 赵寅松著；杨伟临等摄影；大理州白族文化研究所编：《守望精神家园：中国白族节日文化》，黑龙江人民出版社 2007 年版，第 6 页。

三天。转村时，后面跟着 1000 多人，抬不着的，摸一下也是好的，都希望菩萨能给自己家赐福，保佑全家平安。河西一带的人因怕吃狗肉冲犯了木瓜依庙里的菩萨，所以不吃狗肉，吃了狗肉，冲犯了神，怕家里人会有劫难。木瓜依庙在澜沧江西岸，在江东骑马的人怕庙里的菩萨怪罪，走到直对着江对岸木瓜依庙的地方必须下马，步行一段后才上马继续赶路。① 说明人们规范自己的行为，是为了避免被神灵惩罚。

二月初八日这一天，大理喜洲白族过的节日则推神车节。大理喜洲北 15 里有仁里邑等村用木轮车迎送本主，每尊神挑选小伙子 16 人推车迎送。本主神中有佛教之神，故又名"推佛车"。这一天成千上万的白族人载歌载舞，巫人则敲打半面羊皮鼓、小锣，配以唢呐、笛子，吹树叶，夹杂着嬉笑对唱《花柳曲》，还有拜佛的"莲池会"、道教的洞经音乐。这些迎神佛的车辆，北边的游行到南边去，南边又游到北边去。② 被选的小伙子必须是身强力壮，品行端正。一旦被选中是小伙子一生的荣耀。

可见，从白族人对本主神的敬畏之心，再到白族人敬畏神灵的具体行动，可以看出白族人民崇尚礼节、淳朴善良的道德风尚，当然也能体现出白族人因循守旧、听天由命的消极道德观念。但从能够举办上千人的"庙会"而言，这也是白族人团结互助、群体内聚道德精神的展现。

2. 清明节

各地的白族在过清明节时，节日活动和形式有些许区别，但这些区别不是很大。一般来说，清明节前后 10 天左右，人们要扫墓祭祖。

海东的白族，家家户户都会插柳，老人腰间也插柳，扫墓时，必须先用生的猪头、鸡、米、肉等先向山神献牲，然后煮熟献祭。凡是新婚夫妇必须上坟扫墓，女婿也要送给岳丈家猪头和鸡。③ 目的是让子孙后代铭记祖先的功德。

那马人过清明主要是给刚去世的人上坟。前一年有家人去世的人家，这一年要上坟祭奠、垒坟，连续三年，且三次之中初次上坟最为隆

① 《中国少数民族社会历史调查资料丛刊》修订编辑委员会编：《白族社会历史调查（二）》，民族出版社 2009 年版，第 46 页。

② 《中国少数民族社会历史调查资料丛刊》修订编辑委员会编：《白族社会历史调查（三）》，民族出版社 2009 年版，第 129 页。

③ 《中国少数民族社会历史调查资料丛刊》修订编辑委员会编：《白族社会历史调查（一）》，民族出版社 2009 年版，第 134—135 页。

重。初次上坟的人家要杀一只鸡祭山神，祭完山神后再垒坟。祭山神不是到山神庙祭，而是祭坟旁一棵树（叫山神树）或一块石头（石头是山神树的标志），请它保护祖坟。上坟的人有时也为祖先的旧坟修补一下。那马人给村中死去的最年长的老人垒坟时，全村每家都要去一两个人，带上好吃的东西，去后把东西交给主办的人，大伙一起吃，热闹一天，人数有时达四五百人。那马人头年没有家人去世的人家一般就不去上坟了，在家里过清明。那马人也会把柳枝别在腰上，据说这样以后劳动时腰就不会疼了。①

大理白族人民十分重视清明节，出门在外的人都要回来，邀请亲戚朋友参加，并且在这一天，青年男女都会精心打扮。上坟祭祖扫墓时，除了供上丰盛的鱼肉酒席外，家家户户都要在墓前插上杨柳，并先"安龙谢土""谢山神"。祭拜祖先后，就在墓前席地举行家宴，大都请客人参加。大理白族除清明扫墓外，在正月和十月还要各上坟一次。大理清明节的特别之处还在于，大多数的坟墓都在苍山半山腰，上坟的人流经过十字路石碑坊前（院旁村下），有白族妇女设摊卖雪，搅上煮梅和糖汁，或卖冰粉凉宵，这些小吃都有沁人心脾的体感。凡是出门在外的白族人，都想回家过清明节，上坟时到十字街喝大理特有的雪。②

白族的清明节与汉族相似，但又有自己的特色，体现出白族人民与人为善、自强不息、善于适应环境的优秀道德品质。以祭祖为核心的清明节就能体现出白族人民遵从礼节的道德风尚；从祭祖先祭山神又可以看出白族人民敬畏神灵的道德信念；从乐于与众亲朋好友一起团聚可以看出白族人民和睦共处、团结友爱、热情好客的道德风尚。

3. 端午节

大部分白族人民都过端午节，只有保山白族不过，白族端午节的习俗和汉族的相似，当日，一般都喝雄黄酒、包粽子，挂艾草菖蒲于门上，用百草煎水给孩子洗澡。海东一带的白族还习惯全村杀一头猪，各家均分，

---

① 《中国少数民族社会历史调查资料丛刊》修订编辑委员会编：《白族社会历史调查（二）》，民族出版社 2009 年版，第 46 页。

② 《中国少数民族社会历史调查资料丛刊》修订编辑委员会编：《白族社会历史调查（三）》，民族出版社 2009 年版，第 198 页。

并蒸包子，做麻花糖，煮芽豆等加餐。① 届时，全村家家户户请回出嫁的姑娘，邀请亲朋好友一起来过节，来者要带上礼物。礼尚往来是白族人与人相处的基础。

那马人有喝雄黄酒、上山采药的规矩，但那马人端午节最大的特点是，对大部分青年男女来说，端午节成了他们的狂欢节、恋爱节。如中排、石登、中甸、河西、拉井等地青年男女（大多未婚，个别结过婚）都在这天穿上最好的衣服，带上酒、肉、饭、粑粑等好吃的奔向雪门槛、韭菜坪、韭菜山等几座大山。上山后，姑娘、小伙子把带的东西放到一块儿吃，唱调子，谈情说爱，痛快地玩上一天。由于山高路远，有些男女当天回不去，就一起在归途的道路两旁的庄房（临时性的窝棚，农民看守庄稼时居住）中过夜。有的就此订了终身。1950 年后还有过了端午节，就把姑娘领回去做老婆的。只要男女双方自愿，便可结婚；而父母不同意，有的就双双远走高飞。② 那时男女恋爱不自由，结婚仍然有父母及社会的约束。

大理白族端午节的习俗也与其他地区的白族大同小异，吃包子、粽子、豆芽、"生皮"（火烧猪肉）、药酒、药面。小孩擦雄黄，擦在耳朵、手和脚趾缝中。走百病。通常吃过中饭，长辈带领小辈到本主庙或者寺庙去游行，当地白族认为端午节走游后百病不生。手背或脚缠五色线，挂药荷包，门上插艾虎蒲剑，还可以划船游海。这一天也会增添佳肴，吃食极为丰盛。③ 有的甚至杀猪杀鸡，招待亲朋好友。

白族的端午节有其自己的特点，也是与其他民族长期交融的结果。在节日里，不仅体现出白族人民与人为友、团结互助、善于适应环境的优秀道德品质。那马人独有的端午节即是青年男女的恋爱节这一特点，也折射出白族人民恋爱自由的婚恋道德观念；同时，也反映出白族青年男女勇敢真诚的道德品质，及白族人民敬老慈幼、团结和睦的道德风尚。当然，这其中也不乏分配上的绝对平均主义等消极道德观念的闪现。

---

① 《中国少数民族社会历史调查资料丛刊》修订编辑委员会编：《白族社会历史调查（一）》，民族出版社 2009 年版，第 198 页。

② 《中国少数民族社会历史调查资料丛刊》修订编辑委员会编：《白族社会历史调查（二）》，民族出版社 2009 年版，第 47 页。

③ 《中国少数民族社会历史调查资料丛刊》修订编辑委员会编：《白族社会历史调查（三）》，民族出版社 2009 年版，第 143 页。

（二）　不同地域中火把节的方式与规范

火把节又叫星回节，是包括白族在内的许多少数民族的特色节日。现在能够明确意思的白语火把节称谓有七种，一类是取自火把节的时间，即六月末；一类是取自节日的内容，即点燃松明、柴火，祭祖先，彩绘木船等。[①]

火把节是白族最古老的盛典，仅以汉文明确的记载就有七八百年的历史。如元代李京的《云南志略》说："六月二十四日，通夕以高竿缚火炬照天，小儿各持松明火，相烧为戏，谓之驱禳。"[②] 历史久远的白族火把节也是白族最盛大的节日，也许就是因为这个原因使其保存至今，并且蕴含着大量白族人民的道德规范。

火把节由于盛大，准备时间和准备活动自然也要多一些。火把节前几天，白族人中的年轻父亲和新婚夫妻会上山砍火把杆；妇女和小孩就开始忙着捂红指甲，一般是用凤仙花来捂，并准备火把节饮食。临近火把节，各家各户都会把已出嫁的女儿接回家团聚，特别是刚出嫁不久的女儿，一定要接回到娘家来，有了孩子的年轻媳妇也要带着孩子到外婆家；女婿则不在邀请之列。[③] 火把节的准备活动中更多的是体现出白族人团结互助、勤劳淳朴的道德风尚，还有家庭和睦、敬老慈幼的优秀道德品质。火把节当天，活动则有许多规定，主要表现如下。

1. 祭祖的规矩及特别饮食的要求

祭祖的规矩。火把节祭祖不像清明节那样正式，不需要全家出动，只要几个精壮的人就可以，也不一定要到坟上去祭拜，坟地离家太远的，在家祭即可。最重要的还是全家人在一起欢欢喜喜地吃晚饭。[④] 按照这个要求，是日全家人必须回家一起团聚，家人在一起才是家庭和睦的象征。无论过去还是现在，白族人非常重视家庭成员之间的团结。

---

① 《中国少数民族社会历史调查资料丛刊》修订编辑委员会编：《白族社会历史调查（三）》，民族出版社 2009 年版，第 150 页。

② 《中国少数民族社会历史调查资料丛刊》修订编辑委员会编：《白族社会历史调查（三）》，民族出版社 2009 年版，第 150 页。

③ 《中国少数民族社会历史调查资料丛刊》修订编辑委员会编：《白族社会历史调查（三）》，民族出版社 2009 年版，第 150 页。

④ 《中国少数民族社会历史调查资料丛刊》修订编辑委员会编：《白族社会历史调查（三）》，民族出版社 2009 年版，第 150 页。

特别饮食的要求。火把节当天的饮食各地白族略有不同。有的地方以甜食为主,早上要蒸米糕、馒馍、糖包子;有的地方以咸食为主,早上则吃面条、饵丝。但晚餐大体相同,无论吃大米饭,还是吃面食,都喜欢就着凉拌菜和腌生肉。① 特别的饮食要求,无论你家有钱还是贫困,节日都要按照约定俗成的传统习惯来准备食材,参加到传统的节日中。此间,村落里家家户户还要相互传米糕、馒馍、糖包子、水果,互相品尝各家的味道,互通有无。这证明白族人对火把节的期盼,还体现出白族人崇尚礼节的道德风尚。

2. 各式各样火把的准备

火把节,顾名思义必定要出现火把。白族火把节的火把有两种:一种是竖在村头村里的大火把,另一种是拿在手中的小火把。② 火把节前一两天,村里孩子刚出世的年轻父亲和新婚夫妻都会相约上山砍火把杆,破坏松林是严禁的,但这一次是得到特许的,连护林人有时也帮助选最标直、最高大的松树来做火把杆。杆子扛回村后,各家各户凑集柴草,生了男孩的年轻父亲们就开始扎火把,用竹篾绳把烧柴一圈一圈地捆扎在火把杆上。生了女孩的年轻父亲们则主动去挖深坑,以便将火把杆竖在炕里。③ 按照传统性别分工,生女孩的家庭这年在立火把时挖基坑竖火把,来年就会生儿子。

大火把的形式根据各地具体条件来扎,一般都十分高大、壮观。火把也会有精心的装饰,各地因具体取材不同而略有差异。但都是"国泰民安""人寿年丰""风调雨顺""五谷丰登"等祈祷丰年和平安的寓意。④ 从上山砍火把杆可以看出白族人日常生活中是非常注重保护环境的。而突出年轻父亲和生男孩父亲的作用。可见,白族人重男轻女的传统伦理道德观念是根深蒂固的。火把装饰的因地制宜也体现出白族人民能够适应环

① 《中国少数民族社会历史调查资料丛刊》修订编辑委员会编:《白族社会历史调查(三)》,民族出版社 2009 年版,第 151 页。

② 《中国少数民族社会历史调查资料丛刊》修订编辑委员会编:《白族社会历史调查(三)》,民族出版社 2009 年版,第 151 页。

③ 《中国少数民族社会历史调查资料丛刊》修订编辑委员会编:《白族社会历史调查(三)》,民族出版社 2009 年版,第 151 页。

④ 《中国少数民族社会历史调查资料丛刊》修订编辑委员会编:《白族社会历史调查(三)》,民族出版社 2009 年版,第 151 页。

境、利用环境的民族精神。火把上的装饰则抑恶扬善、趋利避害的道德主张。

跑马。火把节这天的晚餐大家吃得早，太阳还没落山，人们便出来看火把，养马的人家则在火把下面跑马。大人、小孩各自骑着自家的马来回赛跑，绕着火把跑过三圈以后再向远处跑去，有些 8—9 岁的小孩既是家庭放牧的主要成员，亦是火把节跑马的主要骑手，他们不用马鞍，骑在光马背上拼命从火把下冲过，像一道闪电划过，往往使观者惊叹不已。[①] 周围的人们则放声高呼，热闹非凡。

在城镇，晚饭后大家都喜欢成群结队上街观赏各家门前的小火把，称为"逛火把"，看谁家的火把竖得大、扎得好、装饰得漂亮。不时传来"嗒嗒嗒嗒"的马蹄声，骑着马的青年你追我赶，欢快异常，逛火把的人则闪到街道两旁，观赏跑马人的骑术。[②] 村寨的跑马主要凸显的是白族年轻人的勇敢无畏，而城镇的跑马当然也能展示白族青年的勇敢，但主要体现的是节日的氛围，还有与人为善、和睦相处的精神。

3. 点火仪式及抢升斗

点火把。点大火把是一项极为隆重的活动。燃火前，年轻的妇女要打着花伞，背着新生的小孩在火把下转两圈。村里家族中的老人带头向火把献祭品，下拜叩头。同时由村里老人们组成的乐队则在旁边吹唢呐，弹三弦，唱白族调。点火把往往由一个勇敢的小伙子去执行，他举着小火把攀爬到大火把顶部，点着火后迅速地滑下来。[③]

点大火把以大理喜洲、周城一带所举行的仪式最为隆重，这一带竖大火把每年都有几家人承办，诸种费用一般都由这几家人负担。承办的人家一般都认为是一种荣誉，十分高兴。这些承办人家在当晚要用炒蚕豆、糖果、酒、米糕、小包子等招待大家。剑川、鹤庆等地点燃大火把时要放鞭炮，说吉利话，场面非常热闹，但当地的火把一般只十多米高，点火时只

---

① 《中国少数民族社会历史调查资料丛刊》修订编辑委员会编：《白族社会历史调查（三）》，民族出版社 2009 年版，第 151—152 页。

② 《中国少数民族社会历史调查资料丛刊》修订编辑委员会编：《白族社会历史调查（三）》，民族出版社 2009 年版，第 151 页。

③ 《中国少数民族社会历史调查资料丛刊》修订编辑委员会编：《白族社会历史调查（三）》，民族出版社 2009 年版，第 152 页。

消爬竹梯或用长竹竿就行了。①

点火仪式，体现的便是白族人非常难得的敬老慈幼、长幼有序的美德，还有白族人乐善好施、与人为善、和睦共处的道德要求。能够爬上高高的竹竿，也能体现出白族人的勇敢。

抢升斗。升斗是安在大火把上的，大火把烧到一定的时候，升斗会凌空而降，这时人们便一拥而上、奋力去抢，只有会看方向和力大者才能抢到。不论谁抢到手，人们都会高兴地簇拥着他，向他贺喜，跟着他往家里跑去，他们全家人立即行动起来，用烟、茶、酒款待大家。这家人的家长便理所当然地成为次年活动的承办人，据说抢到大火把上降升斗是一件十分吉祥的事，它意味着一家人将有吉星高照，会幸福吉祥，所以次年的升斗由该户准备。② 抢升斗的过程更集中地体现出白族人的智勇双全。不论谁抢到，大家都祝福的态度，也体现出白族人民淳朴善良的美德。孩子抢升斗、家长当承办人，则体现的是白族人父慈子孝、家庭和睦的道德风格。

大火把下的聚会。在许多村寨，百分之七八十的人聚集在火把下面，欢度节日。在大理和剑川生了头胎的人家欢欢喜喜地在大火把下向大家敬茶、敬酒，将大盘大盘的炒蚕豆散给大家吃。挑出一桶桶红糖开水请大家喝，然后登门向没有出门的人敬茶、酒、糖食。上了年岁的老人们穿上新衣服，笑逐颜开地被人们推举在长桌子旁，说古论今，开怀畅饮，四周站满了中青年人和小孩。有的村请来弹唱白族大本曲的歌手，边弹边唱更是热闹非常。③ 大火把下的聚会，集中体现的是白族人民团结和睦共处的美德。

耍火把：照岁、照穗、照秽。耍火把是火把节的最高潮部分。至今在大理、剑川、鹤庆等地大火把点燃后，白族青年男女，竞相出动，各人手执一小火把，身挎一小挎包，里边装满松香面，见到人就抓出一把，用力向火把撒去，霎时一团火苗便扑向对方，被撒的人都认为这样可以烧去自

---

① 《中国少数民族社会历史调查资料丛刊》修订编辑委员会编：《白族社会历史调查（三）》，民族出版社 2009 年版，第 152 页。

② 《中国少数民族社会历史调查资料丛刊》修订编辑委员会编：《白族社会历史调查（三）》，民族出版社 2009 年版，第 152 页。

③ 《中国少数民族社会历史调查资料丛刊》修订编辑委员会编：《白族社会历史调查（三）》，民族出版社 2009 年版，第 152 页。

己身上的晦气。遇到老人则要说"敬上一把",方能撒去。年轻人往往成群结队,手执火把深入邻村邻街与人对撒,有的青年男女则跑到田野小路上去对撒,有的青年男女也因撒火把而恋爱。耍火把的另一种形式叫"点谷火",即照穗。人们成群结队地举着小火把互相追逐到田间给谷物照穗,据说这样稻谷会长得好一些,还可以烧死危害庄稼的害虫。① 来年稻谷丰收。耍火把不仅体现的是白族自由恋爱的婚恋观;而且对庄稼丰收的期盼,同时对庄稼守护能够体现出白族人民由小农经济造成的重祥守土、安贫知足观念。

跳火把。将近午夜,当大火把已经燃到根部的时候,人们便相继从篝火上跨过去,来回跨两三遍,叫作"烧晦气",即"驱禳""去邪"。小孩子和年轻人在行过"跨火把"仪式后,又比赛从根火上跳过去,比谁跳得高、跳得远,这叫跳火把。最后火把残骸已经燃烧得差不多时,老年人便在火上架起铁三脚烧开水泡茶喝。在火把上烧的开水叫"火把开水"。相传喝了可以免除疾病。也有的人在炭火中翻找已烧熟了的火把梨、花红之类水果吃,据说吃了就不会闹肠胃病。人们纷纷把烧剩的柴片抢回家,有的用作拌猪饲料的猪食片;有的挂在猪厩、牛厩上,据说这样所饲养的家畜就不会遭瘟疫,② 来年家畜家禽能够六畜兴旺。

4. 水上火把节

一些白族地区还有独具一格的水上火把节活动,③ 洱海东岸的白族至今一直保持着一种古老的水上火把节活动,即"花舟竞渡"。在火把节到来之前,下秧村一带就各以家族或村子为单位彩画好大船,船的桅杆上扎一个大升斗,上书"五谷丰登""六畜兴旺"之类的字句。桅杆下右边站立一位白包头,戴墨镜,额上贴太阳膏,手执一牦牛尾巴的滑稽老人。他右手扶摇一棵松树,松树上挂一个大葫芦,葫芦下有几只大铜铃。他是船上右排划桨人的指挥者,由古代白族的巫师"朵希薄"演变而成,桅杆左边架一面铜锣(据说古代用铜鼓),由另一位老人负责敲打,指挥左排

① 《中国少数民族社会历史调查资料丛刊》修订编辑委员会编: 《白族社会历史调查(三)》,民族出版社 2009 年版,第 153 页。

② 《中国少数民族社会历史调查资料丛刊》修订编辑委员会编: 《白族社会历史调查(三)》,民族出版社 2009 年版,第 153 页。

③ 《中国少数民族社会历史调查资料丛刊》修订编辑委员会编: 《白族社会历史调查(三)》,民族出版社 2009 年版,第 153—154 页。

划桨人，在船舱里坐一吹唢呐的人，在大船比赛开始后奏"猜呼园"的曲子。[①]

赛船一般在中午一时许开始，早了不行，因要等待接了"本主"神上船以后才行动。赛船开始，高昂激越、节奏欢快的唢呐声响彻洱海，船上右排的 10 多名男子由执树老人指挥，老人把牦牛尾巴一甩，手一摆松树，大铜铃就发出一串声响，右排的就划一下桨；左排的听到铜锣一声响也划一下，花船就破浪而行了。[②] 这一天，海东各村都沉浸在欢乐的节日里。人们都穿戴上最好的白族服装，杀猪宰鸡，欢庆一天。据说这是为了纪念柏洁夫人，洱海沿岸各村都要象征性地打捞柏洁夫人的尸体。白族人民把柏洁（后取谐音称为"白姐"）奉为本主神，立庙供奉。大理、剑川、洱源一带遍布"白姐庙"。据我们统计仅在鹤庆县境内，就有白姐庙 22 处之多，足见白族人民对白姐的崇敬。[③]

水上火把节的"花舟竞渡"活动中老人担任着重要角色，可见白族人是非常敬重老人的，而"竞渡"本身便体现着白族人勇敢的品质。水上火把节的本主崇拜也是能够体现白族人民对神灵的敬畏。

可见，每年农历六月二十五日白族地区的火把节，无论是有当年生有子女的家庭负责操办；还是由村民们自愿有钱出钱，有力出力，共同来筹办当年的火把节，人民都会当作是自己的事情来对待，不推诿、不计较。火把节当晚，全村老少都聚集在火把周围，婴儿的父母逐一向参加火把节的村民们递烟敬酒，或送糖献茶；爷爷奶奶抱着婴儿，向到来的邻里乡亲一一问好，乡亲们则向婴儿献上自己最美好的祝福，祝愿身体健康，前程似锦。人们在节日中，相互献上自己最诚挚的祝福。

（三）烧包祭祖节（七月十四日）

七月十四日是那马人烧包祭祖先的日子。据说这一天，死去的祖先都要回来，过年时没回来的祖先也都会回来。因此，那马人对七月十四日这

---

① 《中国少数民族社会历史调查资料丛刊》修订编辑委员会编：《白族社会历史调查（三）》，民族出版社 2009 年版，第 153 页。

② 《中国少数民族社会历史调查资料丛刊》修订编辑委员会编：《白族社会历史调查（三）》，民族出版社 2009 年版，第 153 页。

③ 《中国少数民族社会历史调查资料丛刊》修订编辑委员会编：《白族社会历史调查（三）》，民族出版社 2009 年版，第 153—154 页。

一天祭祖先活动比较重视。过节前，要先买好纸包，把金、银纸都折成金锭、银锭，装入一个大纸袋内，纸袋封面上写着死去祖先的名字。烧包前，还要泼出酒饭一碗，意思是给那些无儿无女、无家可归的鬼吃。然后，在祖先牌位前摆上肉、饭等供品，有的人家还要杀鸡来祭祀祖先。烧包时，由户主跪着在门外烧，烧一个包念一个祖先的名字，意思是这个包是祭给这个祖先的。包灰要倒在河中，让河水冲走。七月十五日这一天，人们不能到河中去洗衣服、农具，洗菜，认为这天在河中洗东西是不吉利的。烧包时，还要在大门口烧一个火盆，里面装上灶灰，将骨头、粑粑等物放在火上燃烧，直至发出一股臭气，以示燔祭。然后将骨灰、灶灰一起送到村外倒掉，表示瘟疫被撵走了。① 从那马人的七月十四日中可以看出那马人对祖先和神灵的敬畏，同时也表现出他们由小农经济造成的因循守旧的伦理道德思想。"泼出酒饭一碗"则将白族人民的乐善好施、淳朴善良的品德发挥到了极致。

七月十四日也是大家熟悉的中元节，是祭祖的节日，从初一接祖回家，每天每食必须供祖，到十四日为大祭，为祖先饯行。大摆酒席供奉祖宗并举行"烧包"，表示送给祖宗衣服、金银纸钱等。抬一口大铁锅在天井内供桌酒席前，由儿孙们跪着一封一封地朗读后烧化，每烧一包还加烧上金银纸钱及衣裤纸鞋等物。十五日送祖。晚间撒粥给无后人的孤魂野鬼。七月十五日以前这段时间，祖宗在家堂，多数人家夜间还请有唱大本曲艺人二人，一人弹三弦，一个唱各种大本曲本子故事，以让祖先也共同享受。②

七月十四日祭祖的节日活动，在白族聚居区是家家户户十分重视的节日，因为，在这个节日里，一是缅怀祖先的功德，二是传承祖先的美德，三是教育子孙后代牢记祖先功德。同时，该节日也凸显白族人民崇尚礼节，重视家庭美德的教育。

中秋节。中秋节和端午节一样，也是白族人民传统节日，具有浓重的各地白族风俗习惯，又有各地不同的道德约束及行为规范。

---

① 《中国少数民族社会历史调查资料丛刊》修订编辑委员会编：《白族社会历史调查（三）》，民族出版社 2009 年版，第 50 页。

② 《中国少数民族社会历史调查资料丛刊》修订编辑委员会编：《白族社会历史调查（三）》，民族出版社 2009 年版，第 154—155 页。

白族人在中秋节也会吃月饼，还会准备各种果品，如雪梨、石榴、核桃、煮黄豆、板栗等，用以晚上在供月、祭祖，然后一家人围坐而食，所以又称其为"团圆节"。

大理喜洲白族中秋节的特色风俗是家家户户要蒸大麦面糕，这种糕非常大，而且有十多斤重，像个大包子。所以，蒸这种糕需要特定的技巧，并非人人能够蒸好。蒸好后，还要用一种大红色的颜料，当地人叫"洋膏之"，来画一个圆圈，写个"月"字，周围还要画月牙和花朵。更有意思的是，妇女们还会用面糕来比赛，比谁家的面白、蒸得熟、不开裂、手艺好。第二天早上或当晚，她们就把面糕切成片，送给邻居或亲戚。有送去就有送来，无形中就会有比赛。① 在村落里不仅要看谁家媳妇的手艺好，还要看谁家的孩子送得早，谁家的孩子有礼貌懂规矩。

每年中秋节前后，邓川沙坪渔潭坡还举行盛大的渔潭会，这是大理白族地区历史悠久的盛会之一。这个盛会的起源有两种不同的传说：第一种说法是起于元代，元世祖忽必烈南征大理国发展出来的；第二种说法是渔潭坡濒洱海北端，附近是产鱼集中的地区。若干年前，这一带村子的渔民便在渔潭坡定期买卖渔具，后来逐渐发展，交易中增加了其他物品，最后成为一年一度的定期集市。赶会日期原仅八月十五日一天，后来又增加到三五天甚至七天。② 总之，渔潭会主要是用于物资交换的一个盛会，会上只能买卖农副产品，不能买卖其他物品也是约定俗成，谁也不能违反。

故中秋节作为白族的一个传统节日，在节日里白族人民注重家庭的团结和睦、一家人的团圆，共同享受中秋节特色美食的同时，还能够体现出白族人民崇尚礼节、互相帮助的品德，自强不息、团结友善的精神。

冬至节。农历的十一月二十二日为冬至节，这天一般只做糯米粑，无其他活动。但有些地区也比较重视，如海东一带白族，村村都杀猪，并接出嫁的姑娘回家过节。保山白族人民还举行"上刀会"，敬献观音老母。③

而那马人过冬至节的当天中午，男人要带上吃的东西到祖先过去吃东

---

① 《中国少数民族社会历史调查资料丛刊》修订编辑委员会编：《白族社会历史调查（三）》，民族出版社 2009 年版，第 161 页。

② 《中国少数民族社会历史调查资料丛刊》修订编辑委员会编：《白族社会历史调查（一）》，民族出版社 2009 年版，第 198—199 页。

③ 《中国少数民族社会历史调查资料丛刊》修订编辑委员会编：《白族社会历史调查（一）》，民族出版社 2009 年版，第 199 页。

西的地方祭祀。祭时，要杀一只鸡，点三支香，还要做五块"弓北"放在野餐的地方。"弓北"是用木片削成叶状，中间用火炭画出叶状网纹做成的，"弓北"后面用一根木棍支撑。祭完，把带去的蔓菁、饭豆、油炸糯米粑粑等食物吃掉，吃完后回家。据说过这个节，以后不会摔倒、受伤，受伤后也不会出血。[①]

大理喜洲的白族人民在这一天，家家户户都会蒸糯米饭、打糍粑，先供祖先而后吃，并传送给亲朋好友和邻居。[②]

冬至节顾名思义是根据节气而产生的节日，然而，白族人从来遵循着自然规律，按照自然节令生产生活。故在冬至节的节日活动里体现出白族人对祖先的敬重，对亲朋好友的友善，以及彼此之间的团结与和睦。

过年节。过年节是白族人民重大的节日之一，也是庆祝活动最盛大、最热烈的节日之一，相当于汉族的春节，但是有些白族地区的日期会与汉族春节有所出入。过年节节日时间较长，从正月初一日起，一般至少是三五日，有的多至十天半月。节日期间，人们烧包祭祖，杀年猪，吃酒吃肉和进行其他民族形式的文娱活动，互相庆贺，十分热闹。如鹤庆一带每年过节时，村村寨寨都接菩萨，赶庙会，请巫师跳神，到处耍狮子、耍龙、唱花灯、唱戏，人们尽情欢乐。又如，大理海东的白族，一般每家都杀猪请客，人人身着盛装，接出嫁之女回家过节，全村也要耍龙灯狮子，唱花灯和大本曲。[③]

居住在碧江四区的勒墨人，他们的过年节不论在日期上和活动内容上，都与大多数白族地区不同。这里一年有 13 个月，除第二月（又叫休息月）和第十三月不一定过足 30 天外，其余每月均以 30 天计算。年节即选择在第十三月的下旬的属龙或属蛇日，而且由一个村的人们共同商量决定。[④]

---

①　《中国少数民族社会历史调查资料丛刊》修订编辑委员会编：《白族社会历史调查（二）》，民族出版社 2009 年版，第 48 页。

②　《中国少数民族社会历史调查资料丛刊》修订编辑委员会编：《白族社会历史调查（三）》，民族出版社 2009 年版，第 162 页。

③　《中国少数民族社会历史调查资料丛刊》修订编辑委员会编：《白族社会历史调查（一）》，民族出版社 2009 年版，第 199 页。

④　《中国少数民族社会历史调查资料丛刊》修订编辑委员会编：《白族社会历史调查（一）》，民族出版社 2009 年版。

在节日的前一天清晨，以一个村寨为单位，全村男女齐集村子两边大树下祭树。祭前由每一个小氏族选出一位长者主祭，祭品是 30 块、15 块、10 块不等的糯米粑。主祭者向大树祈祷，祈祷词的内容一般为祈求人畜兴旺、庄家丰收、平顺安康之词。祭毕，人们当场互赠糯米粑，然后各自返家。返家后开始宰年猪（少数人家不宰）。凡宰猪的人家，每户拿出一块 10 斤左右的猪肉，全村一起煮熟，然后按人口平均分配，并同样分给没有杀年猪的人家一份。不杀年猪的人家，除分有一份儿外，亲友还另送给他们一些肉，谓之"亲肉"。因此有些不杀猪的人家存有的猪肉，反而比杀猪的人家多。①

祭祀总是能体现白族人的敬畏，不管是对祖先，还是对神灵。互赠糯米粑、分食猪肉则体现了白族人民乐于分享、团结互助、和睦共处的道德风尚。当然分食猪肉也带有分配原则上绝对平均主义的思想，所以最终会导致不杀猪的人家，反而肉多的现象。

晚饭之前先祭家祖。饭后，烧几个小米粑粑祭一切用具，祭时，在用具上粘一块米粑，并念祷词，这些用具主要有木柜、锅、三脚架、房柱。②

除夕，每家都在屋内撒上松毛，竖一棵松树，初三方把松树送出。送时也要行祭，祭时也有相应悼念的颂词。初一清晨，在一个筛子里盛上大米、苞谷饭各一半，上面放少许猪肝、猪肉、猪血、猪腰子，房内地上撒满松枝面，向东方祭祖，边祭边说祭词，内容都是祈求在天的祖先保佑之词。祭毕，把祭品倒给狗吃，并对狗说："给我们大丰收"，后，又用糯米粑、米饭、肉祭三脚架。③

这里的祭祀过程非常复杂，对祖先和神灵的敬畏之心非常虔诚。祈求祖先和神灵保护的内容一般都是人畜两旺、庄稼丰收、平安康健之类，可见小农经济背景下的重祥守土、安贫知足、因循守旧思想就这样根深蒂固在白族人民的头脑之中。

---

① 《中国少数民族社会历史调查资料丛刊》修订编辑委员会编：《白族社会历史调查（一）》，民族出版社 2009 年版，第 199—200 页。

② 《中国少数民族社会历史调查资料丛刊》修订编辑委员会编：《白族社会历史调查（一）》，民族出版社 2009 年版，第 200 页。

③ 《中国少数民族社会历史调查资料丛刊》修订编辑委员会编：《白族社会历史调查（一）》，民族出版社 2009 年版，第 200—201 页。

过年一般休息 20 天，在此期间，不舂米，不外出砍柴，更不下地生产，只是背水煮饭。① 息耕是人的休息，也是大自然的修整，白族人尊敬自然，遵守自然规律，并且自觉地去适应自然规律、利用自然规律。

二　白族节日中的道德约束

白族地区除了以上主要而普遍的节日外，各个地区还有一些规模大小不等的传统节庆活动。例如，鹤庆的朝山会，每年农历三月十五日举行，是鹤庆白族纪念牟伽陀祖师开辟鹤庆的一个盛会。以后由于受了佛教的影响，变成了一个拜佛念经的庙会。在会期里，人们成群结队，络绎不绝地往石硐山朝佛。老人们虔诚地烧香拜佛，青年男女则用这个难得的机会，尽情娱乐，互相倾吐爱慕的心情。② "烧香拜佛" 体现的是白族人对佛教文化的吸收，而盛会的举行则体现了白族人民团结和睦的品德。大多盛会都是青年男女的恋爱盛会，是白族人自由恋爱婚恋观的体现。

又如，大理的三月街是远近闻名的物资交流大会，也是大理一带白族人民的盛大节日，于每年农历三月十五日到二十五日在大理城北的旷地举行。关于它的来历，也有两种不同的传说：一说来自《白国因由》中 "观音伏罗刹" 的故事，人们为了纪念观音大士的善举；另一说则是观音大士在今三月街所在地讲经发展出热闹的集市。这两种传说都与观音大士有关，因此三月街又称 "观音市"。从上述传说中，可见三月街具有悠久的历史，很早就是白族地区盛大的物资交流会。在历年赶会期间，白族人民都要在此表演赛马等民族歌舞，附近几县的各族群众，也来买卖物资，观看热闹。③

物资交流大会的形成一般会有许多由来的传说，体现出白族人民的可贵的创造精神。很多传说也都是与神灵有关，也可以表现出白族人民对神灵的崇敬。

---

① 《中国少数民族社会历史调查资料丛刊》修订编辑委员会编：《白族社会历史调查（一）》，民族出版社 2009 年版，第 200 页。

② 《中国少数民族社会历史调查资料丛刊》修订编辑委员会编：《白族社会历史调查（一）》，民族出版社 2009 年版，第 201 页。

③ 《中国少数民族社会历史调查资料丛刊》修订编辑委员会编：《白族社会历史调查（一）》，民族出版社 2009 年版，第 201 页。

大理海东一带，每年农历四月初八日有"太子会"，五月十九日有"老太会"，六月初一日至初六日有"朝斗会"；保山的白族，二月初八日家家要祭祖；云龙宝丰的白族是日又迎接观音老母；农历七月十五日，鹤庆松桂的白族，举行盛大的骡马大会，而八月上旬，剑川金华也有盛大的骡马大会；等等。这些都是各地白族人民传统的节庆，他们采取各种不同的形式庆祝。但除骡马大会外，都具有浓厚的宗教色彩，或者完全是祭神、祭祖的宗教活动。①

不要说以祭神、祭祖的宗教活动为核心的盛会，就连其他节日，祭神或祭祖也是必不可少的，可见对神灵、祖先的崇敬已成为白族人生活的一部分，这之中体现出白族人民的宗教信仰及人们日常生活中的行为规范，通过节日活动规范人们的行为举止。

天人合一，崇尚自然。这是中华民族处理人与自然关系的思想和智慧，在白族的节日中也有体现。每年农历四月二十三日至二十五日是大理白族"绕三灵"的节日，在白语中也称为"拐上娜"。参加绕山林队伍的人员普遍在太阳穴上贴太阳膏（纸质），太阳照射的多少，关系到气候的冷暖，农业的丰歉。在部分白族村中，村民们把太阳神作为本主神供奉，正是反映了对太阳的崇拜。队伍前面的男女共扶着柳树上悬挂着的葫芦，则是对出于"祈子嗣"的目的。葫芦形如女性怀孕的模样，且葫芦多籽，象征女性的生殖能力。将自己多子多福、谷物丰收的美好期许，寄托在某一具体的自然物上，并通过节日将这种愿望表达出来，正是对自然的一种崇尚。

友善互助，其乐融融。居住在碧江四区②的白族人，他们的过年节与大多数白族地区不同。他们的一年有 13 个月，除二月（又叫休息月）和第十三月不一定过足 30 天外，其余每月均以 30 天计算。年节即选择在第十三月的下旬的属龙或属蛇日，而且由一个村的人们共同商量决定。节日前一天清晨，以一个村寨为单位，全村男女集于村中大树之下祭树。祭树前由每一个小氏族选出一位长者主祭，祭品是 30 块、15 块、10 块不等的糯米粑。祭毕，人们当场互赠糯米粑，然后各自返家。返家后开始宰年

---

① 《中国少数民族社会历史调查资料丛刊》修订编辑委员会编：《白族社会历史调查（一）》，民族出版社 2009 年版，第 201—202 页。

② 碧江四区，旧指怒江州所辖碧江、泸水、贡山、福贡四县境，今碧江县建制已撤销，其他并入福贡县。

猪。凡宰猪的人家，每户拿出一块 10 斤左右的猪肉，全村一起煮熟，然后按人口平均分配，并同样分给没有杀年猪的人家一份。不杀年猪的人家，除分有一份外，亲友还另送给他们一些肉，谓之"亲肉"。因此有些不杀猪的人家存有的猪肉，反而比杀猪人家的多。① 对于村中未能杀猪的家庭，亲朋好友纷纷给予帮助，不计较得失。

重视亲情，阖家欢乐。不论是中华民族的传统节日，还是白族地区具有其民族特色的节日，都有其特定的来历，或是祭祀、缅怀先人、庆祝等多种原因。白族人重视亲情，各种节日发展到如今，更多是家人团聚、阖家欢乐的日子，即使是出嫁的姑娘，在某些特殊的节日里，也定要接回家中一起过节。

三　白族节日文化中的道德观念

节日文化属于历史文化的范畴，是民族文化的一种历史积淀。一个国家或民族的任何一个节日，都是在漫长的历史中萌发而形成的，都有广泛而深刻的历史文化寓意。② 白族的节日文化也正是在漫长的历史中沉淀、积聚而成，特别是白族特有的民族传统节日，更是充分体现了其民族特色。因此，从白族的传统节日文化中，不论是从具体的节日活动，还是与节日相关的传说，都能够感受到本民族的道德礼仪要求。

（一）兼收并蓄包容开放的思想

白族节日众多，各地白族间受地理的阻隔，节日又具有地域特色，为当地所特有，以白族本主节为例，其地域特色明显。本主，即本境之主也，乃白族人民奉祀的民族神。本主崇拜作为白族独有的一种宗教信仰，在佛教、道教传入白族地区之前，也是白族唯一的宗教信仰。道教和佛教传入后，善于兼收并蓄的白族人，将其融入本主崇拜而独树一帜，③ 本主

---

　　① 《中国少数民族社会历史调查资料丛刊》修订编辑委员会编：《白族社会历史调查》，民族出版社 2009 年版，第 199—200 页。

　　② 陈自仁：《陵谷沧桑：八千年陇文化》，甘肃人民美术出版社 2014 年版，第 327 页。

　　③ 赵寅松著；杨伟临等摄影；大理州白族文化研究所编：《守望精神家园：中国白族节日文化》，黑龙江人民出版社 2007 年版，第 52 页。

崇拜是一种多神崇拜，各个白族地区或者各个村寨本主的身份都不一样，但也有几个村寨共同信奉一个本主的情况，这正反映了白族人的包容开放。每逢本主的诞辰日，村中就会举行大型的祭祀活动，也就是人们常说的本主节。因其信奉的本主不一样，因此本主节也并没有固定的日子。祭祀主要在于祈求阖家欢乐、家人健康、一生平安。

白族的包容性体现在本主节中，首先，是对待外来宗教的态度上，并非一味排斥，而是将其融入自己的本主信仰之中；其次，在此白族的包容体现在多本主崇拜的多神信仰上；最后，体现在节日的时间规定上，节日中的祭祀活动，更多的是在于表达本主的尊重与敬爱，寄予自己最美好的愿望。所以在节日日期的规定上，就本村自身的情况而定。

（二）崇尚正义以白为贵的观念

白族人崇尚白色，因此特别喜欢雪白色的梨花。居住在剑川的白族人，在每年梨花盛开的季节，都要举行传统的梨花会。而关于梨花会的传说，正是体现了白族人对正义的崇尚，而白色也正是代表了正义、纯洁。传说在很久以前，白族人民就特别喜欢开白花的梨树，因此，只要有白族人居住的地方，其房前屋后都要种上几棵梨花树。这件事惹恼了黑魔鬼，黑脸、黑牙、黑心、黑肝的黑魔鬼施起妖术，霎时间，正在开花的梨树都枯死了，凡是世间白色的东西都变成了黑色，人们的生活变得昏暗，没有了光泽。传言说在只有白龙潭中的龙乳能够破掉黑魔鬼的妖术，白龙潭位于老君山上，老君山的山上共有九十九个龙潭，其中之一便是白龙潭，而老君山的地理位置极偏僻、险峻。这时，一位叫梨花的白族姑娘为了制伏魔鬼，不畏艰险，爬过了三十三座高峰，越过了七十七条山涧，找遍了九十九个龙潭，终于取回了白龙潭里的龙乳。她把龙乳喷在黑魔鬼的身上，黑魔鬼马上变成了一块石头。世界开始恢复光明，白色的东西恢复了本来的面目，枯死的梨树重新开出了耀眼的白花。而善良勇敢的梨花姑娘却因为劳累过度，在梨花树下永远地离开了大家。人们把梨花姑娘安葬在梨树下，每当梨花盛开的时节，人们就会想起舍己为人、正义的梨花姑娘。为了纪念她，白族人民每年都要举行梨花会。①

---

① 赵寅松著；杨伟临等摄影；大理州白族文化研究所编：《守望精神家园：中国白族节日文化》，黑龙江人民出版社2007年版，第94—95页。

（三）　铭记先辈恩情弘扬祖辈美德

白族人的节日中，很多都是纪念祖先、亲人的。如农历三月清明节、农历七月烧包节（汉族的中元节）、农历十月上坟送寒衣等大型的祖先祭祀节日。在祭祀的这一天，为逝者寄去冥衣、冥钱等物件，希望逝者在那一边能够衣食无忧，也算是献上子辈们的一片孝心。

先辈的肉体虽然已经离世，后人却仍需时刻铭记先人恩情，铭记当前的幸福生活来之不易。不仅是在节日这一天，祭奠祖先其实是不分时日的，只是平日里的规模较小，也是吃什么祭什么。在白族家中，家家都设有祖宗牌位，时刻提醒自己不忘祖辈恩德。

（四）　尊师重教不忘师恩

农历八月十五日是中国传统的团圆节——中秋节，白族也过，但给节日赋予了白族的文化内涵。接近农历八月十五日时，白族家中的女性成员就开始烙月饼，月饼在白族地区被称为"吞一"。月饼有大小之分，一般会烙两个大饼，象征"太阳"和"月亮"，还有各式各样的为节日准备的小饼。在中秋节当晚，全家人一起祭拜过天地、日月后，便开始赏月吃月饼。在这样家人团聚的时刻，也不能忘记平日里辛勤劳作的老师们，在节日后的第二天，小学生都会将自家的月饼带给老师，向老师表达自己的敬意和感恩，老师则会将收到的月饼与全班同学一起分享。白族历来重视教育，从节日中便可以体现出来。

白族民居照壁建筑中的伦理道德观念

杨　欢①

白族是一个勤劳智慧的民族，白族先民创造了丰富多彩的民族文化，其中，民居照壁建筑文化，也有自己的特点。通常白族民居布局一坊单元房子，可以单独加围墙、厨房、厕所、照壁等建成为一般普通民居建筑。可以组成"三坊一照壁"的形式，即由三坊单元房子同一方围墙即照壁组成三合院。也可以组成"四合五天井"，做成有走廊小厦瓦屋面，四坊房子楼层相互不连通或相互连通不设小厦瓦屋面，而是设楼层走道为木栏杆的形式。而无论是"三坊一照壁"，还是"四合五天井"，还是"六合同春"转角楼，照壁是不能缺少的，也是白族民居区别于其他民居建筑的一大特色，别具一格。因此，白族民居照壁有自己的特点、内涵，又蕴含着丰富的伦理道德思想及行为规范。

一　白族民居照壁的缘起

照壁，通俗地说，就是面对着自己的墙，有点类似于北京四合院的影壁，但是，照壁在白族民居建筑中是其文化的一个重要载体。白族民居照壁上一般会题字，表达着白族人家的伦理观念，也是白族文化与中原文化特别是儒家文化深度接触、沟通、交融的体现。因为，白族民居长期受儒家文化的影响，属于中国古建筑范畴。但是在漫长的历史进程中，由于白族先民的不断继承和创造，结合当地的建筑材料、气候、地理条件、文化艺术、思想观念等，又具有其独特的风格。在屋面、木构架、飞檐、斗拱、木雕、门窗、装修、藻井、台基、栏杆、彩画、照壁、庭院布局等方面，日臻完善而自成一体。

白族民居照壁其实古已有之，古时建筑必分院内与院外，院内的东西要隐藏好，院外的东西要隔挡开；院内外之间隔一道小墙即能达到此目

---

①　杨欢，云南大学政府管理学院伦理学硕士研究生。

的，照壁便由此而来。早在汉唐时期，有不少中原的汉人迁居洱海地区。《通典》卷187载：初唐时期洱海东部地区"数十百部落，大者五六百户，小者二三百户，无大君长，有数十姓，以杨、李、赵、董为名家"。"自云其先本汉人，有城郭村邑，弓矢矛铤，言语虽稍讹舛，大略与中夏同；有文字，颇解阴阳历数，而以十二月为岁首。其土有稻、麦、黍、豆，种获亦与中夏同。"可知，到唐代初期，已有不少汉族移民在洱海地区定居，而且年代颇为久远。① 他们互相交流，共同生活在一起，互相影响。

根据考古发现，在4000多年前，白族的祖先已在金沙江以南，苍山洱海以北的地区定居下来。长期以来，白族先民居住在这里，与其他民族共同生产，和睦相处。在儒家文化影响下，白族地区的社会经济和文化艺术在10世纪时，就有了较大的发展。在建筑方面，从历史记载和巍立千年的大理三塔来看，可以说明建筑艺术和技术在唐宋时就有了很高的成就。在这期间，白族和汉族文化交流极为密切，对白族建筑的发展起到了一定的影响。到了元朝，在大理设路，明清两代设村和县，明朝从中原地区大量移民到云南大理等地，必然促使和内地文化不断地交流融合。所以，就白族建筑的现状来看，大体与内地相似，但又具有自己的民族特点。② 白族建筑文化中的照壁，不仅深受汉文化的影响，也逐渐形成自己的特色。

在大理国时期，白族是云南的统治民族，但是汉文化对白族的影响依然不断。元代郭松年《大理行记》说："大理与宋王朝相与使传往来。故其宫室、楼观、言语、书数以至冠婚丧祭之礼，干戈战阵之法，虽不能尽善尽美，其规模、服色、动作、云为，略本于汉。自今观之，犹有故国之遗风焉。"可见，即便在大理国白族居统治地位时，汉文化始终对白族的社会经济文化等有长期和深远的影响。③ 今天，白族民居建筑照壁可以在鹤庆、诺邓、大理喜洲、周城等白族传统民居建筑群落中找到依据。

如喜洲白族民居建筑的历史：从喜洲弘圭山墓地中出土的三国墓和喜

---

① 林超民：《滇云文化》，内蒙古教育出版社2006年版，第127页。

② 云南省建筑工程厅设计院：《少数民族民居调查之三——云南白族民居调查报告》，1963年，第2页。

③ 林超民：《滇云文化》，内蒙古教育出版社2006年版，第132页。

洲镇凤阳村南和庆洞出土的晋墓，说明汉以后就有一部分汉官到大理了，喜洲算是历史悠久。隋代，据传史万岁曾驻师于此，故名"史城"。唐代南诏时，蒙归义袭破咩逻皮，取大厘城，此时喜洲又被命名为大厘城。南诏统一六诏后，把阳苴咩城、邓川、大厘城视为同等重要，苦心经营。到明正统九年，曾在喜洲建有的城池已毁没。如今喜洲白族民居多是明清以来保存下来的。[1] 到了 1938 年，引进了现代建筑风格。如今喜洲白族民居建筑群既保留中国古代的民族特色，又有近现代的和外来的特色。[2] 今天在喜洲，董家大院、严家大院，不仅有白族传统民居的照壁建筑，还有法国式建筑的小楼。

所以，照壁是中国受风水意识影响而产生的一种独具特色的建筑形式，北方称之为"影壁"。而白族十分重视照壁建筑生态环境，讲风水。认为风水讲究导气，而气不能直冲厅堂或卧室，否则不吉。为了避免气冲的方法，便就在房屋大门前面置一堵墙。为了保持"气畅"，这堵墙不能封闭，故形成照壁这种建筑形式。为了遮蔽风雨，家家都有照壁，照壁在白族建筑中便应运而生。照壁除具有挡风，遮蔽视线的作用外，还有一个重要作用是采光。当太阳西下时，阳光直接打在照壁上，再反射到屋里，可以让屋内依然敞亮，所以也称为"照壁"。同时，照壁又有吉星高照，吉祥如意的伦理内涵。

二 白族民居照壁的内涵

白族民居中的照壁是人们最喜爱、并具有艺术欣赏价值的建筑。照壁的构造、雕塑、砖雕工艺、彩画工艺反映出白族人民的文化艺术和白族古建筑的风格。照壁有建造在村头或庙宇前面的，村头照壁和庙宇照壁是独立的，墙较厚。民居中的照壁中间高两边低以泥作工艺为主，墙头瓦面的檐口及瓦脊的起翘要做得自然美观。通常照壁中间安设高级彩花大理石，或安贴书写有"清白传家""紫气东来""苍洱毓秀""耕读传家"等汉白玉大理石。经过纸筋灰粉饰后的照壁，再通过白族民间艺术画匠的传统精心彩画，反映出白族建筑文化艺术的个性及内容。民居照壁也有简易

---

① 宋丽英：《云南特有民族文化知识》，云南大学出版社 2007 年版，第 9 页。
② 宋丽英：《云南特有民族文化知识》，云南大学出版社 2007 年版，第 11 页。

做法,即檐口不做斗拱花饰,飞檐石下只做飞砖、飞瓦线条及花框、花格、彩画也以淡墨彩画为主。这样做成的照壁较为经济,民间所设较多为"三坊一照壁"中的照壁和"两坊一照壁"中的照壁也各有自己的特点。

鹤庆、喜洲近代民族商业的迅速发展,为其民居建筑发展奠定了重要的物质基础。"喜洲商帮"经过长期的商业经营,积累了大量资金,有很大一部分资金被投放到民居建筑和办学校、办医院、建造图书馆等福利事业上面。我们今天在喜洲看见的一幢幢青瓦白墙的"三坊一照壁""四合五天井""一进两院"等院落,除少数是明代建造的外,其绝大多数都是清至民国时期的建筑。据赵勤先生调查统计,喜洲有明代至民国年间的房屋建筑达 101 坊间。保存如此完整,建筑艺术如此之高的民居建筑群在云南乃至全国也是难以找到的。由于喜洲白族民居建筑具有很高的历史研究价值、科学价值和艺术价值,1987 年被云南省人民政府公布为第三批省级重点文物保护单位。2001 年 6 月 23 日,喜洲白族民居建筑群又被国务院公布为第五批全国重点文物保护单位。[①]

喜洲白族民居建筑群中的"三坊一照壁"是大理白族民居的主要形式,合院式建筑的典型代表。每一坊房屋的照壁上都要请书法家题写白家姓氏有关的四个大字。如杨家要题"清白传家",张姓要题"百忍家声"或"百忍家风"[②],王姓要题"三槐及第",李姓要题"青莲遗风",赵姓要题"琴鹤家声",何姓要题"水部家声",杜姓要题"工部家声",董姓要题"南诏宰辅",还有村子东面的照壁上大多题"紫气东来"。这些照壁上题写的大字,是白族建筑艺术的一个重要内容,具有很深的文化内涵[③]及伦理道德的要求。

(一) 杨姓"清白传家"

杨姓照壁上题写的"清白传家"。"清白"就是操行纯洁,没有污点。王逸《离骚序》:"不忍以清白久居浊世,遂赴汨渊自沉而死。""清白传

---

① 大理白族自治州博物馆:《大理考古与白族研究——田怀清文集》,云南人民出版社 2013 年版,第 312 页。

② 彭多意:《人神之间——白族》,云南大学出版社 2001 年版,第 19 页。

③ 大理白族自治州博物馆:《大理考古与白族研究——田怀清文集》,云南人民出版社 2013 年版,第 312 页。

家"这个典故取自东汉杨震的故事。杨震，从小好学，人称"关西孔子"；可见其学问之精深，与其做人之高尚；有一次，赴任路过昌邑，当时昌邑县令曾受杨震举荐，为答谢举荐之恩，深夜带了黄金十斤想要送给杨震，杨震责问县令"故人知君，君不知故人，何也"？县令以为杨震有顾虑，急忙申明"暗夜无知者"，杨震反驳说"天知、地知、我知、子知，何谓无知者"。县令羞愧万分，慌忙退下。后转涿郡太守。性公廉，不受私谒。子孙常蔬食步行，故旧长者或欲令为开产业，震不肯，曰："使后世称为清白吏子孙，以此遗之，不亦厚采！"安帝时官至太尉。安帝乳母王圣及中常侍樊丰等多侈骄横，他直言多次上书劝谏，被樊丰所诬罢官，遣归本郡，愤而自杀。中国封建社会的官吏，绝大多数是营私舞弊、贪赃枉法的。而像杨震身居高官太尉，能够拒绝重金贿赂，这是极少数的。

杨姓照壁上题书的"清白传家"就是教育、启迪后代子孙做人要一清二白，清廉，不贪污受贿，"与其浊富，宁比清贫"。故在大理许多村落杨姓的大门及堂屋门上，有这样的三副楹联，第一副书："历时阴阳本有脚；清白传家夜辞金。"第二副书："世继鳣堂清白远；家传雀馆吉祥多。"第三副书："谦恭处世严三畏；清白传家守四知。"[1] 可见，杨姓为人处世的价值观念即凡不清白之事，皆有天知、地知、我知、子知。因此，告诫杨姓子孙做人做事要清白，要想人不知除非己莫为。所以，在我家从小奶奶经常告诉我："不是自己的东西，一针一线也不能拿，手脚要干净，千万不能见钱眼开，要管好自己的手脚，认认真真做事，干干净净做人。"这就是我们杨家的家规及家训，也是我们做人的行为规范及价值要求。

（二）张姓"百忍家风"

张姓照壁题书"百忍家风"的典故出自唐代张公艺传说故事。据《旧唐书》一八八《张公艺传》和《旧唐书·刘君良传》记载："郓州寿张人张公艺，九代同居……麟德中，高宗有事泰山，路过郓州，亲幸其宅，问其义由。其人请纸笔，但书百余忍字。"高宗有所体会，随后大加赞赏，赏赐给张家大量金子。后来张姓常以"百忍"为堂名。因为，古

---

① 　杨铜斌、赵勤：《喜洲古今对联选》。

代的封建家族制度，聚族而居，易其纠纷，非百般忍耐，不能相安。唐代张公艺的"百忍家风"被张姓一直传承下来。一个家庭，相互之间，如果没有必要的忍让，是不能和睦相处的。所以，忍学是中国的传统文化，是中国儒家思想的精髓。在中国历史上，凡是显世扬名，名垂千古的英雄豪杰，仁人志士，无不能忍。人生在世，生与死较，利与害权，福与祸衡，喜与怒称，小之一身一家，大之天下国家，都离不开忍。古代先哲对"忍"字有很多精辟的解释：《说文》中说："忍，能也。"《广雅·释言》中说："忍，耐也。"孔子说："百行之本，忍之为上。"还说："小不忍则乱大谋。"宋代文学家程颐说："愤欲忍与不忍，便见有德无德。"把忍看成是道德修养的重要组成部分，从中可看出人的品德操行。陆游说："小忍便无事，力行方有功。"元代的许名奎、吴亮还专门编纂了《劝忍百箴》和《忍经》传给后人学习。清代出版的《忍字辑略》一书也说："古圣贤豪杰所以立大德而树大业者，莫不成于忍，而败于不忍。"提倡"忍为高，和为贵"是弘扬传统的人和精神。俗话说得好，"家和万事兴"，人与人之间和谐相处是社会长治久安的重要保证。[1]

也有记载，相传张姓始祖在汉代时，被人欺辱，九十九次也忍下气来，后来成了仙。[2] 可见，张家是我国历史上治家有方的典范，其治家之道与其"百忍家风"是分不开的。时至今日，白族张姓的人家为人处世的主要伦理观及行为规范，仍然以凡有遇事，皆以忍让，一忍到底，海阔天空。并且不断要求后代子孙以忍为贵，告诫张姓子孙要秉承百忍家风，让其世代相传。

（三）严姓"富春家声"

这个典故取自东汉严子陵的故事，严子陵，东汉著名隐士，少时即名声在外，与东汉光武帝刘秀是同学，亦是好友，为刘秀夺取政权出了不少力，刘秀即位后，多次延聘严子陵，但严子陵坚决不受，隐居至死。后世范仲淹曾予以"云水苍苍，江水泱泱，先生之风，山高水长"的赞语，使严子陵以高风亮节闻名天下，富春江即为严子陵隐居之地，昭示着那一

① 大理白族自治州博物馆：《大理考古与白族研究——田怀清文集》，云南人民出版社2013年版，第313页。
② 彭多意：《人神之间——白族》，云南大学出版社2001年版，第19—20页。

段佳话。时到今日喜洲"富春里"住的大多都是严氏子孙，而巷道取名为"富春里"，是望佳话再续的美好期盼。

由此可知，严姓为人处世的主要伦理观即君子爱财取之以道，不因为权力、名利而堕落，时常应以严氏祖先子陵为警策、为榜样。因此，告诫严姓子孙虽然大多经商有成，但必须善护己节，不为钱财所吞噬而失节。

（四）赵姓"琴鹤家声"

赵姓照壁上题书的"琴鹤家声"这一典故，取自北宋赵抃的故事。据宋代沈括《梦溪笔谈》九《人事》一，《宋史》三一六《赵抃传》记载，赵抃（1008—1084年）字阅道，衢州西安（今浙江衢州）人。景祐进士。任殿中侍御史时，弹劾不避权贵，人称"铁面御史"。后知睦州（今浙江建德东）、虔州（今江西赣州）及成都。以一琴一鹤自随，为政简易。神宗初参知政事。赵抃任成都转运使时，随身只带一琴一鹤，比喻为官清廉。《全唐书》六七四郑谷《赠富平李宰》："夫君清且贫，琴鹤最相亲。"宋苏轼《题李伯时画赵景仁琴鹤图》之一："清献先生无一钱，故应琴鹤是家传。"清献，即赵抃，有《赵清献集》。

因此，赵姓照壁上题书的"琴鹤家声"，同样是显耀为官清廉，不贪污受贿，清清白白做人。赵姓门联书："吾家门前常栽竹；琴鹤家风只爱莲。"① 说明赵家不避权势地弹劾奸臣，时人称为"铁面御史"。其日所为之事，夜间必端正衣冠，焚香以告天地。"琴鹤家声"取自其日常行仪常以一琴一鹤自随。证明赵姓为人处世主要伦理规范：即以一琴一鹤象征先祖为政简易，为官清廉的高尚人格为景仰、为趣向、为榜样；告诫赵姓子孙不忘先祖之道，树立为人为官的高尚品格。

（五）董姓"南诏宰辅"或"九隆之裔"

董姓照壁上题书"南诏宰辅"，有时也题"九隆之裔"②，说的是董姓始祖董成曾经为南诏清平官的事。喜洲《董氏族谱》称其始祖为董成。传至今日，已有40余代。董成是南诏蒙世隆时期的清平官。据《新唐

---

① 大理白族自治州博物馆：《大理考古与白族研究——田怀清文集》，云南人民出版社2013年版，第314页。

② 彭多意：《人神之间——白族》，云南大学出版社2001年版，第19页。

书·南诏传》记载："初，酋龙遣清平官董成等十九人诣成都，节度使李福将廷见之。"董成到成都的时间为唐懿宗咸通元年（806年），因与节度使李福抗礼，被逼囚禁。刘潼代李福节度四川，上任成都后，即释放董成一行，奏请遣还南诏。唐懿宗诏令董成等至京师，给予接见，赐予甚厚，慰劳之，遣返南诏。(见《资治通鉴·唐懿宗咸通七年》）故董成是一位十分忠诚于南诏蒙世隆时期的清平官，是官居要职，声势显赫的人物。董姓照壁上题书"南诏宰辅"，就是要显扬祖先董成的功绩。《礼记·祭统》："显扬先祖，所以崇孝也。"① 至今，喜洲董家祠堂里，还有为官要清正廉洁，为人要诚实厚道，办事要认真负责的家风告诉子孙后代。

喜洲镇东南建有一个照壁，其上书写着"紫气东来"四个大字。"紫气东来"这一典故出现的时代较早，传说老子出函谷关，关令尹喜见有紫气从东而来，知道将有圣人过关。果然老子骑了青牛前来，喜便请他写下了《道德经》。② 喜洲白族民居照壁上题书的文字还有"书香世美""理学传家""廉吏家声""科甲联芳""陇西世第""双铭宅第""宏农世第""连壁生辉""雀馆生辉""太尉微风""彩云南现"等典故及历史传说。③ 诸如此类的白族照壁题词，举不胜举。

可见，白族人无论哪个姓，都非常重视照壁建筑的雕刻图案，各家所建的照壁不仅显得高大又顺应各家的自然特征，又根据各家祖先遗留的家规家训，在照壁上彰显，体现自家的伦理道德观念及做人做事的准则。有的家族也喜欢在照壁上书写福字，来表示家庭幸福平安。

---

① 大理白族自治州博物馆：《大理考古与白族研究——田怀清文集》，云南人民出版社2013年版，第315—316页。

② 大理白族自治州博物馆：《大理考古与白族研究——田怀清文集》，云南人民出版社2013年版，第316页。

③ 大理白族自治州博物馆：《大理考古与白族研究——田怀清文集》，云南人民出版社2013年版，第316页。

诺邓古村文化适应中的道德规范

吴双双[①]

云南的优势是区位，机会在开放。独特的区位优势，加之多彩的民族文化，推动云南旅游业的发展。如今文化旅游受到越来越多消费者的青睐，远离自己的生活空间，去感受一种异文化成为更多旅游者的选择。独具特色的少数民族文化作为一种旅游资源，以其独特的生活生产方式、民宿、民俗、民族建筑文化以及优秀传统伦理道德等成为吸引外来游客的极大亮点。

一 诺邓村概况

千年白族村——诺邓，自唐代南诏时期以来就以其"诺邓"一名而存在，是滇西北地区年代最久远、也是白族最早的盐业经济重镇。地处祖国西南边陲，位于云南省大理白族自治州云龙县城以北。[②] 村内辖有诺邓大村、曙光、牛舌坪、山后四大片区，共 18 个自然村 25 个村民小组，全村现有农户 942 户 2201 人。一千多年来，"诺邓"这一村名从未变更，是白族最早的经济重镇。诺邓村的形成最早可以追溯到汉代，其先民，应是今白族的土著远祖。[③] 后大量汉人的迁入，互通婚姻，长期的繁衍生息，相互交流，形成了特有的内地汉文化与当代白族传统文化相结合的诺邓民族文化。[④] 如今，白族仍为村落的主体民族。

二 村落旅游的参与现状

21 世纪初，诺邓村以诺邓大村片区为主开始发展旅游业。据云龙县

---

① 吴双双，云南民族大学社会学院社会学硕士研究生。
② 李文笔、黄金鼎：《千年白族村——诺邓》，云南民族出版社 2004 年版，第 3 页。
③ 李文笔、黄金鼎：《千年白族村——诺邓》，云南民族出版社 2004 年版，第 50 页。
④ 李文笔、黄金鼎：《千年白族村——诺邓》，云南民族出版社 2004 年版，第 56 页。

市场监督管理局提供的"2018 年诺邓古村景区经营户台账"，已登记注册的商户共 46 家。其中 33 家经营客栈，除 2 家因为是外地人在此开店，不提供餐饮服务，其他的皆提供，部分客栈还兼营日用百货。6 家专营百货商店，2 家专营餐饮，2 家专业熬盐卖盐，1 家提供骑马接送服务，1 家家庭博物馆，1 家咖啡馆。根据调研发现，村中参与到旅游业发展中的农户要远远大于市场监督管理局中登记的户数，村中几乎家家户户都会向游客出售自家的火腿、核桃等各类农产品，即使不是专门从事旅游业相关活动，若是游客有需求，其也是能够提供所需农产品。诺邓大村片区大部分村民直接或间接地参与到村落的旅游发展之中。

三 旅游发展背景下民族村落面临的道德冲突

诺邓白族传统文化的内涵在于它对民族历史记忆和对族群凝聚的形塑。原汁原味的民族文化景观往往是旅游者所追求的"异邦"场景，但在其进入之时，不可避免的带来了外来文化，乃至因追求经济发展带来的旅游需求给村落也造成一定的文化冲击，世代生长于此的村民为了更好地发展旅游必须经历一个文化适应的过程。

（一）游客对本地村民生活的参与

目前，诺邓村旅游业的发展主要集中于民宿体验活动，村中并没有专门的酒店，多是村民将自己的房子进行装修布置成民宿，提供餐饮，客人可以根据自己的需求，或是点餐，或是与民宿老板拼餐。也有部分是外地人向本村村民租赁其住宅，将其改造成民宿，他们大多不提供餐食，或是请当地村民帮忙做饭。此种类型的旅游活动，可谓是完全融入村民的日常生活中，经营活动与私人生活似乎已经不能完全分离了。如此的介入，对其生活到底有多大程度的影响就成了此次关注的重点之一。通过一段时间的观察发现，其民族语言对其私人生活的保护起到很大的作用。

用戈夫曼的拟剧论对这一现象进行解释，其将人生比作一个大的舞台，在社会这个舞台上存在三种人，一种是演员，另一种是当地的观众，还有一种是外来人。并提出了"前台"与"后台"的观点。一般来说，观众和外来者是不能进入"后台"的，就会给社会带来"不安定因素"，甚至是整个社会遭到破坏，这对维护一个社会来说是重要的。"舞台真实"可以防止大量的游客进入"后台",这在很大程度上保护了当地人的原生文化并使之免受破坏。

空间上对后台的进入,但因其语言的隔阂,其实仍是一种未知的后台。当地人皆能在汉话和民族语言中进行自由地转换,两个本地人间的对话绝不会是汉话,即使当着客人的面,其仍是用白语进行沟通。语言作为传递信号重要工具,是对诺邓人生活进行了解的重要渠道,因此,若非本地或是精通白语的人,是不能通过语言来对其本地人的生活进行了解的。即使是进入了其本地人生活空间之中,也不能进入其真实生活的"后台",一定程度上保护了其生活隐私、生活方式,并使之原本的生活状态尽可能少的遭受破坏。

除此之外,村民还有自己一套对外的行为准则,对当地的秘密进行保护,虽自身心知肚明,但绝不会向游客提起。因为村落在未发展旅游业之前就是一个相互之间都十分熟悉的空间,也就是费孝通先生所谓的"熟人社会"。因其较为闭塞,经过长期的通婚联姻,家户与家户之间多多少少都存在着亲戚关系。大家之前相互了解、相互帮助照应。在此基础上发展而来的旅游村落,相比其他景区,村民间的竞争意识虽然存在,但受之原本行为习惯的影响,相互间的关系仍较为融洽,能做到公平竞争甚至是合作。

(二) 传统文化的变迁

传统不是人们有意识自觉选择的结果,而是生产方式和生活方式积淀的产物。当现代旅游进入传统社区,传统的生计生活方式、传统文化皆因之而产生了附加值,不可避免地被烙上"商品"的痕迹,无论是村民还是游客,都容易产生某种混乱。同时,面对外来者的需求,再做出了某种调整与适应。

1. 传统道德礼仪的冲突

诺邓人对于家教要求极其严格,绝大多数家庭对孩子从小就进行文明礼貌的教育和训练,本村人都很注重传统的道德礼仪学习与内化。例如不讲粗话,特别是对着长辈;和别人交谈要学会按身份辈分称谓,不能没名没姓,即使是对陌生人也应根据其年龄性别,有个得体的称呼;客人来家中要招呼让座,敬烟敬酒等一些与中华民族传统美德大同小异的礼仪习惯。特别是对于这样一个较为封闭的熟人社会,在各种舆论监督之下,道德礼仪就显得尤为重要。但对于高度发展的现代社会，生活在城市的人们高效率的生活往往容易导致人情的冷淡，小区内居住十几年仍然不认识自己上下左右邻居的不足为奇。当旅游这个与外界互动性极大的产业开始发展，不同的生活方式发生接触，不论是对本地人而言还是对外地人而言，都容易带来某种程度的错乱，不知应做怎样的回应。

以村中某一客栈老板讲述的亲身经历为例：客栈老板是本村人，高中毕业后，在外面餐馆打过几年工，学会了做饭的手艺后回村子经营客栈，家中还有父母、爷爷奶奶。按照村中传统的礼仪要求，对待客人需热情。因此每当有客人路过，爷爷奶奶会出于礼貌性的要求客人进屋坐坐，但又由于家中是经营客栈，不免会让客人有这是在拉客的行为，因此选择拒绝。

"现在这边就还是比较传统，比较善良的那种。我们这一辈跟爷爷奶奶这一辈就完全不一样。爷爷奶奶那一辈的习惯就是见到人就会让坐一下，休息一下，要不要喝点水那种，他们那一辈人就是习惯那种对待每一个人都像对待客人一样，很客气。但是可能到了我们这一辈，比如说过路人我都很少会主动打招呼，因为现在外面的人就可能会有一种防备心理，大城市的话，人情关系就比较冷漠了嘛，就会想他是不是有什么打算，或者是让我住店呀，买东西呀。其实爷爷奶奶只是觉得你从外面来很累，就到家里来坐一下休息一下，老一辈的思想就是很淳朴。"①

对于不同文化，或者是不同生活方式的接触，不仅是游客做出自己的选择，当地村民们也在根据外来者的反应做出适当的调整，甚至会形成两套行为体系：对外人和对本村人。但这两套行为体系最终是否会融为一体，却也是需时间的检验。

当外地游客进入村中，部分游客对自身角色的定位往往容易脱离诺邓村这个固定存在的实体，忘却其自身他者，是"侵入"者，完全以自身行为习惯、思维方式生硬进入村落。村民和游客之间似乎在其思想中只是形成了一种"提供消费者—消费者"的关系，脱离了村落原本的文化氛围，他们选择当地最地道的美食、居住最古老的民宿、游览文化遗迹，却背离其最根本的文化习俗，还美其名曰自己为文化体验者。

"因为这些毕竟是私人住宅，你要进来的时候最起码打个招呼问问有人

---

① 2018 年 10 月 15 日，对诺邓村中 GJ 客栈老板访谈的录音整理。

吗？你从外面进来，又到楼上转来转去，招呼都不打，那我可能就要骂人了。这是最起码的，你可以喊我大姐呀、小妹呀，有一个称呼是吧。特别那些有的游客，有一次我那个叔在地里干活嘛，我在那里晒被子，有个游客过来就问：'大青树在哪呀？怎么走呀？'我叔不理他，他就喊了三遍，结果我叔还是不理他，我叔就说，搞得像个审判官一样的，问谁呢你这是？然后那个人可能有点不好意思就走了。就是一点礼貌都没有，也没有个称呼，理所应当的叫你。这边的人就是你对他好，他就很真诚的待你。"①

对于部分不礼貌的行为，村民们更多的是采取了不理睬的方式。作为游客，也希望能够用心去体会每一个鲜活的角色，做到最基本的尊重。

2. 部分生活习惯的调整

为了适应旅游业的发展，好客的村民们也为此做出了自己的改变以适应游客们的需求。

首先，传统建筑结构的打破。诺邓村中的房屋皆是沿着几条干道，傍山而建，层层叠叠，各家庭院之间紧密相接、台梯相连。村中建筑的形式基本上都是"四合一天井""四合五天井""三方一照壁""一正一耳""一颗印"等典型白族民居。正房三开，中间隔明间作为厅堂，厅堂后部约1/4面积，用双门隔扇屏风，装修成一小间卧室，俗称"屏障房"或"中卧房"；正厅左右暗间称"大卧房"。正房上面是二楼，不用中柱，不分隔装修，三间连通称作"大楼"；后墙上留有三个窗洞，中间窗口设佛堂，左右为灶君堂和祖宗堂。天井两边就是耳房，也称厢房。厢房楼称为"小楼"，多作书房，厢房下层用一至二间作厨房，通常称为"灶房"②。传统民居的格局大致如此，后期为方便游客发现，部分民居改变了其原有格局，将正房二楼连接山路的一方打通，装上门框。除此之外，传统白族民居的厕所多建造在房屋外面，但鉴于游客多希望在景区中寻找属于自己熟悉的生活空间，在保障自己舒适的前提下去体验别人的生活，因此，后期为了适应旅客们的需求，部分民居将房间进行改造，装修成标间的形式。这些都是旅游业发展给村落带来的改变。在关于旅游与村中的传统建筑关系的思考上，一方面，传统建筑是诺邓的旅游特色景观，在政府的倡

① 2018年10月15日，对诺邓村中GJ客栈老板访谈的录音整理。
② 李文笔、黄金鼎编著：《千年白族村——诺邓》，云南民族出版社2004年版，第4—13页。

导下传统民居的改造速度得以缓和，特别是诺邓古村片区的建筑总体看上去仍保持了传统民居的建筑模样；另一方面，因为游客的需求，又导致了其房屋内部构造的改变，所以二者关系的思考应加入对政府力量介入的思考。诺邓旅游业的发展需要政府的统筹规划，单单依靠村民们的自我发展，可能会导致恶性循环。

其次，饮食习惯的改变。据了解，诺邓村民在没有开始发展旅游业之前，因其需下地干农活，中午多数没有时间回来吃饭，一天只吃两顿饭，早午饭和晚饭。后期因游客的到来，改成早、中、晚三餐。除此之外，因大量外国旅游团的到来，分餐制、刀、叉、咖啡等饮食习惯、餐具和食物也出现在饭桌之上。

最后，道德规范的调整。村民们对于本村人与外来者明显有着两套完全不同的行为准则与道德规范。传统一套的道德对于本村人而言，仍然适用，如见到长辈要问好；长辈面前禁止说脏话等一整套道德伦理规范。但对于外来游客则没有过多的反应。除此之外，村中现在有部分老人利用外来游客泛滥的同情心，以及在语言环境和本村对外行为规范所带来的隐秘的生活后台，宣称自己无儿无女，吃低保等较为窘困的境况谋取某些物质上的好处。而当外来游客进入如此偏僻朴素的村庄后，不可避免地容易将自己视为救世主，在不充分了解情况之时作出某些"施舍"，这些东西或许并非本地人所需要的。

（三）关于旅游发展的反思

诺邓村于 21 世纪初开始发展旅游业到现在，村民们的生活得到了较大的改善。传统是以现实为基础的，是被不断重构的，而旅游业的发展作为一种社会现实存在于诺邓村，因其所带来的外来文化，致使诺邓村的文化经历了变迁、适应乃至重构等多个过程。传统作为一种组织化的记忆媒体，它的整合不是来自久远的存在这一简单的事实，而是源于不断地阐释。因此，在旅游影响下传统得到不断的阐释与发展，村民们大量参与到此活动中来，并为此做出了自己的适应。一方面表现为对旅游业的高度参与，生计方式的改变；另一方面也存在着不同生活习惯、道德规范的冲击，村民们对外来文化的不满或者抗拒，以及以语言为媒介保护生活后台的应对方式。对此我们在抓住旅游业发展所带来机遇的同时，也要积极应对不同文化接触带来的冲击，充分发挥其进行文化沟通、精神交流的桥梁作用。

楚雄彝族刺绣图案中的伦理意蕴

李思蒙[①]

楚雄州广大彝族妇女牢牢把握了新时期的历史性新机遇，充分发挥创造、创新能力，把边疆少数民族地区的社会经济推向了一个崭新的发展阶段，为实现社会主义现代化增添了强劲动力。同时凭着她们的勤劳和智慧，使具有千年历史的彝族刺绣熠熠生辉，重放异彩，让富有时代特色和民族风格的彝绣产品不仅走向了全国，也走向了世界。

一　楚雄彝族刺绣的渊源和文化内涵

楚雄州地处滇中高原，山河壮丽，物产丰富，自古以来生活在这片热土上的彝族人民，用他们勤劳的双手开天辟地，用他们的聪明才智，创造了古老的语言文字、创世纪史诗、天文历法、毕摩文化、彝医彝药以及绚丽多姿的服饰和欢天喜地的歌舞文化及节庆日文化、饮食文化等，充分显示彝族文化的原生态和多样性的独特魅力。其中彝族刺绣经过千锤百炼，已成为彝族文化中的瑰宝。当前，各族人民在习近平新时代中国特色社会主义思想的指引下，正朝着民族团结、共同发展的康庄大道不断前行，彝绣作为彝族文化中的重要组成部分，也得到了传承、保护和弘扬。

（一）楚雄彝族历史

彝族是一个伟大的民族，彝族人民创造的历史文化，是中华民族文化宝库中的重要组成部分。长期以来，楚雄州彝族人民用勤劳和智慧与各族人民一道，为中华民族的繁荣和进步做出卓越贡献。"楚雄州历史悠久，亚洲始祖元谋人 170 万年就生活在这片古老的土地上"[②]。透过人类考古学家的科学考证和流传于滇中广大地区的创世史诗《梅葛》的记述，这

---

① 李思蒙，云南财经大学讲师，云南民族大学社会学院博士研究生。
② 钟仕民：《楚雄州馆藏精品文物目录》，云南民族出版社 2007 年版。

一时期，楚雄州境内就生活着彝、汉、傣、傈僳、苗、白等民族。彝族人民在经历母系社会、父系氏族社会的发展过程中，形成了早期独特的民族文化。千百年来，彝族与各兄弟民族大分散、小聚居、相互依存、和睦相处，共同发展，不仅血脉相通，文化相融，而且经济互补、生活互助，充分体现中华民族"多元一体"的深刻内涵。彝族作为世居本土的民族，在州内人口最多，分布最广、遍布全州广大山区、半山区。中华人民共和国成立后，楚雄州发生了翻天覆地的变化，特别是改革开放以来，楚雄州的经济社会发生了巨变。

（二）楚雄彝族刺绣溯源

楚雄彝族刺绣源远流长，所谓刺绣，又名"针绣"，俗称"绣花"。以绣针引彩线（丝、绒、线），按设计的花样，在纺织品（丝绸、布帛）上飞针走线，构成纹样或文字，为我国独有的民族传统工艺之一。因刺绣多为妇女所作，故被称为"女红"。据《尚书》记载，早在4000多年就有了在服饰上的刺绣，到了汉朝，刺绣水平已经达到一定的水平，而到唐、宋时期，服饰绣品不仅施针匀细、设色丰富，除去服装刺绣外，已经开始在绸缎或布料上绣刺绘画、书法作品，同时还在装饰物件绣刺花、鸟、鱼、虫等。明、清期间，民间刺绣得到飞快发展，先后产生了苏绣、粤绣、湘绣、蜀绣，被誉为"四大名绣"。除此之外，顾绣、京绣、鲁绣、汴绣、汉绣和苗绣等都相继形成了各自特有的风格，沿至如今，经历不衰。至于彝绣，民间的说法也有一千多年的历史，但是在彝族留存的文献中并没有准确的记录，然而可从有关史料和典故中寻找到彝族刺绣历史的踪迹。① "公元223年，诸葛亮南征，画龙生夷图谱和成都瑞锦赐夷，并吸收叟帅孟获、孟琰爨习参加蜀国政权。这些叟帅的夫人在蜀学会汉族的刺绣工艺，回乡传授给昆叟女子。""公元8世纪初，南诏王嵯巅攻占成都，掠回汉族刺绣女和蜀锦原料而使得南昭刺绣工艺得极大发展。"除此之外，在《南诏的由来》《大理的由来》等文章中对彝族刺绣也有过介绍和解读。在楚雄彝族地区流传着这样一句俗语：彝族人"会走路就会跳舞，会拿针就会绣花"。这句俗语流传久远，可见彝族刺绣在"四大名绣"产生后已被彝族妇女广泛应用。彝族妇女心灵手巧，勤劳智慧，她

---

① 楚雄州文产办：《彝族刺绣技法集萃》，云南民族出版社2016年版。

们在农闲之余，绩麻纺线，织布挑花，使得手工艺世代相传流传至今。

（三）楚雄彝族刺绣的文化内涵

彝族文化之所以如此丰富，就其根本，是与彝族人民的生存环境息息相关。人类为了生存，除了要了解人与自然的关系，还要建立一套维持社会秩序的行为规范以调和人民内部的关系。楚雄彝族在经历了母系社会、父系氏族社会以及土司制度后，虽历尽艰辛，但在历史的长河中激流勇进，生生不息。他们崇拜天地、崇拜植物、崇拜动物，与自然和谐相处，与生活在这片土地上的其他民族团结友爱，共谋生存，共同发展。而在生产、生活中产生的彝绣，不仅记录和还原了人们的生产、生活方式，还描绘崇山峻岭、河流湖泊、花鸟鱼虫、飞禽走兽，让这些精美的图案，装点在人们的服饰和饰物上。透过各种款式的服饰和各种各样的饰品，不仅直观地反映出彝族地区不同时代的经济发展状况和刺绣的工艺水平，而且也浓缩沉淀着彝族历史的、社会的、习俗的以及宗教的诸多文化意蕴，体现出彝族人民的审美情趣、审美习惯、审美追求和审美价值观，凸显了浓郁的地域特色和时代精神。

二　楚雄彝族刺绣的艺术特色

"彝绣，作为一种艺术，它承载着彝族文化的沿袭，彰显着彝家人对生活的热爱和对大自然的感悟，是彝族文化丰富性、多样性的表现形式之一，是中华民族民间工艺的重要组成部分。"[①] 如果说早期的彝绣凸显的古朴粗犷，那是因为彝族妇女在生产、生活的实践过程中，直观地感受到山的巍峨、树的挺拔、花的艳丽、水的清澈、草的茂盛、鸟的灵动等，于是她们本能地"依葫芦画瓢"，将山水、树木、花草、飞鸟、走兽的形状置放在布料上绣出来。这种直观象形的描摹，使得最初的图案艺术，不仅跃动着彝族人民原始的生命意识，而且形成了早期的生态意识。随着社会不断发展，中原文化连同苏绣、蜀绣、湘绣、粤绣以及年画、国画的传入，彝族妇女在刺绣过程中，在传承好彝族刺绣技法的同时，开始吸取"四大名绣"的长处，同时注重学习年画、国画

---

① 楚雄州政协、妇联、刺绣协会：《彝绣》，云南人民出版社 2017 年版。

的表现手法。将年画中的人物形象，国画中的山水、花鸟技法引入彝绣中。通过绘图、白描、剪纸等方法，使得绣品所要表现的主题更加鲜明，所涉及的人物、事物更加鲜活。绣女们通过一代又一代的传承，彝绣不断求精求新，使得彝绣独树一帜，极富艺术特色。透过一件件极富艺术特色的彝绣作品，无论是配色、构图，还是刺绣技法，都具有鲜明的时代精神、民族特色和地域特色。

（一） 丰富多彩的彝绣图案

在漫长的历史进程中，楚雄彝族妇女撑起了彝绣的星空，使服饰文化和刺绣工艺齐头并进，在楚雄广袤的土地上，彝族十三个支系有四十多种各种不同的服装款式，有上千种刺绣图案。在绚丽多彩的彝族服装和彝绣图案中，不仅记载着彝族丰厚的历史文化、民风民俗、宗教信仰，也记载着彝族妇女的聪明才智。故彝族服装被誉为"穿在身上的百科全书"，彝族刺绣被誉为"指尖上的艺术"。

纵览彝绣图案，可谓丰富多彩。图案内容广泛，天空中流动的白云，光芒万丈的太阳、皎洁柔美的月亮、晶莹闪烁的星星、五彩缤纷的彩虹连同风、霜、雨、雪等自然现象都成为绣女们描摹的对象。大地中的山川河流、植物中的花草树木，动物中的飞禽走兽，人物中的男女老少以及众多的几何形状，都跃动在绣女们指尖上，凡是人世间的万事万物，都进入了她们艺术再现的空间。经过比较、选择、提炼，使之图案内容与绣品形式统一、匹配，以达到美的效果。据资料显示，楚雄彝绣图案多达千种。可谓琳琅满目，色彩纷呈。

（二） 饰物中的图案运用

彝族刺绣是彝族文化传承的主要载体之一，一代又一代的彝族妇女用铮亮的绣针和缕缕彩线记录了彝族的历史和社会的发展，彝族人民的传统文化、宗教信仰、生产、生活方式都在绣品中得到了充分展示。在彝族妇女寻美的路上，她们凭着心灵手巧，将千番情、万种意投放在一件件饰物上，使之精美的图案与服饰、鞋帽、枕套、被套、背带、腰带、飘带、挎包等生活用品搭配有致、协调统一，其中色彩和绣线的搭配也显得格外重要，从而充分地体现出绣品的精致程度。

如毕摩服饰的肃穆庄重，婚礼服饰的吉祥喜气，歌舞服饰的艳丽多姿，男子服饰的粗犷豪放，女子服饰的柔美飘逸，儿童服饰的活泼流畅，老年服饰的简洁明快，都在彝绣图案中得到了。彝族妇女在长期的刺绣实践过程中，摸索和总结出一套既系统又全面的精湛技艺，使之成为彝绣艺术中的精神坐标，为彝绣的传承、保护、发展，提供了强有力的技术保障。

（三）　彝族刺绣所体现的工匠精神

楚雄彝绣技法是彝族妇女世代相传的手工绝技，绣女们在飞针走线中绘就了先辈的业绩，记录着历史长河中奔腾的浪花，诉说着彝族人民创造的民族文化，弘扬着彝族人民在文明进程中的精神风采。她们以一幅幅精美的绣品扮亮彝家人的衣着穿戴、日常生活，展现着她们的勤劳智慧。绣女们通过一件件具体的图案，采用多种技法，使之更加精细、唯美。力求针脚平整细致，或井井有条，或变幻多端，或空灵立体，均达到了回味无穷的境界。特别是内容较多的组合图案，需采用多种技法、方能收到设计要求必需的艺术效果，从而显现出应有的特点。

彝族技法一般是在成品饰物上施展，严格按照设计要求穿针引线，通过巧妙地运针，缜密地穿线，使得图案表面色泽分明，线条布局均匀，绣面光滑平整。楚雄彝族刺绣图案中应用较为广泛的技法主要有包针绣、游针绣、套针绣、回针绣、打籽绣、扣针绣、压针绣、堆绣、辫绣、挑花、压线绣、盘绣等。彝族绣女在传承这些技法的基础上，不断创新，使得技法更趋成熟。随着高科技时代的来临，广大绣女在传统的技法上推陈出新，借助电脑、计算机等高科技手段，使其各种技法锦上添花，一大批接受了中等职业教育、高等教育的返乡青年，加入绣女的群体中，特别是一批接受服饰艺术、工艺美术教育毕业生的加入，为彝绣行业增添了活力。随着新时代高质量的行业要求，一大批彝族绣女在从业的路上，在弘扬传统彝绣的基础上精益求精，以大国工匠精神施展才华，注重"传、帮、带"，使得千年彝绣后继有人，大放异彩。

三　楚雄彝族刺绣图案中蕴含的伦理观

具有千年历史的楚雄彝族刺绣，蕴含着彝族人民对万物的崇拜。万物中的生命价值，长期维系着楚雄彝族人民存在样态的价值判断，是历史的，更是具体的"敬畏生命，表达了传统社会中人们视生命神圣不可侵犯、生命高于一切的一种伦理观念"①。

（一）　新时代背景下的彝族刺绣

当历史的车轮驶入改革开放的时代，楚雄彝族妇女乘势而上，使千年彝绣重放光彩。特别是党的十九大以来，在习近平新时代中国特色社会主义思想的指引下，楚雄彝族妇女迎来了彝绣的春天。广大彝族妇女将彝绣产业推向更加广阔的空间，广大彝族绣女牢牢抓住千年难逢的机遇，在彝绣产业做大做强的基础上，向着高质量发展转变，使彝绣产品走向南亚、东南亚乃至世界各地。

（二）　彝族刺绣的伦理观

自从盘古开天地、三皇五帝到如今，楚雄彝族人民崇尚自然，那是万物有灵，崇尚飞鸟、走兽，那是敬畏生命。于是喜鹊的啼声，昭示着吉祥，老虎的灵动，象征着威严，马樱花的绽放，洋溢着彝家人的喜悦，河流的奔腾，寄托彝家人的欢乐和梦想。于是人世间的万物化为彝家人崇拜的图腾。虎的威严，成为彝家人最古老的图腾崇拜。故有人将彝族比喻为虎的民族。虎虎生威，言说着彝族人民的勤劳、朴实、勇敢、不畏一切艰难险阻的豪迈性格。彝绣中的"四方八虎图""喜鹊闹门""花开四季"等绣品，不仅蕴含着生态伦理，也张扬着生命伦理。敬畏生命，作为一项基本的伦理原则，在彝绣中得到了充分展示。楚雄彝族妇女正是从敬畏生命的伦理原则中，感受到了大自然给予人类的恩典，使她们在寻求美好生活的道路越走越远。于是作为对于大自然恩典的回报，她们将大自然中的万事万物绣成精美的图案，装点人生，扮亮生活。

（三）　彝族刺绣的伦理价值

在中华文明的发展和演进中，楚雄州彝族人民创造了璀璨的民族文化，极大地丰富了中华民族的文化宝库，不仅为后人留下了宝贵的文化遗产，而且为当今社会开创新文化提供了历史的依据和现实的基础。其中彝绣中的生态伦理，经济伦理以及族际交往伦理中所蕴含的哲学思想极其丰

---

① 陆树程、朱晨静:《北京社会科学》2008 年第 2 期。

富，以伦理价值的历史内涵为思维框架，重新审视彝绣中所记载和追求的彝族人民的价值观念，透过丰富多彩的彝绣图案，从中可以感受到彝族人民敬畏自然，敬畏生命的理性精神，对尊重生命和推动人类健康发展具有不可替代的作用。

勐宋村僾尼人传统出生仪式中的伦理观念

顾一平①

从广义上来说，所有由传统习俗发展而来、被人们所普遍接受并按某种既定程序所进行的活动与行为都能够被称为仪式。因此，仪式也被看作一个民族社会中社会秩序的表征性符号，而仪式在社会生活中的功能，就是使生活各方面得以合法地、秩序化地展开。② 于是，仪式不仅外在地体现了一定的社会秩序与社会关系，也集中地表征了一定时代人们的意识观念和思想情感，③ 诸如生死观、时空观、伦理道德观等，都能汇集于仪式之中。④

可见，仪式是一个民族伦理道德观的行为表征，本文就对在实地访谈中获得的西双版纳勐宋村僾尼人传统出生仪式的资料进行分析，期以析出其中优秀的传统伦理道德观念。以此来鼓励新时代勐宋村僾尼人能够接受外来文化的同时，也能传承其传统文化中的优良观念。

一　勐宋村僾尼人的出生礼仪

出生仪式，是人生过渡仪式中的重要组成部分之一。⑤ 过渡仪式指的是人生中的重大事件，如出生、成年、结婚和死亡，它们标志着一个人从社会生活的一个阶段向另一个阶段的转变。⑥ 出生仪式的特别之处，还在

---

① 顾一平，云南民族大学社会学院硕士研究生。

② 吴晓群：《古代希腊仪式文化研究》，上海社会科学院出版社 2000 年版，第 8 页。

③ 吴晓群：《古代希腊仪式文化研究》，上海社会科学院出版社 2000 年版，第 8 页。

④ 吴晓群：《古代希腊仪式文化研究》，上海社会科学院出版社 2000 年版，第 6 页。

⑤ 王昊英、郑宇：《仪式的互惠交换与社会基础——以老刘寨苗族出生礼为例》，《湖北民族学院学报》（哲学社会科学版）2012 年第 3 期。

⑥ 彭文斌、郭建勋：《人类学视野下的仪式分类》，《民族学刊》2011 年第 1 期。

于它是一个人出生后由自然状态向社会认同过渡的必需过程。① 大概也是与其特殊之处有关，出生仪式中内涵的伦理道德观念相对简单，但也是一个孩子来到世上应该最先接受、最为重要的伦理道德观。

勐宋村，是西双版纳傣族自治州景洪市勐龙镇下的一个行政村，也是一个与缅甸接壤的中国边境小村。勐宋村下辖 11 个村民小组。在这些村民小组中，有 10 个是哈尼族村民小组，1 个拉祜族村民小组。而在 10 个哈尼族村民小组中，僾尼人村民小组为 8 个，阿克人村民小组为 2 个。僾尼人和阿克人都是哈尼族的支系。本文就是将勐宋村占比人数最多的僾尼人的传统出生仪式，作为分析对象。

勐宋村僾尼人的传统出生仪式，主要可分为绑线仪式、洗尘仪式、取名仪式、戴帽仪式、宴请客人、做客外婆家六个具体的仪式环节。本文在对其分析中发现，勐宋村僾尼人的传统出生仪式与其宗教信仰密切相关，不过，宗教信仰也被认为是社会文化体系，② 因此，本文将要析出的勐宋村僾尼人的传统伦理道德观念，是其社会文化和生活不可缺少的部分。

二　勐宋村僾尼人传统出生仪式中的伦理规范

伦理，是指一定客观关系中所具有的某种必然性的应有秩序和条理，而由客观的条理凝结出的原则和规范为人们践行并内化为品德和情操就是道德。③ 可见，伦理和道德虽有一定区别，但二者是一脉相承的，道德就是伦理的实践。由此，伦理道德观也可看作指导一个人伦理道德实践的品德和情操。出生仪式作为一种特殊的道德规范形式，其中必定蕴含着一个民族或社会的伦理道德观。

（一）绑线仪式中的伦理要求

勐宋村僾尼人出生仪式中的第一个仪式，是绑线仪式。孩子呱呱坠地，脐带剪断后，要拿黑色的、软乎乎的布裹好。孩子被裹好后，就开始

---

① 王昊英、郑宇：《仪式的互惠交换与社会基础——以老刘寨苗族出生礼为例》，《湖北民族学院学报》（哲学社会科学版）2012 年第 3 期。

② 吕大吉：《宗教学纲要》，高等教育出版社 2003 年版，第 37 页。

③ 王淑芹：《伦理秩序与道德研究》，中央编译出版社 2015 年版，第 1 页。

煮鸡蛋。鸡蛋只要是完好无缺的一个就可以，带着壳在火塘里煮。鸡蛋煮熟后，鸡蛋上绕上黑色的细线。然后，把缠有黑线的鸡蛋递给母亲，母亲则用鸡蛋将黑线以环绕的方式绑到孩子的手上，男孩子绑在右手，女孩子则绑在左手。给孩子进行的绑线仪式，寓意母亲和孩子是心连心的，孩子如果在家外面受到了惊吓或者遇到了困难，母亲都能感应到，所以黑线代表的就是母亲对孩子的牵挂。

给孩子绑完线后，母亲和孩子还要把鸡蛋吃完。既然是仪式，吃鸡蛋自然也是有一定规矩的。把鸡蛋剥开后，需要母亲用一个手指蘸一点蛋黄给孩子舔一下，然后母亲再吃完一整个鸡蛋，把鸡蛋和蛋黄一点不少地吃下去。完好无缺的鸡蛋，其实象征孩子像一个鸡蛋一样完好无缺地生下来，母亲吃掉那个象征孩子的鸡蛋，表明了母亲就是这个孩子的保护者，也象征着母亲像母鸡一样把孩子孵化并生了下来。所以，在勐宋村僾尼人的眼中，鸡蛋是神圣的，再穷的人家，孩子出生的时候都要准备一个鸡蛋。

贯穿绑线仪式的主要目的，是让人们记住两种情感：一是告诉母亲和孩子，你们从今天开始都会是彼此的牵挂；二是告诉母亲从今天开始便要永远守护你的孩子，让孩子能够健康成长。于是，这一仪式饱含着勐宋村僾尼人注重情义、爱护生命的伦理道德观。另外，男女有别这一伦理观在孩子一出生就得以建立，这不仅是对孩子生物性别的一个简单认知，而且从社会文化上给予了孩子一个社会性别的认同。

（二）洗尘仪式中的伦理规范

绑线仪式过后，就要开始进行洗尘仪式。洗尘仪式开始时要杀一只公鸡。这只公鸡，鸡冠要坚挺整齐，腿上无毛，全身羽毛鲜亮，这样的公鸡就被称为吉祥鸡。杀吉祥鸡的时候，不能用刀杀，因为用刀杀后鸡就不完整了，不完整就代表着不吉利。所以杀鸡有一种特别的方法：先在鸡的后脑勺敲三下，再拧一下鸡的两个翅膀。公鸡完整地杀死后，要将从圣水河中打来的竹筒水分别在鸡的翅膀和大腿上淋三遍，象征着为孩子洗尘。这样也就能解释公鸡为什么要完整地杀死才能算是吉祥的，因为这只鸡要代替孩子洗尘。

公鸡代替孩子洗完尘后，就要开始准备洗尘食物。那只吉祥鸡先要放在开水里拔毛，拔完毛就可以煮这只鸡了。煮鸡的时候也非常讲究，一定要放入三块完好无缺的生姜，勐宋村僾尼人相信生姜是可以辟邪的。传统上，勐宋村僾尼人是没有瓷碗的，而是用竹筒盛装食物。洗尘食物一共有四样：第一样是鸡肉，鸡煮好后，用竹筒盛一只鸡腿、一些鸡肝等象征一只完整的鸡；第二样是一竹筒的稀饭；第三样是一竹筒的酒，那会儿的酒非常珍贵，勐宋村僾尼人将酒看得很神圣，即使家里很穷，没有酒，也要去别人家借，哪怕是借一滴；第四样是一竹筒的茶。食物盛放在竹筒后，勐宋村僾尼人就将这些食物放在自家编织好的专用桌上，然后将整个桌子放在孩子的母亲面前，与给孩子喂鸡蛋一样，母亲会用手指蘸一点每一种食物给孩子吃。

洗尘仪式中便有与他们的宗教信仰是紧密相关之处。勐宋村僾尼人将老天爷称为"阿培米耶"，他们的阿培米耶认为，人是比阿培米耶还要强大的，因为粮食、火和水能给人以智慧和力量。所以在洗尘仪式中，代表粮食、火和水的东西是不可或缺的。圣水河中取来的竹筒水，洗尘食物等都是带有象征意味的事物。圣水河中用来洗尘的水自不用说，而洗尘食物中的稀饭代表粮食，茶代表水，很多在火塘上煮熟的食物就代表了火。所以洗尘食物都能给刚出生的孩子以智慧和力量。酒则是给孩子壮胆的，希望他在世上能够勇敢地生活。还有那只替孩子洗尘的吉祥鸡被母亲吃掉后，就如母亲吃掉鸡蛋一样，表示母亲会永远保护自己的孩子。

洗尘仪式的目的，主要是表达对孩子来到人间的欢迎和祝福，也是僾尼人对脆弱生命表达爱护之情的一种重要方式。给孩子喂食代表智慧、力量和勇气的酒食，表现出的便是勐宋村僾尼人重视孩子人格塑造的传统美德，也表现出勐宋村僾尼人传统上勤劳勇敢的奋进精神。

（三）取名仪式中的伦理规定

洗尘仪式过后，便要进行取名仪式。据勐宋村僾尼人的讲述，取名仪式也是非常神圣的。当然，这一取名仪式为的是取得一个"真名"。所谓的真名，就是取自父子联名，即从祖宗那里传承下来的名字。真名不仅每家人有每家人的传统，而且同一家中的男孩和女孩也不一样，有着自身的一套复杂规则，外人一般是无法知晓其中奥妙的。而且，真名是勐宋村僾尼人一辈子都不会用的名字，只有在涉及生死的时候才会用，用起来也极其讲究。由于取名仪式的复杂性和神秘性，讲述人也没有多作描述，所以本文对于这一仪式也没有过多记录。

虽然取名仪式的资料很少，但是在简单地了解后，也能知道取名仪式其实是追溯孩子来源的仪式，赋予孩子血脉传承的重任。这便能体现出勐宋村傈尼人群体内聚、注重传统伦理的精神意识。

三　戴帽请客做客仪式中的伦理原则

（一）戴帽仪式中的伦理要求

取名仪式过后，就要给孩子进行戴帽仪式。帽子是一顶黑色小帽，这顶黑色小帽是当场准备针线缝合的。黑色小帽表面看起来平凡无奇，因其全是黑色的，甚至还有一些其貌不扬，但是其实帽子里面深藏着家人的心意。在其顶部下面，家人一般会缝入一个小药包，小药包里面会缝入草药，用来给孩子壮胆、辟邪。有条件的人家还会在小药包中缝入金银等贵重物品，用来祝福孩子。因此，这一带着吉祥、祝福和实际效用的黑色小帽，也就被称为吉祥帽。吉祥帽缝好后，在全家人的祝福之下给孩子戴上即可。

戴帽仪式也是一个主要给予孩子祝福的过程，也从实际上起到了保护孩子的效用。该仪式告诉世人，一个简简单单的帽子，只要放一个小药包就能帮助孩子健康成长。所以，这一仪式不仅表现出对孩子的关爱，还很直接地表达出勐宋村傈尼人勤俭淳朴的传统美德。

（二）宴请客人中的伦理规定

上面的仪式基本都是在一天之内完成的，而且只在自家人之间进行。从第二天开始，则将出生仪式延伸到了家族和村寨之中。

孩子出生后的第一天杀的吉祥鸡是只能自家人吃的，第二天杀的鸡就可以请亲戚，甚至家人以外的人来吃，分享添丁的喜悦。在请来的人中，特别是要请长辈和村中德高望重的人，这也是给孩子的一种关怀与祝福。受邀的人也乐意前来，因为第二天杀的鸡也是吉祥鸡，能够分享到吉祥喜庆是值得前往的。客人来到主人家中一般会带上一些鸡蛋和茶叶。主人在送客时，则会送一个黑线芭蕉叶包。这个黑线芭蕉叶包，是用芭蕉叶包裹茶叶和鸡蛋，再缠以黑线制成的——首先去芭蕉树上摘一至两片芭蕉叶，再将芭蕉叶放在火塘上烤软，其次在烤软的芭蕉叶上放上一定量的可以直接泡喝的茶叶，再次在茶叶中间窝一个窝，在里面放上一个完好无缺的生鸡蛋，最后用黑色的线将芭蕉叶捆好。做成黑线芭蕉叶包的各种材料都是有象征意义的，黑线还是代表着母亲对孩子的牵挂，将其送给客人，也就是将这一份牵挂诉之于众，让大家以后都能多关照自家的孩子。烤软的芭蕉叶代表火、茶叶代表水、鸡蛋代表粮食，这就与上述洗尘时的食物一样，也代表着给人以智慧和力量的象征物。将黑色芭蕉叶包送给客人，也是将智慧和力量的祝福送给客人。

随着外人加入出生仪式，仪式中蕴含的伦理道德观便也得到了丰富。等孩子懂事的时候，家人就会告诉孩子，在你出生的时候有很多人来看过你。所以这一仪式便是为日后家族团结、邻里和睦做了一个铺垫。客人分享吉祥喜悦、收下主人带有祝福的礼物后，也会给孩子以一个社会身份的认可，日后会多多照顾这个孩子。这也表现出他们互助团结、乐善好施、热情好客的道德风尚。礼轻情意重，则表现出他们勤俭节约、重视情义的传统美德。

（三）做客外婆家中的伦理束缚

孩子出生后七天之内，家人都不能去外面做客，也不能出门打猎，当然这也是勐宋村傈尼人打猎传统还保留着的一个规矩。第七天的时候，家人就要抱着孩子去阿婆家（即外婆家）做客，外婆就送上祝福孩子和母亲的礼物。对于母亲，按照汉族人的话来说，母亲坐月子也就是坐七天。第七天过去后，出生仪式就算结束了。

抱着孩子去外婆家这一行为，与其说是出生仪式的一部分，倒不如说是结束出生仪式的一个标志。随着出生仪式的结束，正式寓意孩子来到人间，也预示着其他人生仪式会陆续举行。带着整个社会的祝福与期望，孩子还会学到越来越多的伦理道德观，作为社会生活的前提，作为对传统文化的承载体，孩子会在这些伦理道德观的影响下一直生活下去。

可见，勐宋村傈尼人出生仪式不仅是世人对孩子到来的欢迎和祝福，从孩子的角度看，也是他来到人世学到的第一课。对于连自我意识都没有的孩子来说，他也是还意识不到什么，但是对于这个孩子的未来、对于本民族社会来说，出生仪式是不可缺少的。这个仪式不仅表达了勐宋村傈尼人爱护幼小、家庭和睦、勤劳勇敢、淳朴善良、勤俭节约、邻里和睦、互助团结、男女有别等伦理道德观，而且传承着这些伦理道德观，使得本民族社会能够保持自己独特的文化。出生仪式及其传统伦理道德观，与新时代的社会主义公民道德并不冲突，甚至是一脉相承的。因此，勐宋村偬尼人的传统出生仪式是有新时代传承价值的，其蕴含的伦理道德观，也能为新时代的勐宋村偬尼人树立正确的社会主义公民道德观，提供良好的培育土壤。

　　总之，仪式体现着一定的社会秩序与社会关系，内含着一个社会群体的意识观念和思想情感。于是，仪式就成了一个民族的伦理道德观念的承载体。通过对西双版纳勐宋村偬尼人传统出生仪式的分析，析出该民族诸多的优秀传统伦理道德观念。这些伦理道德观念与新时代社会主义公民道德观相辅相成。因此，传统出生仪式和蕴含其中的伦理道德观，是新时代勐宋村偬尼人值得传承的优秀传统文化。

精准扶贫视域下永善县
新坪村的伦理道德建设

一个村寨的伦理道德建设直接反映着村民们的精神面貌。加快推进乡村伦理道德建设，对促进实现乡村精准脱贫，实现全面建成小康社会、建设新时代中国特色社会主义有重要的现实意义，也是实施乡村振兴建设的重要内容之一。

一 永善县新坪村基本情况

新坪村，地处云南省昭通市永善县黄华镇西南方向，北与黄华镇任坝村相连，东面与南面同黄华镇三合村相连，西与四川省金阳县向阳乡和雷波县元宝乡隔金沙江相望。国土面积约 20000 亩，该村辖顺田、青杠林、明中、竹元共 4 个自然村 19 个社，人口 3000 余人。距镇政府驻地 45 公里，距县城 100 公里，距昭通市政府驻地 140 公里，距省会昆明约 500 公里。因新坪地势较为平缓开阔，背依五莲峰山脉的镜子山脉支系石梁子、大梁子、马鞍山，呈座椅形向四川向岭梁子和百草坡梁子敞开，是一个开阔的小坝子，面积在方圆 30 公里范围，仅次于四川省金阳、雷波两县交界的热水河与金沙江汇合处形成的河口三角洲坝子（称为大坪子，现位于金沙溪洛渡水电储水库区，被淹没），新坪称为二坪子。1950 年前，新坪属于地主普永龙家管辖，相传普家在此管辖世袭了五代人，因此新坪又叫普五乡，1950 年解放后改名为新坪乡，后因实施合作社，新坪乡亦称新坪大队，由莲峰区（现为莲峰镇）管辖，1988 年 5 月，废区改乡，乡改村，新坪村成立（村辖区范围不变）。同年，经云南省人民政府批准，将原属莲峰乡（现莲峰镇）的三合村、新坪村与黄华乡（现为黄华镇）的任坝村、黄坪村调整组建黄坪乡，乡镇府驻地黄坪村，新坪村隶属于黄

---

① 曾荣雄，男，云南民族大学人文学院伦理学硕士研究生。

坪乡。2006 年，因位于云南省永善县、四川省雷波县交界的中国第二大、世界第三大的金沙江溪洛渡水电站建设需要，黄坪乡涉及沿江被淹没搬迁的黄坪村、三合村等有人口近 5000 人，同年 6 月，经云南省政府同意，撤销黄坪乡，将其行政区域并入黄华镇，黄华镇政府驻地不变，新坪村隶属于黄华镇至今。目前，国家实施易地搬迁扶贫，该村有 700 余人口搬迁至永善县城驻地附近的桐堡安置点和永善红光新区安置点，有近 200 人搬迁至昭通市靖安新区安置点。

该村属于半山区，冬冷夏热，以种植业为主，农作物主要有玉米、洋芋、红薯、黄豆、花生、芋头等，经济作物主要有花椒、砂仁、核桃、金江白魔芋等。该村有"生态花椒核桃之乡"的美称，是典型的传统农业村落。经过改革开放 40 余年来的快速发展，该村经济社会发展取得了显著成就。然而，乡村伦理道德也受到一定程度的负面影响。传统道德规范在一些生活领域被忽视，一些传统美德被部分村民的不良行为破坏，村民们的精神生活出现部分下滑现象。

二 永善县新坪村伦理道德建设中的困境

党的十一届三中全会以后，新坪村实施了家庭联产承包责任制的土地经营方式，村民们按照人口或者家庭为基础分得了相应的土地，从此开始了自主生产自由经营的生活，经济社会建设持续快速发展。再后来，在市场经济的推动下，新坪村经济建设发展取得了极大成效，但是，经济的快速发展使得一部分村民在利益至上的错误观念影响下，乡村伦理也在一定程度上受到冲击。

（一）村民受教育程度普遍偏低导致的道德执行难

由于各种历史因素，新坪村不管在原属于莲峰乡还是现在属于黄华镇，其距离乡镇驻地都比较偏远，交通落后，加上自然条件的恶劣，在发展过程中处于薄弱环节，新坪村村民的受教育程度相比较而言在乡镇同等条件下处于中下水平，2000 年以后，改村教育相对发展比较快，目前全村 3000 余人口中，接受过高中中专以上教育的大约 240 人，接受过大专及其以上教育的不到 100 人。而 2000 年以前，该村人口普遍为小学水平。在这样的情况下，村民们的道德素养相对也不是很高，日常生活中的应对能力也就很有局限。而且目前在家的村民中，基本是老人，留守配偶、儿童等，受教育程度高的青壮年基本在外工作、学习、务工等。当上级党委政府或村党总支、村委会要让村民出来拟定什么村规民约也不容易，通常是村党总支和村委会拟定出来初稿后，到社里开会念给大家听听，看看大家有没有意见，一般情况村民也不会有意见。在这样的情况下，要真正执行好村规民约就难了，所以就成了传统道德继承不好，新的道德理念难落地的困境。

（二）市场经济利益对新坪村伦理道德建设的负面影响

市场经济让乡村人民真正感受到自主生产、自主经营、自由买卖等一系列的大实惠。然而，在个人利益驱使下，无诚信等随之而来，少数村民不择手段谋取私利，邻居两家有时候甚至为了争个人私利而违背公序良俗。伴随乡村商店增多而来的村民消费方便自由，也有村民抱怨的个别商店里销售假货、过期货、垃圾食品等一系列问题。虽然这样的事情只是个别人的行为，却关系到全体村民利益。村民们的思想素质参差不齐，难免有人以个人利益为出发点，自私自利盛行，表面看来，这些现象只是个别人的行为，实际上却会在某些方面起到极坏的影响，农村有句俗话叫作"一颗老鼠屎，毁了一锅汤"，小的恶行不治理，将会蔓延扩大，不断侵蚀着群众的切身利益。

（三）基层治理中的道德乏力

在乡村治理中，村党总支和村民委员会是主要力量，随着近年来的发展，国家治理体系日趋完善，乡村干部配备逐渐增强。但村上工作量过大，村干部能力有限，加之待遇低等原因，村上的工作似乎就是一份兼职工作。就新坪村近15年当选村干部的人来看，多是因家庭或者什么原因无法外出务工的，他们自己家里事务多，村里工作面临的挑战也多，做起来会有些力不从心，少数村组干部在办事过程中不公平不公正，这些情况都不同程度影响到新坪健康持续发展。个别村干部力图不好不烂不出事的不作为心态，还有的刚上任那阵子吼了不少口号，干一阵子，工作难干就懈怠了，这一系列的情况都使得新坪村的治理乏力，也反映了一部分村干部职业道德和责任心欠缺，奉献意识缺乏。

职业道德感缺失的基层干部在治理中很难赢得百姓信任，很难从根本上带动村民致富，也让老百姓不敢坚持正义，大家看在眼里，心里很清楚，不敢说也不愿说，担心说出真相得罪人，坚持公平正义的人只是极少数，这就形成了很不好的社会环境，大家都学会明哲保身，做老好人、大好人。这样的乡村风气，其道德伦理观念受到不同层面的冲击。

三　推进新坪村伦理道德建设的构想

新坪村的精准扶贫不是一日之功，而是新时代全体新坪人民的长征路，热一阵冷一阵不行，等、靠、要不行，不求无功但求无过的不作为也不行。新坪村的脱贫致富需要党和政府的政策支持帮助，还需要全体新坪人民的共同努力。缺失的乡村伦理需要重新建设，筑牢村民心中的"精神长城"，为实现精准扶贫提供切实有效的精神支撑。

（一）选好带头人

一个村子，需要在优秀的村干部带领下才会实现更好更快发展，因此，乡镇党委政府支持村民选好配好村干部，对于推动精准扶贫工作，带动村民脱贫致富有着重要作用。好的村干部，人品好，言而有信，主动融入群众，和群众打成一片，在村民中有威望，村民愿意跟着干。这些"领头羊"就是带领村民脱贫致富的"关键少数"，从一定意义上来说，他们就是新坪村脱贫致富的领路人。

好的村干部是干出来的，不是喊出来的。一个优秀的村干部带领村民干事情是自己走前头，真正把老百姓装在心里，为老百姓着想。所以老百姓尊重他，相信他，他知道老百姓有需要就到党委政府争取好政策，要项目，要资金，要技术，要人力资源，支持老百姓发展，要到政策回来后就群策群力，积极组织动员群众参与建设。这样务实的村支书，老百姓当然乐意跟着他干。

好的村干部，尤其是村支书村主任，能够起到模范带头作用，做到身体力行，率先垂范，言而有信，全心全意为村民服务，对于带头转变村风民风也会起到促进作用。他们是带领村民脱贫致富过程中重要的"领头羊"，为民谋利，出谋划策，为村民规划发展路线，争取政策等，能够有调动村民的积极性，使村民主动参与到自力更生、脱贫致富的建设中。

（二）　开创新坪村伦理道德建设的全新环境

精准扶贫战略的实施离不开全新的伦理道德引领，形成大家都敢于为正义发声，敢于同不道德的行为做斗争，不为一己私利而背信弃义，见利忘义，让不道德的行为没有存在和发展的环境，不为害怕得罪不道德的人而甘做老好人。在精准扶贫、精准脱贫等过程中，不管是基于职业道德还是私人情感，都要立足实际去生产、经营、销售等，这也是社会公德、职业道德和个人品德的内在要求。

精准扶贫要围绕党中央国务院提出的产业兴旺、生态宜居、乡风文明、治理有效、生活富裕的总要求，依靠村民们自力更生、勤劳节俭，团结协作的互助互利精神。要从上而下形成良好的村风民风，充分挖掘和利用好村子的好人好事等榜样人物、家庭，以点带面地推动村民树立良好观念，遵行良好道德操守。比如县委政府、乡镇党委政府等开展的评选县级"五好家庭""三好家庭""星级家庭"等，都对村民形成赶学比超的氛围有较大的促进作用。大家看到好的现象发生时都希望下一个先进者就是自己，当然也就会争着做着好人好事。这样，村风民风就会好转，乡村伦理有就有了生根发芽的良好环境。

（三）　加强村民道德文化建设

乡村伦理道德是维系乡村社会基本价值关系的重要规范。弘扬社会公德、尊老爱老、诚实守信、邻里和睦等传统美德，是村民们的重要精神力量。

习近平总书记在党的十九大报告中指出："人民有信仰，国家有力量，民族有希望。要提高人民思想觉悟、道德水准、文明素养，提高全社会文明程度。深入实施公民道德建设工程，推进社会公德、职业道德、家庭美德、个人品德建设，激励人们向上向善、孝老爱亲，忠于祖国、忠于人民。加强和改进思想政治工作，深化群众性精神文明创建活动。"① 为乡村加强伦理道德建设提供了重要指导，新坪村精准扶贫战略的实施需要充分挖掘中华传统文化中的优秀成分、良好的人文精神、伦理道德规范，

---

① 习近平：《中国共产党第十九次全国代表大会报告》，新华网，2017 年 10 月 18 日，第 37 页。

同时要结合时代需求和社会发展的客观事实，有效创新和推动伦理道德与时俱进。

在具体实践中，可以根据实际情况在村里建设文化墙，宣传各种道德文化，比如在年末举办好人好事的评选奖励，以及文明家庭、卫生家庭、教育先进家庭、和谐家庭、敬老爱老模范家庭等的评选奖励，通过评优选优表彰的激励和带动，对好人好事张榜公示，示范引领，充分利用和引导好村民中的"关键少数"，带领多数。将村民的日常生产生活同实现乡村物质文明与精神文明协调发展有机结合。抓好村民道德文化的建设就是筑牢村民的精神之基，充实国家和民族发展的力量之源。

（四）培育新时代新坪村道德共同体价值观

新坪村自改革开放以来则以自营为主，合作互助的生产不常见，这种基于传统的生产经营以家庭为主的乡村文化和生产关系，所形成的局部道德规范、群体认同、利益关系、社会秩序等都是狭小的。

在当前精准扶贫战略中，新坪村实施了新的农业产业化道路，几个人、几家人都无法满足产业发展需要，规模化的生产经营，需要全体村民都团结行动起来，村民合作互动得到较大的加强。这种关系就需要由原来的家庭为主的个人利益观或者家庭利益观转变成集体利益观，就必须树立起利益共同体的价值观，形成大家都遵守的伦理道德规范，坚持集体主义精神，树立大局意识，通过新型的伦理道德规则来约束和规范村民行为。反对自私自利行为，拒绝当老好人，敢为集体坚持正义。新坪村伦理道德的建设也是一个漫长的过程，需要从日常点滴不断积累。因此，精准扶贫中需要村民培育新型乡村伦理道德文化，自觉遵守公共道德，遵守职业操守，从根本上为精准扶贫提供精神支撑。

（五）推进新坪家风民风村风建设

乡村伦理道德在村民的生产生活中发挥着不可替代的规范和调节作用。加强新坪村伦理道德建设，是从根本上提高村民道德素养的必然选择。通过伦理道德的规范约束与调节，促进村民行为的根本转变。在引领和规范约束乡村人民在脱贫致富的过程中，坚持集体主义的价值取向，遵守社会公德。让村民通过合法手段增收，合理表达个人诉求，妥善处理生活中的邻里关系等。在集体中，要有你荣我荣大家荣，你富我富大家富的集体主义精神，这样的村风民风才是乡村走向富强、文明、和谐的时代强音。

家庭是社会的基本单元，个人是社会的细胞，家风民风是乡村伦理道德的重要基础，因此，家风的好坏决定着一个家庭在社会的认可度和个人在社会中的影响力。培育良好家风，提升家庭成员的人文情怀和道德素养，提高每个社会"细胞"的质量，让新坪村社会拥有一个健康的"体魄"。家风好，村风民风就会好，整个社会风气就会好。

总的来说，精准扶贫实施过程中，新坪村需要坚持以人民为中心的出发点，坚持集体主义精神，把集体的根本利益放在首位，培育和践行社会主义核心价值观，为决胜全面建成小康社会的宏伟目标提供精神支撑。自觉把个人利益同集体利益、民族利益、国家利益有机结合，言行一致，勇于担当责任，为实现精准脱贫，全面建成小康社会贡献新力量，为推进新坪村的社会公德、职业道德、家庭美德、个人品德建设谱写新篇章。

傈僳族婚俗中的伦理规范

董馨阳[①]

从周代开始，就有着庄重的婚姻礼仪，通过婚礼来表示一对男女结成夫妻，组成家庭。傈僳族的婚俗发展至今，一段婚姻的正式确立也基本遵循庄重的婚俗仪式，除了领取结婚证之外，他们还有提亲、订婚、接亲、迎亲、回门等环节，传统傈僳族婚俗中从提亲到婚礼结束需要 9 个程序才算礼成。

一　傈僳族婚礼仪式

傈僳族倡导婚恋自由，礼节多样，婚宴隆重、热闹，具有独特的民族特色。傈僳族男女大都热情开朗，所以傈僳族婚姻大都是通过自由恋爱而形成的。[②] 但是，在双方中意后，有必要向家长汇报，双方家长都有意愿的话，接下来就会进入三次提亲、商定婚事、商定聘礼的环节。最初，男方家要找媒人去女方家进行说亲。按照傈僳族的习俗，受委托的媒人回到家后，会为这门亲事算上一卦，算卦时，要杀一只鸡，煮熟后取下鸡头，切成两半进行观察，这就叫作"鸡卦"，这在傈僳族婚俗里面是不能少的，这一卦如果是顺挂，媒人才会答应去提亲，如果不是顺卦，就会找借口拒绝男方家。受委托的媒人选择吉日，分三次去女方家说亲，第一次带一壶"开口酒"[③]，傈僳语叫"克普汁"，媒人向女方父母询问情况，如果女方家同意了，媒人就进行第二次提亲，叫"那尼汁"，媒人就需带两壶提亲酒到女方家提亲。提亲后，男方的父母再次请媒人到家里，即第三次请媒，这一次不但要请主媒人，而且要再请两个副媒人，商量到女方家定亲的事，这一次提亲叫"撒汁多"，媒人们带着三壶订婚酒和男方家精

①　董馨阳，云南民族大学人文学院伦理学硕士研究生。
②　马雪峰：《傈僳族节日习俗的社会文化功能》，《保山师专学报》2016 年第 6 期。
③　鲁建彪：《傈僳族伦理研究》，人民出版社 2016 年版，第 130 页。

心准备的礼物，到女方家订婚，女方家会把自家长辈，或比较亲的亲戚朋友请来吃订婚宴席，向亲友宣布订婚，并由媒人和女方代表人共同商定聘礼数目和婚娶日期。

在婚期即将到来的日子，男方家在姑娘出嫁前一两天杀猪"过礼"，乡帮们都赶来帮忙，他们杀猪宰羊、生火做饭、布置新房、准备喜宴。男方家还要做的一件重要的事情就是搭青棚，撒青松毛，意味着好日子万年长青。亲人来了以后，要在外面用树叶搭一个房子起来，叫作青棚，外面要用围栏围起来，可以用来接待宾客，也可以作为跳舞、唱曲子的活动场所。女方家提前一日准备出嫁姑娘的酒席，请乡亲父老、三亲六戚喝喜酒，席间由新娘亲自斟酒添饭，表示感谢父母的养育之恩和亲人过去的关怀，新娘的伙伴们则帮助收拾陪嫁礼物，等候男方迎亲队伍的到来，当晚饮酒欢歌，载歌载舞，通宵达旦。

娶亲，傈僳语称"七麻渣"，娶亲要请客，傈僳族请客只需口头传话，凡是知道的亲戚朋友都会来参加，婚礼是由"泥扒"主持的，"泥扒"一般是村子里德高望重的老人。接亲的重任又落到了三个媒人身上，"泥扒"为三个媒人分别挂上一条麻布，祈望能把新娘顺利娶回来。三位媒人从新郎家出发，路上把酒和烟糖等物分两次暗藏在返回时可能休息的地方，以便回来途中，与新娘家的送亲队伍共享。接亲媒人快到女方家时，女方家紧闭着正房门，媒人带着礼物要三踢新娘家的门，意为讨个媳妇不容易。大门里躲藏着一群机灵、活泼的年轻人，有的端着水，有的拿着黑色染料，等待着媒人的到来，当接亲媒人一行跨入女方家时，鸦雀无声的沉寂场面顿时沸腾起来，四处躲藏的青年男女一拥而上，对媒人又是抹黑脸，又是泼水等活动，这些活动一方面意是试探新郎派来的接亲媒人是否精明能干、活泼机灵，另一方面也增加了娶亲活动的热闹气氛，总之，双方打打闹闹、欢声笑语。大家坐定后，媒人和女方家代表进行对歌，歌词大多是女方对男方出的一些难题，直到接亲媒人取得胜利，才准接走新娘。在婚宴中厨师是最为辛苦的人群，媒人要向厨师敬烟、敬酒，以表谢意。饭后出门前，新娘母亲认真嘱咐自己的女儿，嫁人后要勤俭持家、孝敬公婆，母亲和女儿无疑是这个家庭中感情最深的两个人，离别的时候，两人相拥而泣，新娘不忍离开父母和兄弟姐妹，会流下依依不舍的眼泪，称为"哭嫁"。新娘梳妆打扮的时候，需拔去新娘额头上的胎毛，表示着嫁人脱胎换骨之意，以示成人。

　　临走时，主媒人要大声叫喊，亲朋好友都一起来送亲，就这样接亲媒人、送亲人和新娘一同朝着男方家进发，送亲的队伍沿途在草地上，伴随着悠扬婉转清脆的芦笙或笛子声，手牵手围成圈跳起舞来祝福这对新人，送亲人一路上也会找种种借口刁难接亲媒人，主媒人就取出早已藏在半路上的糖烟酒，大家分享后又继续赶路，一路歌声，一路舞。新郎家门口，媒人和送亲队伍伴随着响彻云霄的鞭炮声，对唱起了祝福的歌，送亲的亲戚朋友，把新娘送到新郎家堂屋后，就回到青棚里面休息，这时主媒人抱着一罐自己酿的白酒，抱到青棚里面转三圈以后，由送亲的亲朋把这罐酒抢过来，抢到了就用吸管喝酒，这就叫作傈僳族的"青棚酒"。

　　吃喜宴的时候，新郎和新娘的饭由伴郎伴娘留，拜堂完后他们才能吃饭，表示对长辈的敬意。晚饭后，是拜堂仪式，也就是举行婚礼仪式，整个仪式由"泥扒"和媒人主持，新郎新娘男右女左并肩站在祖宗堂前，"泥扒"端着酒说着吉利的话，新郎新娘一拜天地，二拜祖宗，三拜爷爷奶奶再父母长辈，每说完一段话就把两碗酒并成一碗酒，让新郎新娘喝下同心酒。① 接下来，"泥扒"就为这对新人取婚名，主婚人拿着羊头，代表着吉祥如意。取完婚名后，新郎新娘抢新房，比赛清点礼金和礼物，谁点的多，以后就由谁当家。举行婚礼的当天新娘和新郎是不能同床的，需要和伴郎伴娘一起睡，如果同房将会产生不好的影响，人们从此不再认可这门亲事。② 伴娘会偷偷拿走新娘的一个物件，也是傈僳族婚礼中的一个习俗，预示着自己来年也要步入婚姻的殿堂，算是对伴娘提前的祝福。到第二天早饭吃完后，要由送亲的人跳着傈僳族的"踏棚舞"，要跳着舞把青棚的围栏踏倒，踏倒围栏就表示客已经散了。散客后的第三天，新郎需要陪同新娘一起回家，这就叫作回门。回门时，新郎需要带着酒肉、苞谷等作为礼物送给女方家。到了新娘家，新郎要向女方父母跪拜，改口叫父母亲，回门需要当天返回，不住在女方家，这样，一场欢乐而富有情趣的禄劝傈僳族婚礼习俗就圆满结束了。

---

　　①　陈旭、李智环：《傈僳族阔时节习俗及其社会功能的人类学考察》，《攀枝花学院学报》2016 年第 4 期。

　　②　鲁建彪：《傈僳学研究》（一），民族出版社 2010 年版，第 254 页。

二　傈僳族婚礼仪式中的伦理观念

　　年轻的傈僳族男女通过各种活动来认识对方，比如各种节日、参加婚礼、生意往来、劳动生产、社会集会以及串姑娘等，如果男女双方在此过程中产生了互相爱慕之情，就可以通过对歌的方式让双方熟络起来。无论是在田间劳作还是在溜索旁遇见，都可以给对方唱上一首歌，对方听到后，就会对回歌来。这样一来一往，关系逐渐建立起来。① 傈僳族的婚礼习俗处处展现着道德调节的传统力量，在婚俗中的一系列程序和仪式都体现出了两个家庭和谐的人际关系和家庭的良好教育，婚礼中的歌声充分体现了生产、生活、家庭、婚姻等多方面本民族特有的风俗特征、人文精神表现及社会功能特征，以歌声教育新人勤俭持家，尊老爱幼、互敬互爱。婚姻不是一个孤立的个人行为，它是与家庭、家族、国家乃至整个社会都有关的行为，它离不开人与人之间的社会关系。傈僳族人民相信只有婚礼仪式是完美的和完整的，才能预示着新婚夫妇在将来过上幸福的生活。

　　此外，傈僳族婚礼中蕴含着丰富的伦理道德精华，体现了傈僳族人民勤劳勇敢和富于创造精神的道德因素，他们通过婚礼来传递婚姻的道德标准和价值标准，在婚礼中，除了男方家和女方家的迎亲和送亲队伍能受到热情的款待之外，双方家庭的亲戚朋友也能沉浸在这样的喜悦氛围之中，这样的氛围是对新郎和新娘结合在一起的祝福，为他们融入新的家庭和新的社会环境都奠定了良好的基础，让他们以后的生活能够更加顺利。通过婚礼中的婚俗仪式来引导人们规避或采取某些行为，傈僳族婚俗把一般社会习俗升华为道德层面，婚俗中蕴含的各种礼仪对傈僳族人民产生了深刻的影响，实现了民族道德和文化的传承。傈僳族婚俗仪式能够在这么长的历史时间里被保留和传承下来，就是因为它不仅体现出了对新人的人文关怀，也反映出了傈僳族传统婚礼文化习俗以及傈僳族的伦理道德。

---

　　①　石贤玮：《向死而生的生命观与"行者"精神——傈僳族与阿昌族婚俗比较》，中华文化论坛。

三　傈僳族婚俗的伦理功能

傈僳族婚俗仪式在傈僳族的日常生活中有着不可替代的重要作用，对他们的道德伦理规范存在着心理强化功能，对民族文化建设和民族发展产生深远影响。

（一）傈僳族婚俗的心理强化功能

傈僳族有着严格的婚姻道德，比如不得轻易离婚和严禁再婚，还有恪守同姓之间不能结婚等。傈僳族对这些婚姻道德的遵守是本民族繁荣发展的重要保证，同时也可以促进本民族文化的发展和传承。从文化功能主义的角度来看，傈僳族婚俗仪式中有很多封建迷信的仪式，比如说：婚礼中会有一些祭祀，祈求得到祖先和神明的保佑和祝福，这种类似的仪式往往在婚礼中才是起着真正实际作用的，给人们带来一种心理暗示这段婚姻将会受到祝福，也为婚礼渲染了一种和谐的气氛。这样看似封建迷信的礼仪在最初使人们相信它、崇拜它，必定是有其功能和作用的。婚姻是人类社会在长期发展中形成的特有的行为，在婚礼中形成的婚俗仪式是历史传承和风俗演变的结果，所以婚俗仪式受到人们的重视。傈僳族的婚俗仪式也同样对民族的发展和进步具有重要的价值，例如：傈僳族婚俗中存在的"哭嫁"①仪式，在不同的社会时期，哭的意义是不一样的，如在早期社会人们认为哭有着"避邪"的含义，而发展演变到了现在，哭是为了表达新娘对父母养育之恩的感谢，对兄弟姐妹的不舍，加强了新娘同家人的亲情关系，也对日后孝敬父母大有裨益。

（二）傈僳族婚俗的评价、指引和教育功能

傈僳族的婚姻，是各方协作的结果，包括男女双方家庭和亲戚朋友们互相合作、共同出力完成的，一个完整而完美的婚俗仪式，预示着这对新人将会拥有幸福的生活，整个婚礼仪式的顺利进行能够对所有参与婚礼的人给以评价，只有两个家庭是拥有良好道德品质和和谐人际关系的家庭，

① 陈怡：《土家族"哭嫁"婚俗的发展与保护》，《开封教育学院学报》2019年第3期。

这对新人才会得到邻里乡亲的祝福，傈僳族对于神明是相当崇拜的，在婚礼过程中，他们也会祈求神明祖先的保佑和祝福。婚俗中所蕴含的各种礼仪对傈僳族人民产生了深刻的影响，随着时间的不断推移，这些礼仪也得到了不断地加深，渗透到了傈僳族人民的生活中去，这些仪式的存在逐渐成为一种社会认同和大众心理认同，演变成为一种生活习俗，也传达出了傈僳族蓬勃旺盛的生命价值和道德精神。

几千年来，婚礼一直被视为一种隆重而盛大的仪式，而在傈僳族婚礼的发展历程中，有的仪式被保留下来，有的仪式已经被取缔，这是因为诸多婚礼之间会进行比较，最终在人们心中形成一种共同的价值标准和道德伦理规范，引导人们在婚礼活动中采取或规避某些行为，以此来完成一场完整和完美的婚礼，最终促进社会的发展和人类的进步。婚俗文化是整个人类社会共同的基础，傈僳族在漫长的历史发展中保留下来的婚俗仪式是一种具有群体性的审美价值，是通过人们和社会对婚俗仪式的评价，对它的价值进行对比选择，最终成为指导社会行为的重要准则。在仪式的评价和指导功能下，婚礼能够完美的顺利进行，是由于群众在共同的目标期望下开展的婚礼活动。一般的生活习俗通过对民族的整体评价和指导，将民族日常生活中的一般习惯提升为严格的道德伦理规范，比如说傈僳族禁止重婚和恪守同姓不能结婚的规范，这样从一般社会习俗到伦理道德规范，再到对仪式的评价和指导，傈僳族人民遵守这些道德伦理规范才能在本民族得到人们的尊重和祝福，那些有利于民族发展的规范就会被保留和被人们吸收，实现了对每个人自身的约制作用，形成良好的道德规范和个人品质，道德伦理规范的教育功能也就能不断地得到完善和发展。①

综上所述，傈僳族人的婚礼习俗，是傈僳族人民长期生产生活经验及其智慧的总结，经过傈僳族人民不断地充实、完善和发展，并逐渐形成了具有鲜明特点的伦理规范和道德体系，傈僳族婚礼习俗的价值在于它传承了傈僳社会的宝贵的历史文化遗产，在日常生活中长期指导和规范着傈僳族人的行为，是维系傈僳族社会稳定、民族团结、和谐发展的重要保障，是中华民族伦理思想中的重要组成部分，但傈僳族古老的民族文化在现阶

---

① 徐海柱：《傈僳族的婚俗仪式及功能分析》，《南都学堂》（人文社会科学学报）2017年第 2 期。

段的发展过程中，也面临着与时俱进的新考验。另外，我们还应该看到，在傈僳族思想和道德观念中也难免存在一些落后的历史遗迹，这就需要我们来辩证地看待，传承的过程中取其精华，弃其糟粕①，将优秀的伦理道德规范传承下去，造福一代代傈僳族儿女。

---

① 孙莉：《苗族婚俗伦理文化意蕴思考》，《毕节师范高等专科学校学报》2000 年第 1 期。

光华乡傈僳族婚嫁习俗中
"扒名"的伦理意蕴

李地玉①

　　傈僳族在历史上是一个不断迁徙的民族，在群山和峡谷间练就了傈僳族人民山一样广阔的胸襟、水一样柔韧的性格。由于傈僳族早期没有文字，只能采用口耳相传和民间习俗的方式传承民族文化，衍生出了灿烂的口传文化和一些独具特色的民间风俗，光华乡傈僳族婚嫁习俗中取"扒名"就是一个富有深刻伦理内涵的民族习俗。光华乡傈僳族人一生中大多至少有三个名字，学名、小名、扒名。女孩子的学名和小名是由自己的父母、亲戚取的，而"扒名"则是结婚时由男方的族长、亲戚或者媒人取的，他们称媒人为"瓦拉帕"，"扒名"一经取好就不能更改的，无论寓意好坏，新郎新娘都必须接受，直到生老病死那一天由巫师做了道场才能用回自己结婚前的学名。

一　光华乡傈僳族传统婚嫁
习俗中的"扒名"仪式

　　光华乡傈僳族的婚嫁习俗在众多习俗中居于重要的地位。《礼记》云："夫昏礼万事之始也。""夫妇之义，由此始也。"其中就把结婚仪式看作夫妻关系的开始，而夫妻关系是家庭中的基本关系，有了夫妻关系才会有血缘关系，才能形成家庭，也才会有各种形式的习俗活动，可以说婚姻是各种习俗得以产生的源头。而在傈僳族传统的婚嫁习俗中，"扒名"仪式蕴含的伦理思想反映了这个民族深层次的价值选择和高标准的道德要求，这里的"扒名"也就是"婚名"或"喜名"，光华乡傈僳族统称"喜名"为"扒名"。

　　取"扒名"是光华乡傈僳族婚嫁习俗中一个很重要的仪式，在结婚

---

①　李地玉，云南民族大学人文学院伦理学硕士研究生。

仪式中新娘进家门后要进行祭拜活动，即告诉祖先家里办喜事，向祖先讨要寓意好的"扒名"，这便是傈僳族取"扒名"仪式的开端。祭拜活动完了就是拜堂仪式，新人（新郎新娘）首先要给父母、舅舅、其他长辈行叩拜之礼，感谢他们从小的养育教导，受拜人要给新人贺礼钱，数额不等，新婚夫妇互敬喝交杯酒，则表示夫妻二人从此同心同德，互不相离。接着"瓦拉帕"将酒倒满端给女方第一对送亲的长辈，而女方长辈则接过酒并且对两位新人说："你们从出生到现在用的名字是父母给你们取的，现在长大成家了，要请瓦拉帕给两位新人取夫妻名字，有了新名字后开始你们新的生活。"说完，长辈又将酒端回给瓦拉帕，瓦拉帕接过酒后先吟诵祝告语，完了给两位新人取"扒名"，再吟诵封赠语词，述家谱，完毕后，两位新人向瓦拉帕磕头表示感谢。"扒名"仪式结束后，两位新人向双方的长辈敬酒表示感谢，并且在今后的生活中只能使用"扒名"。

二　光华乡傈僳族"扒名"中蕴含的伦理观念

在光华乡，如果说一个傈僳族人的学名是识别这个人的外在符号，那么"扒名"便是这个符号的补充和扩展。而且当地傈僳族新郎新娘的"扒名"是有讲究的，男女扒名相对，比如男的叫"什么扒"，女的叫"什么玛"。他们传统婚俗中的取"扒名"的仪式和"扒名"本身都蕴含着丰富的伦理思想。

（一）取"扒名"中的伦理原则

取"扒名"除了考虑名字的寓意之外，道德品质也很重要。如果新婚夫妇及其家人平时在村寨里孝敬父母、尊老爱幼、勤劳勇敢、诚实善良，得到同村寨人的认可，那么结婚时就会被赐予好的"扒名"，以表达长者对新婚夫妇及其家人的肯定和期望。如果他们品行不端、行为恶劣，如虐待父母、偷盗东西、乱砍滥伐、蔑视族规等，都可能会被赐予一个坏的"扒名"警醒他们一生一世，或在取"扒名"的仪式中当众责骂、教导。

取"扒名"也是有一些常用规则的。如果新郎新娘爱情一帆风顺，没有经历过波折的话，则可取"尼普扒"和"尼普玛"、"尼则扒"和"尼则玛"，或者其他可以代表爱情顺利的字。如果两位新人在感情中经历过一些风雨才走到一起，那么可取"尼行扒"和"尼行玛"，或者"尼思扒"和"尼思玛"。如果新郎新娘家酒席办得好，对待客人热情，则可以取"普兹扒"和"普兹玛"、"普化扒"和"普化玛"、"而酒扒"和"而酒玛"、"华酒扒"和"华酒玛"。如果婚礼中虽有酒，但不好好招待客人的会取"只才扒"和"只才玛"，"而才扒"和"而才玛"。如果族人都认为两位新人及其家人做得还不够好，需要改进的地方还有很多，苛刻一点的可以取"普只扒"和"普只玛"、"普才扒"和"普才玛"。总之，每一个"扒名"就包含一种含义，一种因素，一种祝福，或是一种贬义，或是一种赞美，一种期盼。①

　　取"扒名"有更多的灵活性。傈僳族民风淳朴，在具有良好道德环境下成长的孩子大多懂孝悌，使起"扒名"有了更多的灵活性。"扒名"是事先就拟定好的，但是如果结婚仪式中发生了一些有趣的、具有纪念意义的事情，又或是想到更好的有趣的名字，就会择好而用之。在调研中有一对夫妇，女的婚名是"笑玛"，男的叫"笑扒"，就是因为在结婚当天新娘不小心跌了跤，在场的所有人都笑了，瓦拉帕认为来相帮的人难得那么高兴，所以他们的婚名中就以"笑"字来起。当然有的傈僳族会把姓氏与人品结合起来，比如朱姓，他们认为朱同猪，猪有黑白的缘故，所以他们会把黑拿来做"扒名"中的一个字，代表他们的姓氏，再找一个体现道德的字，把两个字合起来就能形成一对"扒名"，如男的"黑敬扒"，女的"黑敬玛"，从这对婚名中我们可以看出这家人姓朱，并且都是孝敬长辈，是个道德高尚的人，也是值得交往的人。除此之外，还会根据新郎新娘之间的关系以及生活中能够象征感情的事物来取，如"岩情扒"和"岩情玛"这一对，就是表明夫妻之间的感情像磐石一般坚定不移，也是长辈对新郎新娘的一种期盼，同时"岩"是傈僳族"朱"姓女孩中婚名都会用的一个字。

（二）取"扒名"封赠语词中伦理准则

　　很多地方的傈僳族和光华乡的傈僳族一样，通过封赠语词以表达长者对晚辈的教诲，让本来仅作为区别个体的扒名符号内化为使个人立足于民

---

① 李自强：《丰富多彩的香格里拉傈僳族婚俗》，载云南省政协文史委员会编：《傈僳族百年实录》，中国文史出版社 2010 年版，第 515 页。

族、奉行一生的规范和准则。封赠语词的内涵一般都是叮嘱处世之道、寄予祝福训诫的，内容可以根据情况而定。

瓦拉帕吟诵的封赠语词有：

> 父说儿该听，
> 母说女该听，
> 越长越有吃的，
> 越长越有穿的，
> ……
> 活到头发雪白，
> 活到两眼细小。
> 祝愿没有口角，
> 祝愿没有闲话。
> 我娃拿有名誉了，
> 我娃拿有声誉了。①

在取"扒名"的这一封赠语词中，可看出他们把个体与家族的道德修养结合起来，使扒名承载训诫、教导、勉励的功用。将个人立身处世之法、修身养性之道、出处进退之理融入扒名的封赠语词中，使封赠语词充满道德化倾向和说教色彩。瓦拉帕常借傈僳族的一些民间谚语来说明人们在日常生活中的道德要求，例如："牛要走犁沟，人要走正路"，通过生活中普通的劳作现象来告诫族人要正直有担当。"一个人不顾脸，十个人都丢脸"，这样一句通俗明了的话来阐释了一荣俱荣一损俱损的道德观，意在培养人们的集体意识，一切从集体利益出发，鼓励新郎新娘身体力行，一方面利于村寨生活的稳定，伦理道德的进步，另一方面影响当时土风人情，督促者会逐渐成为村寨中族人学习的楷模。

（三）取"扒名"本身的伦理要求

"扒名"在当地首先是作为一种称呼来使用，就像汉民族夫妻之间

---

① 左玉堂、密秀英：《傈僳族的文学艺术》，载云南省政协文史委员会编：《傈僳族百年实录》，中国文史出版社2010年版，第288页。

"老公"和"老婆"的称呼，但在思想极度解放、男女平等的今天，"老公""老婆"称呼已不仅限于夫妻之间，一些还没有确定婚姻关系的男女朋友，也经常使用"老公""老婆"这样的称谓。[①] 虽然傈僳族"扒名"的意义类似于日常中"老公""老婆"，但是"扒名"在傈僳族中只能严格用于已婚男女身上，在"扒名"取好后，今后婚姻生活中夫妻双方就只能相互称呼"扒名"，这代表着对彼此的认可和期待，并且这个名字是平辈和长辈都能叫唤的，而"老公""老婆"从广泛意义上来说也只能运用于亲密男女朋友和夫妻之间，其他人是不可以彼此随意称呼"老公""老婆"的。"扒名"的好坏以及瓦拉帕在婚礼仪式上对新人的教导，对在场的老老少少都起到了很好的警示作用。

三　光华乡傈僳族"扒名"中伦理思想的当代价值

首先是道德上的自我反省意识有助于强化人的主体道德的自觉性。从他们取"扒名"的依据来看，大多都体现了对人性"善"思想的追求，以及对"善"的观念的推崇。儒家的性善论说明人是可能成为圣贤的，然而这种可能则是建立在不断自我反思与努力之上，只有"安分守己，反躬内求"，才能够完成自身的道德修养。这跟傈僳族在"扒名"中的要求是一样的，强调在为人处事时，要有一颗包容之心，也就是傈僳族谚语"十个朋友不算够，一个敌人也嫌多"所说的，理性处理与别人的矛盾、不斤斤计较、宽以待人、自我反省，有利于道德自觉性的觉醒和加强。

其次是荣辱与共的意识有利于集体凝聚力的培养。在考虑个人的利益与荣誉是能把自身的发展与家族的发展和进步联系在一起，以"当荣之事"为荣，以"当耻之事"为耻。当尽职尽责履行了道德上的责任或者义务时，能够获得满足感；而对没有履行责任和义务感到为耻。在傈僳族中，这种"荣""辱"观念已经深入人心，在进行利益取舍的时候，能够做到"重义轻利"，并且以集体利益为重，以国家民族的利益为重。并且傈僳族中有把"有福同享，有难同当"看成是应尽的责任和义务，在遇到谁家修房建屋、婚丧嫁娶等人生大事，左邻右舍甚至全村寨的人都来帮忙，绝不索取任何报酬。

---

①　范佳佳：《哈尔滨地区夫妻称谓的社会语言学研究》，哈尔滨师范大学，2018 年。

再次是夫妻之间同心同德的思想有助于良好家风的形成。少数民族良好的家风，既是弘扬和传承民族传统美德最直接的方式，也是培育和践行社会主义核心价值观的有效载体。从夫妻同用相对的"扒名"可以看出当地傈僳族对夫妻之间伦理道德的要求和期望，只有夫妻同心同德，家庭才会和睦，也才会形成具有约束性的家庭伦理道德规范，比如：子女孝敬父母、小辈尊重长辈、善待儿女、夫妻之间彼此忠贞、兄弟之间互相爱护，这些伦理思想在当今社会同样被认可并践行。夫妻相爱、志同道合是维护家庭伦理道德的关键，是形成良好家风的基础。

最后是傈僳族榜样示范有利于推进道德建设。比如"黑敬扒"和"黑敬玛"这样的"扒名"，无形中就在族中发挥了榜样的示范作用，让更多人去效仿他们。傈僳族就是通过树立典型、利用其示范和教育的作用来影响傈僳族人民的行为，让受教育者从内心深处产生共鸣，自觉进行道德反思，积极主动学习族内榜样，从而推动整体道德素养的提升。

通过对光华傈僳族乡傈僳族婚嫁习俗中"扒名"的了解，不仅意识到他们的伦理价值取向，也感受到他们对取"扒名"这一仪式的独特理解。傈僳族是一个勤劳智慧、热爱生活、尊重先辈、注重礼节的民族，婚嫁仪式中瓦拉帕取扒名的意义则是让日常生活中傈僳族传统的道德伦理规范内化到傈僳族的扒名中，使得两位新人在今后的不得不思其所以名，进而反躬以求之。本文虽然经过多次整理但尚有其他内容未涉足，如对扒名在各地傈僳族聚居区的使用情况的调研还不充分，以及与其他有无婚名的民族的对比调研还未涉及，不足尚多，但仍希望本文可对后的研究有所帮助。

《南诏德化碑》中的"德治"伦理观

王安越①

一 《南诏德化碑》概况

据胡蔚本《南诏野史》载"令清平官郑回撰《德化碑》,唐流寓御史杜光庭书。立石太和国门外,明其不得已叛唐归吐蕃之故",② 记录碑文系流寓大理的唐御史杜光庭所书,曾载于明万历《云南通志》。郭松年《大理行纪》亦载"阁逻凤以张虔陀谗构,乃杀之,陷唐鲜于仲通兵,因自结之吐蕃,受钟王,刻石记功,明不得已而改号蒙国大诏,立德化碑,使蜀人郑回制文,其碑今在,即唐代宗大历元年也"③,表明南诏是不得已而叛唐亲蕃的原因。立碑时间因碑文大部分剥蚀,已不可知。据元人郭松年《大理行记》载:"阁逻凤立《德化碑》……其碑今在,即唐代宗大历元年也。"④ 大历元年为公元 766 年,至今已有 1253 年的历史。今"德化碑"立于大理城南之太和村西南太和城遗址内,高 3.98 米,宽 2.42 米,厚 0.6 米,呈长方形,重约 2 吨,顶有榫孔,原碑有额,今无存。原碑碑阳正文 40 行共 3624 余字,因剥蚀太甚,现仅存 250 余字;碑阴 41 行 1000 余字,主要详列南诏重臣、大将等职衔和姓名,共 5000 多字。云南布政使金石家王昶于清乾隆五十三年(1788 年)游历大理时访获,并命大理府妥为保护,并将全文抄录在《滇南古金石、录》(一为《金石萃编》)中,由于风雨剥蚀,仅存八百余字。迤西观察使(按察使)李晓园(李亨特)于清嘉庆三年(1798 年)就地建碑亭保护;辛亥革命后,腾冲李根源把瓦亭改为石屋,并题书"贮南诏碑亭";新中国成立

---
① 王安越,云南民族大学社会学学院硕士研究生。
② 倪辂:《南诏野史会证》,云南人民出版社 1990 年版,第 78 页。
③ 方国瑜:《云南史料丛刊》(第二卷),云南大学出版社 1998 年版,第 136 页。
④ 郭松年:《大理行记》,丛书集成初编,商务印书馆 1936 年版,第 2 页。

后，国家拨款修建了碑亭，以利人们游览参观。当地人民政府于 20 世纪 80 年代重新修建仿唐式风格的碑亭，并派人看护。它是研究南诏历史、天宝战争、唐与南诏和吐蕃关系最直接、最珍贵的实物资料。

二　《南诏德化碑》中"德治"伦理观的内涵

公元 738 年（即开元二十六年），"唐王朝册封皮罗阁为云南王，并不能认为这是南诏国正式建立的时间，……皮罗阁被册封为云南王这个重大事件反映的是唐朝与南诏国正式建立了臣属的政治关系"①。这一时间通常也被认为是南诏地方民族政权正式建立的时间。南诏王蒙皮逻阁在唐王朝的支持下统一六诏，建立起南诏国，建都太和城（739 年蒙皮逻阁由今巍山迁治太和城），效仿唐朝建立政治及行政管理体制，推崇君权神授，执行军政合一制，接受并践行羁縻制，这些构成了南诏主要的政治制度体系。对以后南诏制定的一系列政治制度有指导作用，从碑文记载内容来看，其中蕴含丰富的德治政治伦理观。

（一）"帝王之相"的德治王权伦理

所谓王权历史上主要就是指君主的权力，君主在不同国体形式下有不同的称谓，常见的有国王、皇帝等。奴隶制、封建制国家一般采用君主专制形式，君主权力至高无上。"王权是中国古代社会首要的支配权力，可以说是当时整个社会的最高权力。"②"据学者考证甲骨文中，'王'字像刃部向下的斧钺形，斧钺既是生产工具，又是武器，是王权的象征，持有斧钺即拥有杀伐权力。"③ 每个朝代对最高统治者的称呼不同，比如夏朝称"王"，也称"后"。商朝最高统治者沿袭了"王"的称呼，也称为"帝"。西周随着"天"观念和天人关系的转变，"天子"这一特殊的称呼开始出现。战国时期，周天子地位沦丧，其他地方诸侯开始僭越称君称王。儒家的"王权"与"君权"的描述多数情况下是相同的，都是对最

---

① 王文光、朱映占：《南诏国国王世系考释》，《中央民族大学学报》（哲学社会科学版）2018 年第 4 期。

② 张亲霞：《先秦儒家王权思想的历史演变》，陕西人民出版社 2007 年版，第 1 页。

③ 林坛：《说王》，《考古》1965 年第 6 期。

高统治者统治权的指称。这也就印证了"在古代社会，王权思想是整个社会思想的核心"①。就董仲舒曾经的注解，"王权"思想在儒家的范畴内有其独特的含义，董仲舒云："是故王意不普大而皇，则道不能正直而方；道不能正直而方，则德不能匡铉周遍；德不能匡铉周遍，则美不能黄；美不能黄，则四方不能往；四方不能往，则不全于王。"② 这样，董仲舒把王权的至高无上性和儒家思想中王权与"德"密切结合的特征凸显出来。正是因为王权的至上性，研究王权执政过程中的德治政治伦理问题才显得重要。以王权思想为核心的政治集团在中国自有文字记载以来就有，随之逐渐发展成为主导和垄断一切的社会。现代学者宝成关也认为，"中国政治学自先秦'原典时代'以来就存在一种王权主义传统，即君主专制政治传统"，而且这种传统一直延伸到近代，并"保持着独步天下的'霸主'态势"。③ 在《中国的王权主义》一书中，刘泽华认为"政治思想和政治文化是中国传统思想文化的主体"，而"王权主义"是其中的主旨，根源于"王权支配社会"的历史事实。④ 周人认为："皇天无亲，惟德是辅"⑤，"德"成为帝王所应具备的必要条件之一，帝王只有成为有德之人，才能拥有天命获得天下，《南诏德化碑》中不仅包含天命观思想，也有丰富的"德"思想。《南诏德化碑》碑言："王，姓蒙，字阁逻凤，大唐特进、云南王、越国公、开府仪同三司之长子也。应灵杰秀，含章挺生；日角标奇，龙文表贵。"意为：国王，姓蒙，字阁逻凤，是大唐所赐特进、封云南（郡）王、享越国公，授开府仪同三司爵号的蒙皮逻阁的长子。他，不仅应承了先天的灵气，是西南优秀的酋杰，还具备着后天的勤奋，颇有文采，茁壮成长。额角不凡，一派帝王之贵相。这点明了第五任南诏王蒙阁逻凤具备先天之灵气，极具内涵和优秀品德，堪称英雄豪杰。又言："日角标奇，龙文表贵。"指明阁逻凤富贵之相：隆起的左额标志着骨骼清奇，龙纹在身代表着大富大贵，活脱脱一个帝王之相。在此描述的蒙阁逻凤"吉人天相"也是蒙氏后继者对王权德治伦理思想的

① 刘泽年：《中国的王权主义》，上海人民出版社 2000 年版，第 3 页。

② 《春秋繁露·深察名号》。

③ 宝成关：《西潮与因应——近四百年思想嬗替研究》，吉林人民出版社 2004 年版，第 248 页。

④ 刘泽华：《中国的王权主义》（自序），上海人民出版社 2000 年版，第 1 页。

⑤ 《尚书·蔡仲之命》。

体现。

(二)"为政以德"的政德观

《南诏德化碑》记载:"道治则中外宁,政乖必风雅变。岂世情而致,抑天理之常。我赞普钟蒙国大诏,性业合道,智睹未萌,随世运机,观宜抚众,退不负德,进不惭容者也。"由此得知以道治国,则内外安宁;政治不好,则风气变坏。这不只是世俗人情所致,是必然的社会规律之常。吐蕃国王的兄弟,蒙姓王室之国的大国王,品性和功业合道,才智能预见尚未发生的事态,根据形势变化而运用机宜,寻找适宜的举措来抚慰民众,这是实现德治的"政德"观,即为政,必须"以道治国","以德行政","修德化民",确立了志功颂德的标尺①。"既御厚眷,思竭忠诚,子弟朝不绝书,进献府无月余。将谓君臣一德,内外无欺;岂期奸佞乱常,抚虐生变"②。唐王朝辅助支持皮逻阁统一六诏,建立南诏国地方民族政权,封云南王,天宝七年(公元748年)蒙皮逻阁卒,为继续加强唐王朝和南诏的友好关系,册封阁逻凤沿袭云南王,在凤迦异十岁入朝授予鸿胪少卿的基础上加授为上卿,兼阳瓜州刺史及都知兵马大将。接着又对君臣关系作出强调,即君臣之德:"君臣一德,内外无欺"。这里的"外"字,是南诏国作为少数民族羁縻国,与"皇朝中土"内地相比,客观存在的实际差异在心理上真实感受的必然反映。"君臣一德,内外无欺"之论,还为"退"而"叛唐"点明了原因:"奸佞乱常,抚虐生变。"弦外之音:他们不"君臣一德"、他们搞"内外有别"③。南诏统治者拥有"宽德""大礼""有国而致理"的宽广的"德治"胸怀,如《南诏德化碑》载:"诏曰:生虽祸之始,死乃怨之终,岂顾前非,而忘大礼。遂收亡将等尸,祭而葬之,以存旧恩。"南诏国改元后的第三年(公元754年)"天宝之战"的第三次战役,十几万唐军全军覆没时,就像廖德广先生在《南诏德化碑探究》中描述的:南诏"不忘大礼",采取了仁德的举措:收亡将等尸,祭而葬之,以存往昔唐朝的恩德。李宓是导致唐朝与南诏国关系误会、恶化的罪魁祸首之一。"生虽祸之始",但"死乃

---

① 廖德广:《南诏德化碑探究》,云南民族出版社2006年版,第107—108页。

② 刘光曙:《南诏德化碑》,《大理文物考古》,云南民族出版社2006年版,第84页。

③ 廖德广:《南诏德化碑探究》,云南民族出版社2006年版,第108页。

怨之终"，不能只是着眼于李宓等 "奸佞" 个人的 "前非"，而忘天下一统之 "大礼"。这是 "礼" "德" "王道文化" 的以德报怨，以德报德的，能正确认识和对待个人与天下，地方与中央的，感天地，泣鬼神的豪爽气概，博大胸怀，大德大礼，政治眼光。

(三) "政者正也" 的行政官德思想

执政者的行政道德在不同的历史阶段历经着不同的社会形态，且道德原则和规范各有特点，中国封建社会时期的官德主要有忠君爱国、谨奉朝纲、循礼守分、秉公执法、廉洁清正、诚实守信、勤政好学、体恤百姓等。《南诏德化碑》碑言："天恩降中使孙希庄、御史韩洽、都督李宓等，委先诏，招讨。诸爨，畏威怀德，再置安宇"①。据樊绰《蛮书·卷七 "云南管内物产"》记载："天宝八载（公元 749 年），元宗委特进何履光统领十道兵马，从安宁进军伐蛮。十载（公元 751 年）已收复安宁城，并马授躺柱。本定疆界在安宁。"② 而 "赋重役繁，政苛人弊" 被东爨六酋头找到理由，联兵反抗，攻破了安宁城。为此，皇上派来使臣，委托先诏（蒙皮逻阁），进行招讨，由于 "畏威怀德"，安宁府城又得以再置。歌颂蒙皮逻阁在东部诸爨地区的威望与恩德。"有国而致理，君主之美也"。有国家而能治理得很好，这是君主有美德的结果。也充分体现了蒙阁逻凤 "有国而致理" 的 "行政美德"，以及南诏国明确而崇高的治国目标。一千二百多年前的西南少数民族羁縻国，能有 "有国而致理" 的治国追求，刚好印证行政美德之重。"人无常主，惟贤是亲"。南诏叛唐而跟吐蕃国结为兄弟之盟，惟有贤德者才可亲近亲密。"贤德"，是中国自古对君主的要求。是否贤德，几千年来都是中华民族选择、评价君主的标准。

(四) "亲仁善邻" 的外交德治伦理理念

千百年来 "以和为贵、亲仁善邻" 的内外交往思想理念始终贯穿于中国传统文化之中，成为处理人与人、人与社会、国家与国家之间关系的出发点，深切影响着中华民族的思维方式和价值取向。南诏德化碑中的

---

① 刘光曙：《南诏德化碑》，《大理文物考古》，云南民族出版社 2006 年版，第 83 页。
② （唐）樊绰：《蛮书·卷七 "云南管内物产"》，中华书局 1962 年版，第 64 页。

"亲仁善邻"的外交理念，也继承了这一传统思想，并使之在处理与吐蕃、唐王朝，以及周边少数民族政权的关系中发挥着重大作用。《南诏德化碑》记载："既而合谋曰：'小能胜大祸之胎，亲仁善邻国之宝'。""天宝之战"的第一次战役，南诏国大败唐朝军队。南诏国的先诏（蒙皮逻阁）受唐玄宗皇帝的委托，招讨唐期最早扶持，却"陷杀竹灵倩，兼破安宁"的诸爨期间，李宓不顾国家大局，为"务求进官荣"，走章仇兼琼诡诈的行径，挑拨爨道关系，致使社会议论纷纷，忧心忡忡。进而，南诏国王与大家共同研究认为：小国能战胜大国，是个孕育灾祸的胚胎，亲近仁德的国家和搞好友善的邻邦关系，才是国家安全的珍宝。这里讲的是"修德化民"的国际外交原则：亲仁善邻。即：不论中央之国与地方羁縻之国之间，还是地方羁縻之国之间，亲近仁德之国和友善地处理好邻国关系，是维护国家安全最可宝贵的原则。正如孔子所倡导的"德不孤，必有邻"① 的"以德服邻"思想，是中国古代德治政治伦理的重点。处理对外关系，如若不仁不落，不亲仁尊邻，难免引发问题，造成纷争而互害。南诏君王政治家一直重视处理好与邻国及周边外交，认为邻国之间的关系是辅车相依，唇亡齿寒。

三　《南诏德化碑》中"德治"伦理观的当代价值

（一）"为政以德"对以德治国的启示

"为政以德，譬如星辰，居其所而众星拱之。"② "德"既是立身之本，更是立国之基；为政以德，是中国传统文化的精华。要有以德施政，善待民众，赢得百姓的拥护与支持的德治意识。《南诏德化碑》中"君臣一德""修的化民""有国而致理"的大礼德治观念对继承优秀传统德治思想和立足现实对古代德治思想进行当代阐释以及以德治国有启示作用。

（二）"政者正也"对官德建设的启示

官德是一种政治美德，是执政为官者思想品德是否合格的主要考

---

① 《论语·里仁》。

② 杨伯峻：《论语译注》，中华书局 2015 年版，第 16 页。

量；是选任官员的重要标准和官员管理中的重要内容之一。"政者，正也"，要达到正，就要自省、自律、自责、克己，不断提高自己的素质，加强自身学习，读书修德，知行合一，实行德治。当今我国在公务员道德管理中首先也要明确对当代公务员的道德诉求是什么，并进行完善形成官德思想体系。虽然当前我国已经出台多项文件表明当前我国公务员应具备什么样的道德素养，如《关于推进公务员职业道德建设工程的意见》中提到的"坚定信念、忠于国家、服务人民、恪尽职守、依法办事、公正廉洁"① 等内容，以及早前提出的八荣八耻和社会主义价值观，都是国家对公务员提出的官德诉求，但没有明确的指出公务员应该怎样做才符合道德要求。南诏蒙阁逻凤"忠君爱国，惟贤是亲，畏威怀德"的"贤德"治国理念，以及"有国而致理"的"行政美德"就是其行政官德的具体体现。《南诏德化碑》记载蒙阁逻凤的为官之德，主张君臣一德，对当今国家公务员道德建设有着积极意义，有助于当代公务员官德建设。

（三）有助于当代外交关系的借鉴

"亲仁善邻"思想原本是周礼的道德原则，孟子主张"仁爱"理念是与邻国交往的关键，"惟仁者为能以大事小，惟智者为能以小事大。"道明仁者、智者关系处理大小国事务的重要性。"德不孤，必有邻"是中国睦邻外交政策的思想渊源，"与邻为善、以邻为伴"是当今中国周边外交的基本方针。《南诏德化碑》中的"亲仁善邻，国之宝也"的外交理念就是引自 2500 年前的儒家经典《左传》，强调亲近仁义，与邻国友好相处，是立国的法宝。在对外交往中，南诏阁逻凤一向重德，"亲仁善邻，国之宝"是其统辖下的南诏国秉承的对外德治政治伦理原则，对处理与唐王朝、吐蕃，以及和谐周边少数民族政权在当时产生了极好的感召作用。南亚、东南亚各国的朝贡络绎不绝。这对我们今天的外交关系原则有着积极的启示价值，正如习近平指出的："中华民族历来是一个爱好和平的民族，爱好和平在儒家思想中也有很深的渊源。中国人自古就推崇'协和万邦'、'亲仁善邻，国之宝也'、'四海之内皆兄弟也'、'远亲不如近邻'、'亲望亲好，邻望邻好'、'国虽大，好战必亡'等和平思想。爱好

---

① http://www.gov.cn/xinwen/2016-07/07/content_ 5089156.htm.

和平的思想深深嵌入了中华民族的精神世界，今天依然是中国处理国际关系的基本理念。"① 《南诏德化碑》中"亲仁善邻"的外交德治伦理观不仅对当时的南诏政权以及后继的大理政权有着立国之本的重要性，而且对于当代纷繁复杂的国际外交关系也有着借鉴价值。

---

① 2014 年 9 月 24 日习近平在《纪念孔子诞辰 2565 周年国际学术研讨会暨国际儒学联合会第五届会员大会开幕会上的讲话》。

四　传统文化与生态伦理

国际生态合作与中国特色生态伦理
——以 C 区为例

吴　秘①

"二战"以后，国际合作成为国际法基本原则确定下来，《联合国宪章》明确"促成国际合作"为其宗旨之一。《国际法原则宣言》宣布，各国依照联合国宪章彼此合作是一种必须严格遵守的义务。近年来，学界也召开了一些与生态治理民间合作相关的国际论坛，论坛旨在探讨生态共建共享。要通力合作共商、共建，最终达到共享、共赢的结果。当今，生态合作也是国际合作非常重要的环节。

绿色环保产业作为经济增长的动力来源之一，区域间的生态合作能够有效地解决一些难以解决的生态问题。早在 1972 年联合国人类环境会议上就通过了《人类环境宣言》，便已经确定环境问题是全球问题，是人类面临的重大危机。过去的几个世纪，各国发展的都是资源密集型产业，是以消耗资源为代价的发展，这种为了 GDP 而牺牲环境的做法为全球带来了太多惨痛教训。地球生态系统本就是整体，很多的污染都是没有界限可以规定的，比如河流污染，上游国家污染了必定影响下游国家的水质，比如空气污染，下风向国家必定受到影响，空气质量下降。这种"为他人买单"的状况势必会影响两国邦交，因此，必须认识到全球共同面临生态环境问题，必须同心协力共同解决。

C 区是一个跨多个国家的区域，无论是气候类型还是生态环境都有较

---

①　吴秘，云南大学公共管理学院伦理学专业在读硕士研究生，研究方向为民族伦理学、应用伦理学。

大差别。下面我们将从 C 区的气候类型出发，探究区域间生态合作的可能。

一　C 区沿线气候及生态环境特征

（一）C 区气候类型

本文案例中的 C 区途经多个国家，气候类型更是多样。有我国四季分明的温带、亚热带季风气候，有东南亚炎热多雨的热带季风气候，有阿拉伯半岛的炎热干燥的热带沙漠气候，欧洲主要是降水较多的温带海洋性气候、夏季炎热干燥冬季温和多雨的地中海气候，非洲主要是炎热少雨的热带沙漠气候、热带草原气候、炎热多雨的热带雨林气候。C 区虽均处低纬地区，并无高寒地区。区域较广、气候各异，这些气候类型造就了不同的地理环境特征。

（二）C 区生态环境特征

C 区沿线气候多样，生物样态多样。因为气候多样，所产物资尤为丰富。"……森林、荒漠、草田、农田、水域和城市 5 大生态系统面积占比依次为 34.73%、24.10%、15.01%、2.16%、0.57%，东南亚区、非洲南部区、俄罗斯区、大洋洲区、欧洲区以森林生态系统类型为主，中亚区和非洲北部区以草地和荒漠生态系统为主，南亚区以农田生态系统为主，东亚区农田、森林、草地和荒漠生态系统类型占比相对均衡。"[1] 同样，因为气候多样，各种自然灾害也都存在，比如：沙尘暴、泥石流、森林火灾、火山喷发、滑坡、旱灾、洪涝、台风等。尤其像沙尘暴、洪涝灾害发生一般都是大面积的，且发生区域无法人为控制。因而，国与国之间的合作就更加重要，灾前共同防御、灾后共同治理才是可行之策。

---

[1]　中国科学院遥感与数字地球研究所：《"一带一路"生态环境状况》，http：//www.chinageoss.org/geoarc。

二　C区国际生态合作的可能

（一）　国际合作诸多先例

1. 经济合作

经济合作是国际合作较为常见的形态，例如：世界贸易组织、国际货币基金组织、欧洲联盟、东南亚国家集团、亚太经济合作组织等。不论是生产的国际化、市场的国际化、资金的国际化，还是科学技术开发的国际化、信息传播的国际化都能在很大程度上扬长避短，发挥优势作用，获得好的收益和结果。这些跨国合作的先例证明，国际合作会带来诸多好处，能使各国经济得到发展，各国、各地区人民得到直接益处。

2. 非经济合作

除经济合作外，尤其是近年来非经济合作也陆续出现。非经济合作比如：劳务合作、土地合作、科技合作等。劳务合作实际上已经有很多年的经验了，科技合作是近几年的趋势。我国就有直属科技部的国家国际科技合作基地，其作用就是提升我国科技合作的水平。国际劳务合作在"二战"之后更是蓬勃兴起，不仅加深了生产国际化，而且加速了先进技术在国际的传播，促进了国际贸易的发展。中美科技合作、中欧科技合作、中日韩科技合作、中国与俄罗斯及独联体国家的科技合作，这些国际合作都为C区的非经济合作奠定了基础。

（二）　人类命运共同体设想

1. 国际共同体是发展趋势

土地沙漠化、海洋污染、水资源枯竭、臭氧层空洞、大气污染、生物灭绝等环境问题已经困扰全球多年，无论哪一区域都受到这些环境问题的威胁。而现代化需要人类面对已有的考验，并积极合作解决这些问题。我们所讲的"共同现代化"是指以实现人类不同层次共同利益为目标的、以多个国家组成的不同类型和层次的国际共同体推进的现代化道路，它以合作共赢为核心原则，采取国际合作的方式，充分考虑人口和生态环境因素，追求人类社会的可持续发展。"① 随着科技的发展，信息传播方式的改变，"地球村"正在形成。世界的联系在不断地增强，各种跨国合作近些年越来越多。文化合作、经济合作、政治合作、社会合作、科创合作、服务业合作等，当然，也包括生态合作。在我国新时代背景下，我国成立了生态环境保护部，启动了"天眼计划"，生态环境保护已经刻不容缓。

2. 保护生态环境是世界课题

"……要实现陆海经济贸易和社会文化各方面的联动发展，而不是仅仅局限于国内、局限于经济。"② 不仅是人与人的合作，地区与地区的合作，国家与国家的合作，更是人与自然的合作，人与资源的合作。我国的遥感科学国家重点实验室，就利用风云卫星（FY）、海洋卫星（HY）、环境卫星（HJ）、高分卫星（GF）、陆地卫星（Landsat）以及地球观测系统（EOS）对 C 区沿线的土地覆盖于土地开发利用状况、主要陆地生态系统格局、海域生态环境状况进行监测。这一技术可以清晰地看到农田生态系统、森林生态系统、草地生态系统、各区域生态系统的实时监测数据，能够对 C 区沿线生态系统变化准确掌握。生态环境保护是全球课题，必须加强合作，共同处理监测、治理、改善。

（三）中国智慧可以为国际生态合作提供可能

1. 中国传统生态观为生态合作提供理论基础

据《逸周书·大聚解》记载，周文王曾在快要离世时嘱咐后人，"道别其阴阳之利，相土地之宜，水土之便……"③ 说明早在周文王时期，我国人民就已经有水土保持，节制资源的意识了。我国自先秦诸子起，就非常重视人与自然的关系，孟子说过"不违农时，谷不可胜食也。数罟不入洿池，鱼鳖不可胜食也。斧斤以时入山林，材木不

---

① 柯银斌：《"共同现代化"："一带一路"倡议的本质特征 "共同现代化"是什么？战略重点：生态、人口、国际合作》，《察哈尔报告——"共同现代化"："一带一路"倡议的本质特征》（第二版）2015 年第 2 卷。

② 段光鹏：《关于习近平"一带一路"国际合作倡议的理论思考》，《厦门特区党校学报》2018 年第 4 期。

③ 黄怀信、张懋镕、田旭东：《逸周书汇校集注》，上海古籍出版社 1995 年版。

可胜用也。谷与鱼鳖不可胜食，材木不可胜用，是使民养生丧死无憾也"①。《孟子·梁惠王》本是劝导君王如何行正道，但也包含了明显的可持续发展思想，这里主要表现在对生态环境的保护，禁止过度利用，要取之有度。《庄子·齐物论》说道："天地与我并生，万物与我为一。"齐物就是说天地万物各有不同，而归根结底又是一样的，这种说法可以说是完全的"反人类中心主义"的，在道家看来，万物平等，并无实质的不同，因而在对待人以外的生物时也应该像对待人一样。道家讲求"自然无为"也包含了丰富的生态伦理思想。中国历史上，佛教曾讨论过草木是否有性，草木是否有性的讨论说明了佛教也有他们的自然观。草木是否有性是个深刻的哲学问题还有待探讨，但人有性是明显的，保护生态最终是人来实践。台湾大学哲学系教授释恒清说环保问题牵涉人类的价值观、人与自然的关系、人如何看待万物等问题，所以环保意识必须建立在伦理和哲学上，进而加以科学的辅助，才能将环保工作落实。

2. 中国有能力在国际合作上做出贡献

我国国际科技合作机制与模式不断创新，已经有能力参与国际大科学合作。"十一五"期间，我国科技外交进入发展的重要阶段，气候变化、生态环保等需要国际合作解决的问题频出，科技外交已经成为外交前沿。至今，生态保护对国际科技合作提出更高要求。我国成立了中华人民共和国科学技术部，在生态环境方面已经投入监测。"生态环境是一个不可分割的整体，生态环境问题不仅仅是个别国家或区域的问题，必须从全局、宏观的角度进行考量，需要各国乃至全球的共同努力来协同应对。因此，'一带一路'建设必须坚持生态文明理念，先行开展生态环境监测，为全面实现生态环境可持续发展提供有力的决策依据，共建绿色'一带一路'。"② 我们深刻认识到生态的整体性，积极寻求国际合作，解决生态问题。

---

① 焦循：《孟子正义》，中华书局 1987 年版，第 57—59 页。
② 中国科学院遥感与数字地球研究所：《"一带一路"生态环境状况》，http://www.chinageoss.org/geoarc。

三　增进 C 区生态合作的措施和意义

（一）加快构建中国特色生态伦理

1. 构建中国特色生态伦理的文化基础

生态伦理学又称为环境伦理学，是对人与自然环境之间道德关系的系统研究。以伦理学视角探索人与自然应有的相处之道。当代的生态问题频出，实际上源于人们对待自然的态度，自"人类中心主义"流行于世，我们对环境的索取、无节制太多的伤害了自然，打破了某种看不见的平衡。这种放肆的破坏导致了大自然受到伤害，而这伤害最终要我们自己负责。生态伦理说到底也是人对自然的态度问题，同时也是可持续发展的问题，如何建立中国特色生态伦理，我们不妨从我国古人那里"求取真经"。中国有与自然和谐相处的传统，生态保护是中国文化中重要的一部分。先秦诸子均有对生态以及伦理的探讨，上文提及《逸周书》《孟子》《齐物论》等包含生态环境保护的思想，其实在很多的思想家那里都可以找到与生态伦理相关的论述。中国对待自然的态度从来就是和谐共生，我们承认大自然的权利，并不认为只有人才是一切价值的尺度。

2. 构建中国特色生态伦理的政治基础

"共产主义是私有财产即人的自我异化的积极的扬弃，因而是通过人并且为了人而对人的本质的真正的占有；因而，它是人向自身、向社会的（即人的）人的复归，这种复归是完全的、自觉的而且保存了以往发展的全部财富的。这种共产主义，作为完成了的自然主义，等于人道主义，而作为完成了的人道主义，等于自然主义。它是人和自然界之间、人和人之间的矛盾的真正解决，是存在和本质、对象化和自我确证、自由和必然、个体和类之间的斗争的真正解决。"[①] 马克思、恩格斯理论中包含了丰富的生态保护的思想，我国以马克思主义为指导，坚持马克思主义不动摇。习近平《在哲学社会科学工作座谈会上的讲话》中提到："在我国，不坚持马克思主义为指导，哲学社会科学就会失去灵魂、迷失方向，最终也不

---

① 《马克思恩格斯全集》，人民出版社 2002 年版。

能发挥应有作用。"① 我国重视生态环境问题，十九大习近平指出我们既要创造更多物质财富和精神财富以满足人民日益增长的美好生活需要，也要提供更多优质生态产品以满足人民日益增长的优美生态环境的需要。2018 年 3 月成立了中华人民共和国生态环境部，其主要职责有统一行使生态和城乡各类污染排放监管与行政执法职责，切实履行监管责任，全面落实大气、水、土壤污染防治行动计划，大幅减少进口固体废物种类和数量直至全面禁止洋垃圾入境。构建政府为主导、企业为主体、社会组织和公众共同参与的生态环境治理体系，实行最严格的生态环境保护制度，严守生态保护红线和环境质量底线，坚决打好污染防治攻坚战，保障国家生态安全，坚持节约优先、保护优先、自然恢复为主的方针，定要建设宁静、和谐、美丽中国。

（二）构建中国特色生态伦理的意义在于共建共享

1. 共建绿水青山

习近平指出："我们既要绿水青山，也要金山银山。宁要绿水青山，不要金山银山，而且绿水青山就是金山银山。"我国实行绿色发展，要把环境资源作为社会经济发展的内在要素，把实现可持续发展作为目标，将经济活动过程和结果绿色化、生态化。从前的资源密集型产业是在消耗了大量的资源，出现了各种污染的基础上实现 GDP 增长的。现在经济转型是提倡绿色发展，任何产业都可以实现绿色发展。现在阶段环保工作不仅是要保护环境，还要将已经破坏了的改善、修复好。发展环保产业也是要对从前能够产生污染的生产方式摈除，更新不会导致污染的生产机器，研发节能技术。践行绿色发展理念，最终会走向绿水青山。

2. 共享金山银山

C 区经过东亚、中亚、南亚、西亚以及中欧国家，这些国家要么是发展中国家，要么是转型经济体。在近些年经济发展疲软的背景下，"一代一路"合作倡议不仅能够加强沿线国家自身的发展，更能够加强与其他国家的贸易合作。沿线物产丰富，不同国家盛产商品不同，比如我国就可以在其他沿线国家进口原油和天然气，我国可以对中亚国家出口粮食和蔬

---

① 习近平：《在全国哲学社会科学工作座谈会上的讲话》，2016 年 5 月 19 日，http：//www.npopss-cn.gov.cn。

菜。这样一来就是对资源的有效整合和利用，可消除中国与全球资源类国家的贸易壁垒，这是合作便能共赢的事。

综上所述，C区沿线生态伦理建设是实现"绿水青山、金山银山"的保障，加快中国特色生态伦理的构建势在必行。国际生态合作在其他经济合作和非经济合作的大背景下开展是一个绝好的契机，科技合作也为生态合作提供了技术基础。国际生态合作在已有的众多的国际合作的基础上展开也更加容易，C区沿线的生态环境将得到更好地保护，共建共享是沿线国家既要经济发展，又要生态不被破坏的一个绝好的机会。

对当前生态危机的思考

——从生态伦理角度出发

朱正西[①]

科学技术作为生产力，在人类社会向前发展的过程中扮演着重要而复杂的角色。一方面，它促进了人类社会迅速向前发展；另一方面，它也带来了许多负面效应。

正如一位美国学者所说："一方面，是闪电般前进的科学和技术，另一方面是冰川式进化的人的精神态度和行为方式，因此，科学与良心之间，技术与道德行为之间的这种不平衡冲突已达到如此地步，他们如果不以有力的手段尽快加以解决的话，即使毁灭不了这个星球本身，也会危及整个人类的生存。"[②]

在进入 20 世纪六七十年代后，随着人类所赖以生存的生态系统遭到愈来愈严重的破坏，环境危机日益加深，人们越来越意识到对生态环境污染和生态失衡问题的解决，不能仅仅依赖于经济的发展和法律的治理，同时还必须将治理和保护诉诸伦理信念，以实现人类在保护自然上由被动到主动的过程。

对人类社会的生态环境问题，出现了两大思想不同的派别："人类中心主义"和"非人类中心主义"。

"人类中心主义"以人类自身的利益为中心，以人自身为根本尺度去认识、评价和安排整个世界。"人类中心主义"价值取向就是尽最大可能提高人的地位，扩大人的行为选择自由度。这种伦理观极度张扬和凸显人的主体性地位，将人与自然对立起来，片面强调了人对自然的征服和改造所应持的主观能动性，必然导致人类无限度地开发自然，占有自然，无止境地向自然索取、恣意鞭挞自然。人的欲望的无止境，人的主体性地位的

---

① 朱正西，梧州学院马克思主义学院讲师，伦理学硕士，科技史博士，研究方向为儒学、农学。

② ［美］保罗·康尔兹编：《21 世纪的人道主义》，肖峰等译，东方出版社 1998 年版。

过渡纵容，很快会使人类面临资源枯竭、环境污染的窘境，危及人类自身的生存和发展。这种状况显然不能被人们所接受。

非人类中心主义认为生态自然与人类一样具有"内在价值"。他们认为自然物与人类同样有着生命体验，这一生命体验与人类的生命体验一样应当给予尊重。从珍视生命的角度出发论证伦理关系的存在也应当承认自然所具有的生命价值，这一价值不仅涉及人类对于自身的关爱，人类关爱自身的同时也脱离不开对于周围自然的呵护。另外，他们主张应当把伦理学的范围扩大到对于自然生命的权利保护，视人的生命与一切生物的生命都为神圣之物的态度才是真正的伦理的。非人类中心主义的生态伦理观第一次把伦理主体的范围从人类社会拓展到了自然界，开始讨论自然的伦理价值与人类对自然应尽的道德责任，这在伦理学的发展史上具有开拓的意义，但是对于自然能否作为道德的主体来加以讨论受到了人们的质疑。

人类所面临的一切灾难如环境污染、人口爆炸、资源枯竭等，都是人性凸显的后果。在人与自然关系当中，人究竟处于什么位置，人的主体性地位是否能够得以承认，人与自然的关系究竟如何，人在自然界当中应该扮演什么样的角色，人在自然界当中又有哪些权利和义务。另外，应该有一个什么样的社会制度，更适合人类的生存和发展等问题，以下做出一些思考。

一　人的主体地位不能否认

从"实践论"层面上看，人是自然界的主体，人是活动的主体，它不仅指有意识能实践的具体的个人、集体、阶级、政党等，而且包括世代繁衍生息和发展的整个人类。与人发生现实关系的外部自然界是客体，它也不仅是指某一主体认识、利用和改造的对象，而且包括整个自然界。人类对于自然界来说具有主体性，这是首要的实践中的主体性体现在人是有生命的能动的自然存在物。人不仅能认识、把握对象客体的内在规律，而且能通过自觉的、有目的的、有意识的实践活动，把自己的目的、意志和能力对象化到客体之中，改造对象客体，在这个客体上留下人的主体性印记，生产出自己的需求对象，为自己的目的服务。如果贬低人的主体性地位，在实践行为上消除主体性，让人们一味顺从自然，从属于自然，放弃对自然界的改造和控制，这无异于要消灭人类。那么，没有人类生活于其上的自然界又有什么意义和价值呢？

控制和改造自然是人类生存的基本条件。因此，人类根本不可能完全"回归自然"而成为动物界中"普通的一员"，因为人类根本不可能按动物的生存方式生存。

从价值层面上看，人是评价任何东西的主体。没有人，一个东西是否有价值或价值有多大，是无法确定的。如果没有人，价值再大的东西也是无意义的。

但是我们应该正确认识生态伦理中人的主体性地位。生态伦理建设中人的主体性应该是高度发展了的主体性，即全面的主体性。这种主体性对外部自然界的整体规律性有清楚的认识，对活动的限度有清醒的认识，对自身活动的后果有预见性意识，对自身能力有规范性意识，这种主体性是解决人类面临生态困境、实现可持续发展的基本条件和必要前提。通俗地说，人类所面临的困境，只有人全面的主体性的确立，在自然整体限度之内不断地改进人与自然的关系，才能求得人与自然的和谐。

二　人是自然界的一部分不容忽视

人是自然界整体中的一员，是自然界系统整个之中的一个局部要素而已。人与自然的关系实质上就是自然界整体内部的一个特殊自然（人类）同整个自然界之间的关系。

人本身是自然界整体的一个组成部分，人必须服从于自然系统的整体性法则，在系统整体规律的决定下参与整体的运动。因此，自然界整体的规律性和动态结构的极限就构成了人类实践活动的绝对限度，人类作为自然的局部，不可能上升为整体。也就是说整体具有不可超越性。

人类对于自然界来说，始终受着自然界这一整体的制约。人的生存和发展受一定的自然条件和自然资源的制约，受生态平衡自然规律的制约。"人作为自然存在物，而且作为有生命的自然存在物……另外，人作为自然的、肉体的、感性的、对象性的存在物，和动物一样，是受动的、受制约的和受限制的存在物"。[①] 人类在征服改造自然的过程中，始终受着周围环境的影响和制约。如果违背了自然规律，破坏了生态平衡法则，超过

---

① 《马克思恩格斯全集》（第42卷），人民出版社1963年版，第167页。

了整体的自然界所能承受的限制，也就是人的主体性地位极度凸显，人类必然要受到自然规律的惩罚，受到自然界的报复。

人作为自然存在的一部分，人类为了自身生存的需要对于自然的"有意识地"控制是合理的，人类的生存意味着人类必须支配自然，以人类的发展需要控制自然，出于人类生存的考虑，人类也同样会呵护自然，保护自然，关注自然的变化发展，在马克思的控制、支配自然的观念里包含着人类为了生存的需要在利用自然的同时会保护自然；在支配自然的同时，会尊重自然协调好人类社会与自然生态的关系，使自然环境的变化朝着有利于人类生存的方向发展的思想。

事实证明：人类不能是自然界为所欲为的主宰，他作为自然界中的一种生命形态是不能违背而必须遵从生态学规律的。

三　中国传统生态伦理观

在中国传统文化思想中，体现生态伦理思想首推的是"天人合一"观点。

在儒家那里，《易经》有云："夫大人者，与天地合其德、与日月合其明、与四时合其序。"从人格的最高理性和最终境界来论述了人与天地的合一。后来，孟子提出了人要由"尽心""知性"而"知天"，以达到"上下与天地同流"。接着，就是董仲舒，他从"天人之际，合而为一"的思想，提出了著名的"天人感应"的理论。在宋儒里，从张载的《西铭》里我们可以知道以下的思想：人应该以天地为父母，视天地间万事万物皆与己同为一体，同为一性，不仅所有人都是自己的同胞，所有万物也都是自己的朋友。人是由天地所生，是土地中的一员，人也要把天地放在自己的心中，与大地上的万物确立一种相与互友之道。

对于道家来说"道"是一个至关重要的概念。然而"道"应该怎样呢？《道德经》中有一段话："人法地，地法天，天法道，道法自然。"从这里我们不难看出人与道、自然等的关系。所有一切都要效法自然，自然第一，处于首位。在《庄子》中体现了大量的自然观，违背自然会受到惩罚的。如养鸟的故事就说明了这个道理。

众所周知，佛教是"戒杀放生素食"，以慈悲为怀的。慈心是成就佛道的正因，而慈心的培植，首先应从戒杀放生入手。世间至重者生命，天下最惨者杀伤。以"人死为羊，羊死为人"的因果循环、六道轮回的理论来劝诫人们不杀生。戒杀是消极地止善，放生乃是积极地行善。佛祖放鸟的故事就是此意。然而，实行素食才是戒杀放生的究竟依止处，是培植慈悲心的良佳途径。素食不仅培植慈悲心，有益于身心健康，而且有助于环保。

简朴的生活方式，一方面可以缓和强大的生产压力和紧张，抑制贪欲所驱生的邪恶；另一方面由于适度使用自然资源而与自然界恒常保持一种和谐共生关系。与此相反，那些封执高消费高享受观念的人们，则容易肆意地掠夺挥霍自然资源。简朴自然的生活方式看似缺乏"市场效率"的现代意识（所谓"以消费促进生产"），却是人类和平幸福的必要条件。罗马俱乐部对现代人类的"要用适度消费的道德观代替过度耗费的神话"的规劝，与古老的佛教理念遥相呼应。

四　生态学马克思主义观点

生态学马克思主义作为西方马克思主义在 20 世纪 70 年代出现的一个新兴流派，将生态学（"绿"）和马克思主义（"红"）紧密结合起来，运用马克思主义的批判方法和批判精神分析资本主义社会的生态问题，并将资本主义生态危机直接归因于资本主义生产方式的内在矛盾，直至追溯到资本主义社会的基本制度。

生态学马克思主义者侧重于从生态角度对技术进行批判。当科学技术为一定的统治集团所应用，"控制自然"的观念就不是服务于人的整体的，而变成了少数人对多数人的控制，而试图通过对自然资源的需要满足消除社会矛盾的过程必然会导致现代生态危机产生。在经济理性的指导下，生产用于交换，生产的原则就是"越多越好"，然而结果呢？实际上资本主义社会存在的各种危机都源于生态危机的发展。自然不过成为资本家统治工人的工具，成为资本家获取高额利润的工具，在资本主义制度下，资本主义生产方式对于自然的开发利用必然导致生态危机。

卢卡奇认为在资本主义社会，人与自然关系的发展是与人类社会自身的发展分不开的，资本主义制度追求利润的本性使其把资本的无限扩张作为社会发展的需要，在资本无限扩张的过程中，一切人的活动都服务于或服从于"物"的需要，人被"物"所支配，成为"物"的奴隶，不但人成为谋求利润的工具，自然也成为资本家为满足自身利益而驾驭、奴役的工具。在人逐渐被异化的过程之中，参与到人的实践活动的自然也无法逃脱被异化的命运，自然也成为实现资本主义利润需要的工具与被操作者。所以，在资本主义制度下，生态危机不可避免。

　　佩珀则从具体的制度入手，从资本主义对待自然的"特殊的"方式入手研究生态问题的解决。他认为，正是由于资本主义制度追求利润的动机使自然成为追求利润的工具生成了现代的生态危机，资本主义制度不改变，生态危机的问题最终无法解决。只有消灭资本主义制度，才能解除生态危机。在这里佩珀主张通过革命建立生态社会主义，并对这一理想社会进行了描述：生态社会主义首先应当是人类中心主义的，生态社会主义所实行的人类中心主义同资本主义制度下的人类中心主义不同，由于整个社会系统都受到资本主义的工具理性的控制，资本主义所说的人类中心主义实质上是一种技术中心主义，而生物道德论与自然神秘论更是埋没了人的存在，生态社会主义中的人类中心主义在价值观上把自然看作人类可栖息的生态家园，而人类本身不过是这一家园的看护者。

五　面对当前的生态问题，结合当前一些现象，提出一些反思

　　素食主义。素食主义，自有文明以来，即已有之。古希腊的毕达哥拉斯就是一名素食主义者。圣经所描述的伊甸园是一个素食王国，那里的老虎和狮子并不吃其他动物，他们与山羊等动物和平共处。萧伯纳、托尔斯泰等大文学家也是素食主义者。萧伯纳曾说，他死后送葬的队伍中将有成群的猪、牛、羊、鸡和大群的鱼，这些动物都因他是素食者而免遭杀害。道家虽未把素食当作一个道德问题提出来，但他也主张"清心寡欲，见素抱朴"。儒家则主张节欲，反对暴殄天物。因此，饮食习惯问题不仅仅是一个生物学问题，它同时也是一个文化问题。正如朱熹所说"饮食者，天理也；要求美味，人欲也"。饮食文化与人们的人生态度有关。从佛教的角度看，素食是天经地义的。

　　人们一般都倾向于认为，如果所有的人都选择肉食，那么，个别人的素食努力是毫无意义的。美籍捷克学者科哈克指出，个人选择素食的行为至少可带来以下影响。第一是实践上的，我个人的素食行为至少减少了加

诸在动物身上的一分残酷。第二是我可以对改变人们的态度做出贡献。当我选择用豆角或花菜代替牛排的时候，我就对"吃肉是必然的"这一信条提出了疑问。人们将停下来并思考我的举动。他们也许会把我描绘成傻瓜，但他们将不能再像从前那样毫无顾忌地参加到吃肉的残酷剧中。正是麻木不仁使得那些非人道的行为到处盛行。如果人们能够轻易地做某件正确的事情，但他们不去做，那么，还有什么错误比这更大呢？正所谓"勿以善小而不为，勿以恶小而为之"。

目前饲养家畜家禽，都是大规模经营，它们在饲养场所的排泄物，以及嗣后的运输、屠宰、加工都是环保的污染源。农业为了生产大量的饲料，亦必须大量使用化学肥料与农药，对土壤、水源及空气等造成一系列污染。如果采用素食，自然减少诸多污染。可节省粮食和水资源，减轻人类的生存压力。素食亦能有效地起到保护自然界珍奇稀有动物，并进而起到保护大自然生态平衡的作用。生态环境保护是一个系统工程，倡导素食亦不失为一有效的契入口。我们今天虽然难以要求所有的人都做素食主义者，但是，我们至少应确立这样的"饮食伦理"：①不浪费食物（特别是动物肉），不大吃大喝；②若非健康所需，尽量不吃或少吃肉；③不吃或少吃野生动物，绝不吃濒危动物；④不加入酷吃的行列。

有一次我看到那些在饭馆吃饭的人，走的时候，喝酒喝得东倒西歪，然而桌子上的菜剩得是满满一桌，鸡鸭鱼肉齐全，且大多数菜是动也没动。这纯粹是一种浪费，我是真的不懂，想也想不明白。难道人类真的有这样浪费的权利吗？

打猎问题。在前农业社会，打猎是获得食品的一个主要途径，因而打猎是合理的。进入农业文明后，人们越来越自食其力，但打猎仍是人们获得肉类的一个重要途径，因而打猎仍有一定的合理性。随着工业文明的到来，人类已不再"靠天吃饭"，打猎与获取人体所需的动物蛋白已毫无关系（极少数猎户除外），因而，打猎已毫无必要（除非是为了维护局部地区的生态平衡）。在现代社会，打猎主要是作为一种暂时逃避城市的喧嚣和烦恼的方式而存在的。其目的是消遣和寻求刺激。例如，我有一位熟人他几乎每天都去钓鱼，大鱼难钓到，钓的是一些不大不小的鱼，吃又不好吃，扔掉又有些不甘心。但还是天天去钓鱼。

现在让我们来看一下西方的"嫩牛肉生产"的例子吧。嫩牛肉即小牛犊的肉，它一般出现在高档餐馆和美食家的餐桌上，而在普通中产阶级家庭的晚餐桌上很少看到。嫩牛肉柔软易嚼，颜色粉红，因此受到人们的赞赏。那么，如何才能生产出柔软而粉红的嫩牛肉呢？小牛犊出生几天后就得离开牛妈妈。为避免运动，这些小牛犊会被圈养于小木栏中，把它们关在黑暗的小圈里，用铁链绑住小牛的腿，使它们不能活动，以便减少动物身上的能量消耗，否则运动会让肌肉发达而使肉质不嫩。木栏中的牛犊无法转身，更躺不下来。同时还不给小牛水喝，因为小牛越渴，它的食欲就会越强，这样小牛就容易被喂以符合要求的配方饲料，小牛生长得很快；就这样小牛在木栏中度过其短暂的一生，或许只有16周吧。

无独有偶，据2013年11月22日新闻报道，《陕西数万蓝狐被棒杀剥皮，养殖户称谈人道太奢侈》。在西安市临潼区南王村蓝狐养殖园区，街头的血腥宰杀随处可见，蓝狐被敲头时发出的凄惨的嚎叫声，令笼舍中的同类眼神里充满惊恐。养殖园区没有专用的宰杀场地，养殖户便在自家院门口的大树下进行，甚至就在笼舍旁。看到同类一个接着一个被主人抓住用棍子敲头惨死眼前，其他狐狸躲在笼舍里瑟瑟发抖。报道中附有一张照片，照片中的狐狸看到同类被宰杀后，呆立在笼子里露出绝望的眼神，令人感到非常的可怜。报道说，就连小孩看到杀狐狸也不哭闹了。养殖户说，为了节省成本，不再购买肉食饲料，而是将剥了毛皮的狐狸的肉冻在冰柜里，剁碎后喂狐狸。

实际上动物也该有它们的福利。例如：养殖环境的标准化、隔离宰杀不被同类看到、宰杀要快、用电击法等。另据行动亚洲动物保护团队中国区负责人张媛媛女士说，对小动物的饲养和宰杀过程，其实对养殖户和其子女的精神也存在一种潜在的伤害，他们在一项调查中发现，虐待动物和家庭暴力有一定的相关比例。

达尔文也认为，关心动物是一个人真正有教养的标志；一个社会的文明程度越高，其道德关怀的范围就越宽广。人类为什么要如此残忍地对待动物呢？难道正如孟子所说的那样"为肥甘不足于口与？轻暖不足于体与？抑为采色不足视于目与？"

这里让我们引用一段雷根的话："曾有多少次（而且这种事情经常发生），但我看到人类掌握着其生杀大权的动物深陷苦境、或读到或听到这类报道时，我的眼泪就止不住地流下来。它们的痛苦、它们的不幸、它们的孤独、它们的无辜、它们的死亡，这些都令我感到生气、愤怒、可怜、遗憾、愤慨。整个造物界都在我们人类施加给这些沉默而孤弱无助的动物的罪恶的重负下呻吟。是我们的心灵，而不是我们的大脑，要求结束这一切，要求我们为了它们而扫除那些支持着我们对它们的全面压迫的习惯和力量。——动物的命运掌握在我们手中。愿我们每个人都为上述目标的实现做出自己的贡献。"

2013 年 11 月 30 日，云南昆明呈贡被美国《外交政策》杂志报道称为鬼城。昆明呈贡，是一座典型的"空城"。这里什么都不缺，就是缺人，在呈贡找到一辆出租车简直比登天还难，需要极大的耐性和运气。尽管房屋空置率极高，但施工仍在继续，楼盘像大树一天天地长高。在这里我们不由地产生质疑，质疑消费中的需要。第一，我们要区分需要与想要的不同。第二，我们要区分"需要"与"满足"之间的不同。某些"基本需要"是必不可少的，如：食品、衣服等；然而满足是另一回事。一个人有没有满足的时候，是不是像《山坡羊·十不足》中所描述的那样？

实际上，现代的生态问题，主要是由"消费"造成的。有人以美国的汽车为例作了说明。汽车本来可以使用很长时间，但汽车的风格在不停地变化。人们渴望让别人看到他们开着最时髦的汽车，非常担心老掉牙的汽车会让他们受到嘲笑，让他们难堪。这时商业广告又起了重要作用。所以汽车公司可以大量生产某种汽车，结果后来是造成大量的浪费。

对于现代社会来说，依靠人类已有的文明成果。对大自然的索取和掠夺显然是不会停止的，只有珍惜和节约资源，取之有度，消费有节。才能遏止漫无止境的人类欲求。

"够了就行"。人们可以进行简单的生活节奏，没有过多的欲望，无所求，无浪费。生活的要求只是简单的家居使用，生活的原则是"够了就行"，这时的"够了"只是一个文化的范畴，人们的生活宗旨就是"知足常乐"。

不可否认，通过最新的科技手段来解决生态环境问题，如空气污染、水源污染、温室效应等，是一条必然选择的现实途径。甚至通过高新技术解决人类生存的问题，如通过基因转移，高分子聚合等科技手段，解决人类所必需的衣食住行，乃至对高质量生活的追求，也是人类文明发展的必然趋势。但是，归根结底，要改变人类因现代化而带来的种种伦理难题，只有通过人类基本心态的整合，确立对天人和谐的整体认知。人类是大自然的有机组成，人与自然万物息息相关，互为依存，人们应该从大自然的掠夺者变为大自然的守护者。为走出生态危机，为减缓生存压力，人们必须重新解构人与自然的关系，重新体认人类在宇宙体系中的地位。

对于人们的生产方式还是生活方式的转变，人的观点的变革都是极其重要的。有学者指出："生态问题在相当程度上是人类的心态问题，人类的主流哲学不变，生活方式不变，仅依靠一些环保行为是拯救不了人类的。"① 但这需要深层心灵的转换，这实际是一个心态价值的重构问题，如何在尊重人们的合理信仰与生活方式的前提下，重新整合轴心文明以来各种伦理价值和精神文化资源，重新建构适应当代世界并得到普遍认同的生态价值体系，使每个人都能从内心深处认识环境保护的重要，并切实投入各自区域的生态建设中，是全人类必须长期面对的现实。

论争是必然的，但是人们必须超越论争，超越论争不是压制或取消论争，而只有也只能在论争中超越论争，才能确立新的科学价值观以达到生活模式的转变。

① 　何怀宏：《生态伦理，精神资源与哲学基础》，河北大学出版社 2002 年版。

版纳傣族动物观对生态文明建设的启示

吴　涛^①

吴　涛[①]

　　动物也是自然的一部分，是依托自然而生存的，建设美丽中国的蓝图中是不能缺少动物这一元素的，因此我们不能忽略动物这一层面来讨论生态环境的保护、生态文明的建设。当今人与动物不能做到有效和谐共处，其原因在于人忽视动物是有情感的生命，没有把动物当作道德主体，而傣族人对待自然的态度，对待生命的敬畏，对待动物的关爱，能为我们在构建生态文明建设的进程中提供一些正确的生态观念。

　　党的十八大报告就强调："必须树立尊重自然、顺应自然、保护自然的生态文明理念。"党的十九大报告提出："坚持人与自然和谐共生，建设生态文明是中华民族永续发展的千年大计，像对待生命一样对待生态环境，建设美丽中国。"十九大报告中甚至还把构筑尊崇自然、绿色发展的生态体系纳入构建人类命运共同体的范畴中，由此可见生态文明建设的重要性和迫切性。提到生态环境保护，我们首先想到的是大自然，其次是自然中的山川河流和花草树木，我们一直注重和致力的是对这些方面的保护，但是我们都忽略了动物也是作为自然的一部分而存在的。动物经常会被单独提出来讨论，其实动物也是自然的一部分，是依托自然而生存的，美丽中国的蓝图中是不能缺少动物这一元素的，因此我们不能忽略动物这一层面来讨论生态环境的保护、生态文明的建设。

　　我们所追求的是人与自然的和谐、人与动物的和睦，但实际上动物与人类相处不和谐的例子，产生冲突的情形也是时常发生的，而且这种冲突是相互的，人类私自猎杀国家珍稀保护动物，贩卖鹤顶红、犀牛角、象牙等以谋取利益，同时也有动物主动干扰人类生活的事件，如西双版纳亚洲象伤人事件，人象冲突一度成为大家关注的焦点。当动物与人类生存空间交叉重叠时，人与动物如何在有效交往行为中彼此获得最有利的发展，这仍是我们当前生态文明建设所要解决的问题。与动物的正确相处之道，也

---

　　①　吴涛，云南大学公共管理学院哲学系 2017 级伦理学硕士研究生。

许可以从版纳傣族人民那里找到答案。傣族认为，人类存在之初就依附于自然而存在，人类生存所必需的条件都是由自然提供的，大自然的环境与人类是共生共存的，他们生活在这片土地上，与自然同呼吸、共命运，就应该像爱护生命一样去爱护自然资源。傣族人民敬畏自然、感恩自然的馈赠，在傣家人心目中认为自然资源和人的排序是林、水、粮、动物、人。整个世界就是大的自然系统，人类也是其中的一部分，但人类从来就不是自然的中心，人的生存发展从来就不是以牺牲自然为代价，森林、水源、土地和动物远远比人重要，正是因为这些的存在，才保证了傣家人的永续发展。

一　版纳傣族动物崇拜中的动物观

版纳由于其独特的地理气候，栖息了众多的珍稀动物，因此也有"动物王国"之称，傣民族在世世代代的生存中与动物产生了深厚的感情和独特的相处模式，并对动物有着强烈的保护意识。傣族受原始宗教的影响，认为动物也是神灵的化身，是来庇护保佑整个民族的，所有人都必须要待之以礼，用一种根植于内心的信仰来约束自己的行为并善待动物。版纳傣族的动物观渗透在傣族人民生活的方方面面，其中最突出的就是动物崇拜。

1. 象崇拜中的动物观

在西双版纳的原始森林中仍生活着众多的野生动物，傣族的村寨一般都挨着森林和水源的地方，村民因生存要时常进山与这些动物接触，野生动物窜到村寨中也是常事。但是人们对于动物的突然拜访并不是对其进行驱赶，而是把这种情形看作一种禁忌，不但不能伤害，还要燃香并双手合十将其送走，事后还会请佛寺里的住持诵经符咒，以祈求消灾解难。傣族与野生动物独特的相处方式透露出敬畏自然，保护生态环境的态度。

傣族人对大象的崇敬情感使得人象之间能够和谐相处，互不干扰。在版纳傣族中一直流传着一个故事：傣族迁居到澜沧江之初时，江两岸都是茂密的原始森林，大象极多，澜沧江被称为"喃咪兰掌"，意思是百万大象繁衍生活的大江。澜沧江不仅大象多，各种野生动物都有，其中不乏一些凶猛的野兽，傣族迁徙后，自然就成为这些动物的骚扰和袭击对象，不少居民受到伤害，种植的农作物都被破坏了，给人们带来很大的威胁。后来，有一位聪明的老人发现大象爱吃香蕉、芭蕉，就利用这一特点在村子周边较远的地方种植大象爱吃的作物，用来吸引大象的注意力防止大象进村子来扰乱村民生活。渐渐地，大象不仅不再伤害傣族人，反而还会把种植的香蕉、芭蕉甩给人们吃，时间久了，与人的关系也越来越密切了。而且由于大象生活在傣族人周边致使其他野兽都不敢来袭击村民，人们认为是大象在保护他们，便对大象恭敬有加。大象对于傣族人来说，不仅是保护神般的存在，曾经还是农业生产、运输交通、抵御外敌的好伙伴，以至于一直有着"象靠傣族，傣族靠象"的谚语，凡有大象的地方就有傣族，有傣族的地方就有大象。傣历的十二属相的称谓，还特意把"猪"改为"象"，由此可见大象在傣族的神圣地位。傣族人无论是头饰、手饰还是服装上的装饰，大都为金银制品，他们并不欣赏象牙饰品，也从不为了满足个人装饰需求而伤害其他动物。对于大象，傣族人只会尊重和呵护的责任，猎杀大象是会受到上天的惩罚、神灵的制裁。这可谓是傣族传统社会中的人与自然彼此依存，和谐共生的一个典型例子。[①]

2. 鸟崇拜中的动物观

傣族自古以来就与鸟类和睦相处，这一传统从傣族的神话传说中可以找到依据。《鸟姑娘》和《雀姑娘》是两篇讲述人类与"人面鸟身"的半人类相爱婚配并繁衍后代的故事，这种人鸟婚配题材的故事虽然在细节上各有不同，但其共同点都包含了傣族人民对鸟类与人类有着密切联系的认同，甚至将鸟类也作为人类的始祖，认为彼此之间存在着一定的血缘关系。[②] 除了遥远的神话故事，现在傣族的一些规定，也透露着对鸟类的关爱与尊重，如禁止射杀他人谷仓上的鸟、不得射杀村寨中的鸟等，他们把鸟类视为一种神灵的化身，是赐予人们好运的象征。傣族虽然喜爱饲养鸟类，但是极力反对以笼养鸟，认为最好地饲养方式就是遵循鸟类的天性，让他们复归自然，并禁止小孩子抓雏鸟来养，认为抓雏鸟是一种不道德的行为，如同拐卖儿童一样是不可饶恕的罪行。正是这些从古至今的流传和规定，在人们心中一种无形的道德力量，促使着人们与鸟类和睦相处，让版纳傣族成为鸟类的天堂。

傣族对鸟类的崇拜最明显的体现在对孔雀的崇拜上，西双版纳被人们

---

① 谢青松:《傣族传统道德研究》，中国社会科学出版社 2012 年版，第 208 页。

② 刘荣昆:《傣族生态文化研究》，云南大学出版社 2011 年版，第 110 页。

称为"美丽的绿孔雀",孔雀也是自然赐予傣族人的吉祥物,孔雀羽毛美丽炫目,身姿优雅轻盈,象征着美丽与善良,美丽的孔雀能够为整个民族带来平安与吉祥,故把孔雀作为他们民族的圣鸟。孔雀身上密布的美丽羽翎在傣家人看来是富贵与贫穷的象征,他们称为富翎和穷翎,有传说谁在狩猎中猎杀孔雀,击中身上的穷翎,这个人就会一生穷困潦倒,甚至其来生还会一直活在贫穷之中。傣族对动物的保护以及强烈的生态意识早就深深扎根在人们的心中,他们秉承生态理念,用生态思维去处理事物,努力做一个"生态人"。

3. 耕牛崇拜中的动物观

傣族不仅对野生动物持有不打扰、不伤害的态度,即使是对自家的家畜也是关爱有加。

傣族是一个重农轻商的民族,非常重视耕地和农具,对于耕地的选择和整治十分讲究。傣族信奉的理念是"田地和耕牛比金钱贵重。"所以历来把田地、耕牛视为祖先留下的珍宝,只要有了它,生活就有了着落。金钱也重要,但不能把金钱看得太重,而田地和耕牛不能没有,它比金钱还贵重的这个观念必须代代相传。① 傣族人对水牛有着特殊的情感,因为水牛是勤劳奋进的象征,是吃苦耐劳、艰苦奋斗的代表。水牛在农耕经济的傣族扮演着重要的角色,肩负起了拓荒耕地的重要使命,傣族有这样一句话:"逢夏别问茅草价,逢耕别问水牛价。"由于傣族是盖的竹楼,在夏天需要对房屋进行修补,而这个时候就能体现出茅草的价值;只用在春天进行耕地插秧等农作物播种的时候才知道水牛的价值。水牛是傣族人进行农业生产必不可缺少的农业用具,水牛也一度被奉为镇家之宝,被傣家人当作家庭财富代代传承。② 傣族每月属牛日禁忌使役牛,属马日禁忌使役马。这种把动物当作人来对待的道德观念使得傣家人对动物充满情感。傣族《拴牛魂》抒发了傣族人对水牛的关怀:

> 青草在远方,
> 主人去割来,
> 让你吃个饱,

① 胡绍华:《傣族风俗志》,中央民族大学出版社1995年版,第3页。
② 艾罕炳:《西双版纳傣族拴线系魂文化》,云南大学出版社2011年版,第201页。

每天牵你到野外，

去放牧，去饮水。

不让蚊子咬、

不让蚂蟥叮，

冷天让你住楼下，

天黑为熏蚊子。

你受伤，人难过，

你身亡，主人哭。①

傣族人认为野生动物是家畜的祖先，没有野牛、野猪、野鸡等存在，也就没有他们现在赖以生存的家畜食物体现，因此，对待家畜要像尊崇野生动物一样，所以傣族饲养家畜方式的最大特点是野外自由牧养，崇尚自然的生活态度让傣族人尊重人的天性，同时也尊重动物的天性，他们认为动物世界和人类一样，都是拥有着灵魂的存在者，需要被尊重、需要人类给予关爱和理解。然而，大多数人对待家畜恶态度还是停留在动物只是人类饲养的附属品，是维持人类生存的消费品，自私地对动物的进行索取和压榨，无情地鞭打和残害，对家畜没有任何感情。而傣族人不同，在他们的传统意识里，善待、爱护家畜是他们的美德，整天与它不和，谩骂和虐待它，不可能有好的结果，善待它，关爱它，才会有兴旺和回报。傣族自古就让家畜和他们住在同一栋竹楼里，人住在上面，家畜则住在楼下，他们在与家畜的相处过程中对其产生了怜惜之情，便对家畜予以呵护和照顾，他们认为家畜同人一样是有生命的存在，亦能感受时间冷暖，因此不同的对待态度和关爱，也会收获它们不同的回应，这是他们在长期的实践中总结得出的人与动物和谐发展的经验。②

二　版纳傣族动物观的伦理特质

1. 动物作为道德主体的合法道德地位

动物与人的关系是否永远都是主客关系，动物于人类来说是否只是为

---

① 《傣族古歌谣》，中国民间文艺出版社 1981 年版，第 167 页。

② 艾罕炳：《西双版纳傣族拴线系魂文化》，云南大学出版社 2011 年版，第 200 页。

了使人类生存的工具，只具备工具价值。对于这一问题，版纳傣族受南传佛教的影响形成"众生平等"的生命观就明确地表明了人与动物有着同样的权利，两者处在同等地位，只是生来在社会中扮演着不同的角色，在履行好自己角色义务的同时必须给予其他角色以同等的尊重，因为就同样作为存在体来说，人与动物是无差别的生命体，只是在具体要完成自己使命，实现自己价值的过程中才进行了区分。在人与动物的交往中，动物和人类一样是作为道德主体而存在的，在进行道德判断和道德选择时不能把人与动物进行主客二分，把动物当作人类进化发展进程中的必要牺牲品，动物不是冷漠的机器而是有道德情感的存在，对相应行为能做出与人类同样反应的生命体，与人类共同构成自然，彼此相辅相成。

　　版纳傣族真正就做到了把动物作为一个道德行为主体来对待，认为每一个生命存在都有与之对应的神灵，他们把动物视为人类活动的伙伴、为人类生存做出巨大牺牲的贡献者，他们感恩动物，即使是在宰杀动物和享用动物的时候，也是带着感恩的心情为逝去动物祈祷，祈祷动物的神灵能得到真正的安息，并祈求这些动物神灵能够予以庇护，让民族获得繁荣发展。

　　2. 基于道德情感上的道德关怀拓展

　　傣族认为动物是有道德情感的存在者，情感不是人所特有的，动物同人类一样有着亲族血缘感、同情心、仁慈、慷慨等并在社会发展中共同进化。人与人之间以情感为纽带把人联系为一个整体，动物与动物之间也依靠情感形成以各个的族群，人与动物之间也必须依靠这种情感，把自然中所有的存在者都联系在一起并形成社会。基于内心道德情感的存在，人与动物之间天然就存在联系，人有道德义务关爱对我们忠诚、为我们奉献的动物。人作为天生具有内在的同情心的道德行为体，也意味着人有学习同情他人、关怀事物的能力，傣族人民不但认识到了人的这一特性，还在民族中充分发挥了这种特性，让傣族人从小就接受爱动物的教育，把动物视作自然系统的一部分、与构成自然一部分的人类一样有着不可或缺的重要性，形成了"人类关怀动物，动物回馈人类"的良性循环发展模式。傣族对动物的关爱超越了佛家众生平等、不杀生提倡性的原则要求，把这种被动性要求上升到了主动关怀、积极帮助的层面，不仅给予动物身体上的保护，还同动物进行情感上的交流，傣族真正地把动物看作一个生命体来看待，真正把爱人与爱动物放在同等地位。傣族将道德共同体范围延伸到动物，从人类存在者到非人类存在物，大到自然生态，小到一草一木，都予以同样的道德情感，进行道德关怀，这种把所有存在物都视作生命共同体的组成部分，与儒家所提倡的"天人一体，民胞物与"的大同思想不谋而合，展现了傣族人超凡的伦理智慧。

三　傣族动物观对生态文明建设的启示

1. 崇尚自然，敬畏生命

傣族是多元文化的民族，无论是早期的原始宗教信仰、巫术信奉，还是后期的南传佛教信仰等，这些不同文化中都有着一个共同点：相信世间一切事物都是有生命的存在，傣族人坚信万物有灵，花草树木、虫鱼鸟兽都是有灵魂的，他们供奉祭拜山神、树神、寨神、谷神等，希望能够得到神灵的庇护，祈求风调雨顺，并把触犯惹怒神灵的事情列为禁忌，触犯禁忌的任何行为都会受到惩罚。虽然这种神灵化万物的思想不能普遍化，但是傣族利用这种方式来达到他们保护自然的目的、宣扬万物有灵的观念，这一行为动机是值得我们研究探讨的。

因受多元混合文化的影响，傣族在对待人与自然的关系上与汉民族提倡的"天人合一"的观点有所不同，"天人合一"的生态理念强调人与自然是相互作用的，把自然与人放在同一基础上来讨论，而傣族则是把自然中的一切事物都置于人类之前，认为"森林是父亲，大地是母亲，天地间谷子至高无上"①，人类依赖自然存活，对待自然要像子女对待父母一样，尊重自然、崇尚自然，保护自然。

傣族人民深受南传佛教的影响，佛教传入后与原始宗教相融合，为万物有灵提供了更强大的理论支撑，让人们对生命的认识有了更广泛的含义，也形成了独特的佛教生命观：生命在其表现形式上多种多样，但在本质上都是平等的，生命是轮回的，没有卑贱之分，每一个生命都应得到同等的对待。傣族人认为，不仅人与人之间是平等的，众生之间也是平等的，而众生就包含了世间一切的生命体，无关意识、无关情感，山川河流、草木瓦砾皆在众生之列。对生命广泛理解使得傣族对生命有着极大的敬畏之心，在实践生活中不会"主客二分化"，而是把一切生命体都作为

① 谢青松：《傣族传统道德研究》，中国社会科学出版社 2012 年版，第 207 页。

能动的主体。正是这种万物有灵、众生平等的生命观保障了傣族在长期生活发展中，对事物都怀抱着敬畏尊重的态度，也促进了人与自然、人与动物之间的和谐相处。

2. 做一个有道德关怀的生态人

傣族是一个充满感恩的民族，对自然的崇敬让他们认为人所拥有的一切都是来自大自然的恩赐，自然对人是无私的给予，因此作为人类要怀有一颗感恩的善心去回报这个世界，去保护自然。傣族的动物观不同于普通认知意识上仅仅对动物予以生命保护，还在同动物的相处中加入了道德关怀的情感。傣族肯定了非人类存在物的道德地位，赋予所有存在物享有平等对待的权利，并明确了侵害作为存在者的生存权利应承担的道德责任和遭受良心的谴责。① 傣族把道德关怀的对象从人扩展到动植物，这种超前的生态哲学智慧是建设生态文明所必须具备的观念，不仅人与人之间需要关怀，人与物之间也需要这种情感。傣族深信佛家的"因缘和合"学说，相信因果轮回报应，坚信善有善报恶有恶报，认为整个宇宙是相互联系的，个体间不能独立而存在，一切事物都有因果关系。② 有了这样的信念，傣族为人处事常怀一颗善心，对万物都抱有关怀的心态，这种关怀体现到实践中，就是对自然的崇敬，对生命的关爱。

3. 节制的生态理念

节制是傣族生活中最明显的一个特点，由于傣族认为人生存的必需品都是由自然提供的，如空气、水源、食物等。因此我们一定要学会节制，不能过度浪费，也不能一味地向自然索取。原始宗教中神灵的惩罚警示了傣族人不敢过分扩张自己的欲望，懂得适可而止，自然界的一切都是属于神灵的，人不能妄想去抢夺神灵的东西，只能诚心祈求神灵的恩赐。佛教思想也要求傣族人要节制自己的欲望，人类诸多怨恨纷争都是来自人的欲而不得，由爱生恨所导致的。节制的生态理念与儒家倡导的生态思想有着不谋而合之处。《礼记》曰："树木以时伐也，禽兽以时杀焉。"孟子亦提出"不违农时""斧斤以时入山林"的生态理念。取之有节，用之有度，也是傣族秉承的生态观，渔猎是傣族的一项集体劳动，一般在农闲时进行，虽然是为了满足生存食物的需要，但傣族会在捕捉到的成果中筛选出

---

① 张帆：《道德关怀扩展下人与动物关系的研究》，《哲学文史研究》2018 年第 4 期。

② 谢青松：《傣族传统道德研究》，中国社会科学出版社 2012 年版，第 208 页。

小鱼苗和珍贵品种的鱼类，将它们放生以祈求来年能捕获更多的食物。家中饲养的家畜也是会留存还未长大的牲畜，不宰杀幼崽，如傣族养鸡的最大特点是不吃鸡蛋，鸡下蛋后任其孵化为小鸡，小鸡长大后再杀鸡吃肉，如此不断循环。傣族节制的生态理念就充分体现了生态文明建设中可持续发展的要求。

四　结　语

傣族是一个热爱生活、崇尚自然、敬畏生命的民族，从傣族与动物的相处之道中和对待动物的态度中可以看出早期傣族的生态思想与当今社会所要探寻和倡导的生态价值理念不谋而合，研究傣族动物观的生态内涵能给现代生态文明建设提供一些实质性的建议，树立起对生态建设的正确价值观导向，助力中国早日成为美丽中国。

云南生态伦理及建设的措施

近年来，全球范围内越来越重视生态环境保护，关于如何处理好人与自然之间的关系问题备受关注。就我国而言，坚持以马克思主义生态伦理思想为指导，并将其融入生态文明建设中，对于积极应对经济发展与生态环境保护之间的关系问题，坚持可持续发展具有重要意义，同时对于"一带一路"的可持续发展也具有积极的促进作用。

一　马克思主义生态伦理思想的意蕴

马克思主义生态思想提倡人与自然和谐发展，强调人与自然是辩证统一的关系，人可以能动的改造自然，但必须遵循自然发展的客观规律。

马克思、恩格斯认为人与自然有着内在统一性，它们是相互依存、相互联系的。首先，人是自然界的产物。马克思指出："人直接地是自然存在物。一方面是能动的自然存在物；另一方面是受动的、受制约的和受限制的存在物"。② 即自然界先于人而存在，为人类的生存和发展提供物质条件；但人类在能动的改造利用自然时必然受自然规律的制约。其次，自然是人化的自然。恩格斯曾说："人类进行能动的实践活动去改造自然，使自然界为人类的目的服务，所以，自然是人化的自然。"③ 最后，人与自然是相互依存的，人能认识自然也能改造自然，但恩格斯也指出人类在利用自然的时候，"我们不要过分陶醉于我们人类对自然界的胜利。对于每一次这样的胜利，自然界都对我们进行报复"。④

---

① 马艳霞，大理大学马克思主义学院 2017 级思想政治教育专业硕士研究生，主要研究方向为思想政治教育理论与实践。
② 《马克思恩格斯文集》（第 1 卷），人民出版社 2009 年版，第 167 页。
③ 陈璇：《习近平生态环境保护思想探析》，《湖南广播电视大学学报》2014 年第 11 期。
④ 《马克思恩格斯文集》（第 9 卷），人民出版社 2009 年版，第 559 页。

人依赖于自然又具有高于自然物质的社会本质，这集中表现在人具有理性、道德和劳动的能力，表现在人们之间通过语言中介沟通与交往，以及人生产与生活于一定的社会关系中。作为劳动存在物、理性存在物、道德存在物和语言存在物的人，不仅具有认识与改造世界的能力，也具有尊重自然规律、保护生态环境、实现人与自然和谐相处的智慧。这就是马克思主义生态思想的基本观点。

二　生态伦理面临的问题

当今世界正发生复杂深刻的变化，近年来，中国开始对国际合作及全球治理新模式进行积极探索，在借鉴古代海陆丝绸之路成功经验的基础上，结合时代发展需求提出"一带一路"倡议。"一带一路"倡议成果惠及世界，推动了沿线各国经济的发展，但各国在追求经济效益的同时也引发了相应的环境问题。主要有以下两方面的表现：

第一，"丝绸之路经济带"包括我国西北五省区和西南三省区，途经亚欧大陆。其所经地区多为沙漠，干燥降水少，水资源严重短缺，生态环境较为脆弱。同时，重经济轻环境的现象在沿线国家中普遍存在，加上人口增长过快，人类对环境的污染和破坏等问题日益突出，沿线国家和地区的发展面临严峻挑战。

第二，"21世纪海上丝绸之路"从中国沿海港口出发，途经众多发展中国家和地区，海洋生态环境破坏是其面临的主要生态问题。发展中国家人口较多，资源需求量大，加上受到经济、科技等方面的制约，使其过度捕捞和过量排放污水的现象较为严重，从而导致海洋生物多样性减少，人类过于频繁的海上作业甚至造成海岸线丧失。同时，沿线的东南亚地区多为热带雨林，随着城市化和工业化进程的加快，使自然环境遭到严重破坏，热带雨林物种减少。

三　云南生态文明建设现状

云南省遵循马克思主义生态伦理思想和新时代生态文明建设要求，做到人与自然和谐相处，这不仅是顺应当代社会发展的要求，也是实现社会良性发展的理论基础。

（一）　近年来云南生态文明建设成效显著

党的十七大报告中提出生态文明建设目标后，云南省开启了生态文明建设新征程，取得较好成绩。2015 年初，习近平考察云南时，指出云南要努力成为生态文明建设排头兵，进一步加快了云南生态文明建设进程。长期以来，云南省委、省政府高度重视生态文明建设和生态建设示范区创建工作，先后出台《关于加强环境质量保护重点工作的意见》《关于努力成为生态文明建设排头兵的实施意见》等一系列重要政策和文件。同时，云南在部署社会经济发展工作时，始终将加强生态文明建设作为重要内容。截至 2019 年 3 月 7 日，全省 16 个州（市）、129 个县（市、区）均开展了生态创建工作，累计建成 4 个国家生态文明建设示范市县、2 个"绿水青山就是金山银山"实践创新基地、10 个国家级生态示范区、85 个国家级生态乡镇、3 个国家级生态村；1 个省级生态文明州、21 个省级生态文明县、615 个省级生态文明乡镇、29 个省级生态文明村。①

云南省认真贯彻落实十九大精神，牢固树立"绿水青山就是金山银山"的理念，全面推进水、大气、土壤污染防治三大行动计划，以改善城乡人居环境、加快美丽乡村建设为目标，围绕环境综合整治、环境质量监管、污染治理等工作解决突出环境问题，加大对生态系统的保护，建立健全环境监管制度，生态文明建设取得显著成效。

（二）　云南省生态文明建设进程中存在的问题

当前，云南省正处于经济社会加速发展的重要时期，但随着工业化、城镇化的快速发展，云南的经济发展仍然面临不平衡、不协调、绿色转型难的问题，环境保护与经济发展之间的矛盾越来越突出，主要体现在以下几方面：

一是生态环境脆弱。云南地处云贵高原，山高谷深，地势落差大，地表植被覆盖率低，加上人为开发破坏，导致生态系统修复能力减弱，自然灾害多样，水土流失严重，直接影响了耕地质量。此外，云南高原湖泊众多，淡水资源丰富，但高原湖泊生态十分脆弱。伴随工业化、城市化的发展，水资源浪费和水污染现象越来越严重，加之环保设施配置落后，大量

---

① 胡晓蓉：《推进生态文明建设示范区创建》，《云南日报》2019 年第 1 期。

污水、污染物流入湖泊，严重破坏了湖泊生态系统，大大消减了湖泊自我修复能力，使整个生态系统的稳定受到影响。

二是发展与保护矛盾突出。近年来一些地区不惜降低环境标准盲目引进外资，并把发展重点转移到重工业和制造业上，由于科技水平较低，导致资源浪费、污染排放量增加，还有部分企业为了节约成本，不愿投入大量资金建设污染物防治和处理设施。此外，云南省旅游资源开发存在不合理性，许多环境保护配置设施还不完善，粗放的旅游发展模式未发生转变，部分地区旅游资源供需失衡，造成多地生态环境恶化加剧，生态修复能力减弱。还有一些地区片面追求经济效益，对自然风景进行人为装饰，破坏了原生态的自然资源。

三是生态补偿机制不够完善。随着政府对生态环境保护的重视，在生态脆弱、环境破坏严重的农村地区退耕还林还草项目、退田还湿项目大规模展开，对被征收土地的民众给予经济上的生态补偿，但由于生态补偿资金主要靠中央财政拨款，导致补偿资金紧张，另外，还存在补偿机制的法律法规不完善以及监管机制不健全等问题，造成民众消极参与。

四　云南生态文明建设的措施

云南省生态优势突出，总体生态环境水平得到明显改善。但生态环境保护是一项长期而严峻的任务，加强云南生态文明建设，有利于有效应对"一带一路"中出现的生态环境问题。

（一）转变认知观念，构建新的生态伦理价值观

从十七大提出生态文明建设到十九大再次强调，不仅表明党和国家高度重视生态文明建设，也意味着人们开始意识到人与自然和谐相处的重要性。就云南而言，过去滇池的水清澈见底，吸引力无数游客驻足观赏，而随着工业化、城市化进程加快，大量工业污水生活污水的排放和垃圾任意堆砌，虽然云南省政府投入大量资金进行治理，仍然没能恢复滇池当初的模样。这种"先污染、后治理"的发展观念，严重影响了云南省经济可持续发展，转变认知观念，构建新的生态伦理价值观势在必行。

新的生态伦理价值观要求在经济社会发展过程中贯彻环境保护理念，提倡可持续发展和绿色发展。"一带一路"倡议核心是发展，习近平总书

记多次强调要践行绿色发展理念，携手打造绿色丝绸之路。因此，在"一带一路"发展过程中也应融入新生态伦理价值理念，在经济发展过程中兼顾生态环境，在合作发展中突出生态文明理念，努力实现人与自然的和谐。

（二）大力发展绿色产业，促进经济转型

共建绿色家园，走可持续发展道路是人类的共同追求。可持续发展强调的是长期稳定健康的发展，要求在发展过程中不能以牺牲环境为代价换取经济效益。因此，要大力发展生态环保产业，利用科学技术发展生产，使用清洁能源减少污染物的排放，对废弃物进行回收和再利用。云南省政府应加大科研投入力度，利用科学技术发展绿色产业，政府还可以制定相应政策鼓励支持环保型企业的发展，促使环保型企业"走出去"。云南省是"一带一路"的重要省份，其加快发展绿色产业不仅有利于省内经济发展方式转变，还能与沿线国家加强合作，为它们提供环保技术支持，有效提升中国与它们的生态环保合作水平。

（三）完善生态补偿机制

生态补偿机制是在生态环境保护过程当中，根据生态考核评价体系，重点针对生态保护区和污染防治领域对参与生态文明建设的公民给予合理的经济补偿，激励社会民众参与生态文明建设。云南许多地区生态环境较为脆弱，建立科学、合理的生态补偿机制是促进云南生态文明建设的重要举措。

首先，要完善生态补偿法律法规，尽快出台《生态补偿条例》，使生态补偿规范化、法制化并及时修改完善已出台的意见措施中生态补偿机制不合理的地方。其次，各级政府要加强对生态补偿资金监督管理，明确生态补偿资金去向，将生态补偿机制纳入政府绩效考核。最后，解决生态补偿资金来源单一问题。尽可能争取国家生态补偿资金和生物多样性保护补偿基金，充分挖掘民间资本，鼓励支持民营企业投资生态补偿项目，加快推进云南生态文明建设进程。

（四）加强与沿线国家的生态环境合作

由于云南沿线国家多为发展中国家，普遍面临工业化、城市化发展而

带来的环境污染问题、生态恶化等问题。云南省作为"一带一路"重要节点省份，有着不可替代的区位优势。此外，云南与邻近国家之间自古以来就保持着睦邻友好的关系，这使云南与邻近国家在交流合作中具有得天独厚的优势。

在生态环保合作中，一方面，云南应充分发挥区位优势，加强与周边国家在生态文明领域的合作交流，共建生态环境保护合作机制。在产业合作中融入绿色发展理念，加快环保型产业"走出去"步伐，同时学习和借鉴其他国家的先进技术和管理经验增强环境保护能力。另一方面，充分利用民间交往优势，积极开展面向民间的生态环境保护合作，加强各国民众对生态文明理念的认同，完善民众参与机制。

总之，云南省要在经济社会发展过程坚持走可持续发展道路，加强生态建设，擦亮"绿色云南"名片，争取早日成为生态文明建设排头兵，为建设"绿色丝绸之路"贡献力量。

新机遇背景下我国西部地区绿色发展的路径

部　凡[①]

丝绸之路经济带建设是在我国改革进入攻坚期之际提出的以期实现区域协调发展的重要战略部署，也是我国西部地区发展的新机遇。它的提出，开启了中国经济大门，加深了中国与经济带沿线国家和地区的经济联系，为进一步实现经济繁荣、国家富强提供了现实可能性。在贯彻并落实发展政策的过程中，绿色发展理念必须萦绕左右，因为高举绿色发展旗帜不仅是贯彻五大发展理念、融汇"一带一路"精神的重要抉择，也是直面并缓解或解决西部地区周边地区环境生态问题的必然选择。

"绿色发展"理念经历了一个由小到大，由萌芽到完善的过程。其立基于《绿色经济蓝皮书》，体现于《中国21世纪议程》，蕴藏于《中国人类发展报告2002——绿色发展必选之路》，形成于《中华人民共和国国民经济和社会发展第十二个五年规划纲要》，并于之后多个党中央下达的文件中趋向成熟，形成了一个完善的理念体系。"绿色发展"理念内涵丰富，按其字面含义理解就是兼顾"绿色"与"发展"，在发展中保持且增加绿色，在绿色中推进发展。"绿色"的载体是大自然，指在经济社会发展过程中考虑自然环境的承载力，节约资源，减少非必要的消耗，最大限度地实现生产、生活的绿色化。经济社会发展和物质财富的积累，物质财富不断积累，需要考虑资源和环境承载量等因素。在追求更大发展规模和更快发展速度的同时，人们需要考虑自然环境最大承载力，尊重自然，保护自然。绿色发展的根本目标是在实现人与自然和谐共生的前提下最大限度推进生产发展，社会进步。西部地区在进行绿色发展改革进程中，由于对经济增长的一味追求，再加上因历史文化因素的限制，自身的受教育程度有限，在促使经济增长的同时生态环境被大量破坏，先发展后治理的发展模式成为常态，绿色发展面临阻碍。

随着《中国推进共建丝绸之路经济带和21世纪海上丝绸之路的愿景

---

① 部凡，女，云南大学马克思主义学院研究生。

和行动》的发布，"一带一路"指示精神进入人们的视野，其蕴含的内部思想和绿色发展理念不谋而合，为缓解绿色发展在西部地区面临的困境提供了现实可能性。因此，在建设进程中，要加大对生态环境的保护、重视程度，将"一带一路"打造为绿色发展、环境良好的文明之路。西部地区在我国建设过程中具有重要的战略位置，如何在"一带一路"背景下推进西部地区绿色发展是必须重视并加以解决的问题。为了解决这一问题，促进西部地区有质有量的发展，必须对"一带一路"和绿色发展的内在关系有清晰认知。

一　绿色发展的地位及其价值遵循

绿色发展对我国西部地区的建设而言具有重要的战略地位，是经济社会健康发展所循方向，也是我国实现现代化建设目标的主要路径选择，对绿色发展具有清楚的认知是每一个建设者都要具备的才能。当然，绿色发展不是无迹可循，它的发展、延续、进程都要遵循它的价值取向，沿着预划好发展道路前进。所以，我们要分析绿色发展的地位及其价值遵循。

（一）绿色发展是航站标

实现发展是我国所追求的目标之一，任何一个参与丝绸之路经济带建设的个体均希望借此可带动自身经济的增长、社会的进步。确实，推进经济增长是"一带一路"战略的初始目标之一。在这里，我们需要明确的是，进行经济建设无可厚非，但是在追求经济增长的同时必须投放甚至投放大量注意力在生态保护方面。换句话说，单单追求经济速度的时代已一去不复返，在经济建设中，既要重量也要保质，走出一条既重经济又重生态的绿色发展之路。在"一带一路"建设过程中，必须坚持绿色发展之路，高举绿色发展理念旗帜。

1. 西部绿色发展道路是必经之路

当下社会中环保是时尚，低碳是潮流，绿色是方向。21世纪以来全球化的生态危机已经成为阻碍人类持续发展的重大问题，国际上越来越多的国家将关注力聚焦到生态保护、可持续发展。在应对生态危机的过程中，绿色发展理念应运而生，科技创新被赋予了新意义。如今，一场新的伟大的绿色革命已经拉开序幕，处于世界交往中的各国均不可能远离这一革命。绿色科技成为各国竞争的赛场。正如习近平同志指出："全球新一轮科技革命、产业变革加速演进，以智能、绿色、发展为特征的群体性技术革命将引发国际产业分工重大调整，颠覆性技术不断涌现，正在重塑世界竞争格局，改变国家力量对比。"① 因此，在"一带一路"建设的过程中，必然要走绿色发展之路，这是顺应世界发展潮流的必然抉择。西部地区作为"一带一路"的必经之地，由于历史等因素的影响，其所具有的发展活力和后发之力较为强劲，但它所承受的工业负压也较为严重，西部地区的生态环境由于"一带一路"建设过程中的高投放、高消耗的传统工业模式而备感压力。为了扭转这一局面，西部地区在"一带一路"战略背景下要牢牢立足于绿色发展之路，以实践证明，绿色发展之路是"一带一路"建设的必经之路。

2. 绿色发展是西部地区发展的必遵理念

"一带一路"建设的方向依赖于普适性价值观，依赖于人们对于理想生活的强烈渴望。新中国成立之初，为了在较短时间内缩小与发达国家差距，尽快摆脱落后面貌，我国集中力量发展经济。这一时期的经济发展以生态破坏为代价，重金山轻青山；改革开放以来，经济的快速发展满足了人们的生存需求，大家就追求更高层面需求的满足，从而对生态环境提出了更高要求。这时就需要在合理有序推进经济发展同时保护好生态，节约资源，保护环境。"一带一路"建设应顺应民心所向，既重金山银山又重绿水青山。现今，人们的生态保护意识越来越强，党和政府大力进行生态文明建设。习近平总书记在哈萨克斯坦纳扎尔巴耶夫大学发表演讲时，在谈到环境保护时他指出："我们既要绿水青山，也要金山银山。宁要绿水青山，不要金山银山，而且绿水青山就是金山银山。"所以，"一带一路"建设过程中必须坚持绿色发展理念，这不仅是为了顺应国民价值观之潮流，而且只有这样，才能在经济建设中达到人与自然的平衡、注重自然、尊重自然，降低盲目开发、开采的可能性。

（二）绿色发展的价值遵循

《中国推进共建丝绸之路经济带和 21 世纪海上丝绸之路的愿景和行

---

① 黄娟：《科技创新与绿色发展的关系——兼论中国特色绿色科技之路》，《新疆师范大学学报》2017 年第 2 期。

动》蕴含的"一带一路"的内涵精神对西部地区实现绿色发展具有重要意义。"一带一路"指示精神并不是对绿色发展理念的否定，而是对绿色发展理念深度和广度的深化的产物。"一带一路"和绿色发展就如一个硬币的两面，统一于"一带一路"建设进程中。在"一带一路"战略主体论坛上，刘世锦指出："新发展理念下的'一带一路'建设，其实新发展理念中的核心还是绿色发展，实际上就是在'一带一路'建设过程中怎么来贯彻绿色发展理念。"基于此，可以看出"一带一路"蕴藏的精神和绿色发展内涵于本质上是一致的，也可以说"一带一路"精神是绿色发展思想的升级化产物。

"一带一路"政策蕴含的思想便是人与自然和谐相处，针对西部地区经济建设中现存的环境问题，"一带一路"政策明确指出要达到经济建设和生态建设的平衡，不能因经济的增长而失去生态的平衡，不能走先发展后治理的老路。"一带一路"总纲领中指出"要保证西部地区的生态环境保护规划方案顺利执行，重点打造出西部地区的生态功能保护区……通过具体措施妥善执行"，并且也对西部地区的绿色发展做了具体措施。所以，"一带一路"对于西部地区绿色发展具有重要的指导意义。

二　我国西部地区的绿色发展路径

西部地区走绿色发展道路是"一带一路"建设中的必然选择，在实践"一带一路"战略的过程中，西部地区要走绿色发展之路，可以从以下几种路径进行。

（一）把握多维度创新点，为西部地区绿色发展提供动力

绿色发展这一观点本身就是创新的产物，在"一带一路"战略背景之下，推进西部地区绿色发展要牢牢立基创新这一基本点，在原有的理论基础和实践基础上进行多维度创新，不仅要对理念进行创新，还要对技术、管理进行创新。其中，理念创新，就是要剔除原有的、落后的理论框架和思维观念，立足于西部地区的现实情况和基本特点，在围绕着"一带一路"内涵和绿色发展理念的纹理框架中对理念重新安排，让理念的活力和创造力竞相进发；技术创新就是以创造新技术为目的创新或以科学

技术知识及其创造的资源为基础的创新。绿色发展要实现人与自然和谐共处，实现生产、生态、生活绿色化。其核心问题是要如何在发展的同时维持绿水青山，而要实现这一目标需要社会各个领域的创新，尤其是科技领域的创新。只有依托于科技创新，绿色发展才有不竭动力。西部地区要实现绿色发展就必须借用科技创新的活力，通过技术上的创新来为绿色发展的实现提供现实可能性；管理创新就是要在"一带一路"战略背景下，结合其内涵的理念把新形势下的绿色发展观进行创新，并且在这一创新过程中要改变以前的管理机制，要责任到部，责任到人，使每个部门的责任清晰。除此之外，还要注重部门的重叠性，清减冗杂的部门，对部门关系进行调整优化。

（二）把握绿色经济的发展，为西部地区绿色发展提供现实可能

西部地区绿色发展的实现是一个复杂的系统性工程，这一工程完成的着眼点就在于循环绿色经济的发展，绿色循环经济的发展不仅需要政府的正确导向，还需要群众的广泛参与。为此，可以从以下几方面来促进绿色循环经济的发展，为西部地区绿色发展提供有利条件。

1. 坚持绿色普惠的民生观，提高西部地区生态意识

"一带一路"建设的目的之一便是惠民利民。人民接触的最多的便是大自然，生活于自然之中，取于自然，用于自然，所以自然环境的改善或恶化都会影响人民的幸福指数。西部地区具有丰富的自然资源，相较于中东部，污染较小，具有良好的资源优势。在发展西部地区经济时，尤其是在建设"一带一路"过程中，必须坚持绿色普惠的民生观，将这一民生观有机的结合于"一带一路"之中。除此之外，必须加大力度宣传生态意识，这可以从政府和民众两方面来说：一方面，建立有序的低碳市场准入原则，对低碳产业适当地减少税收；另一方面，宣扬低碳意识，使民众之间低碳之风盛行。需求创造买卖，通过将低碳意识、环保意识宣传进不同社会群体之中，形成低碳性产品需求，进而推进低碳经济发展，为西部地区的绿色发展打牢基础。

2. 提高资源利用率，发展西部地区特色资源优势

资源是西部地区发展的催化剂也是西部地区发展的阻碍物。在推进西部地区发展的过程中，只着重经济利益，大力开采资源，是不利于西部地区持续发展的短视之举。在"一带一路"内涵精神和绿色发展理念的双

重指引下，推进西部地区发展就需要提高资源利用率。资源利用率分为传统型资源利用率和绿色资源利用率，对于传统型资源来说，可以通过科技创新来达到少量多产的效果，进而减少对环境的污染程度；对于绿色资源来说，要恰当且充分利用这些绿色能源如太阳能、水能、风能等，在一定程度上使这些新能源可以在生产过程中代替传统型能源，提高资源利用率的同时，降低环境污染。除此之外，还可以通过技术的革新来推动再生循环能源经济的发展，如运用科技在处理垃圾时产生沼气，提高资源利用率，提高绿色发展水平。

西部地区因其独特的地理位置而具有丰富的旅游资源，如丰富的森林草地、山川雪地，以及极具地域特色的地形地貌，并且西部地区是我国少数民族的主要聚居地，他们具有民族特色的节日、服装、房屋建筑等都极具魅力，是西部地区实现绿色发展的重要依仗。在"一带一路"建设过程中要充分发挥西部地区的旅游资源优势以期在推进经济增长的同时实现绿色发展。为此，可以加大西部地区的宣传力度，以宣传带动发展，打造独属于西部地区的旅游文化链条，在参与"一带一路"过程中，将民族文化优势转化为经济竞争力，进而以旅游业促进其他相关性产业的发展，为西部地区的绿色发展创造条件。除此之外，在发挥西部地区旅游资源的同时还应该大力发展低碳出行，建立低碳、环保的交通路线，为西部地区绿色发展的实现提供可能。

三　结语

绿色发展道路是我国现今乃至今后都要走的发展之路，这一道路的提出是基于我国经验的总结和现实的考量。而西部地区要实现发展就要坚持走绿色发展道路，将自身的发展与绿色发展理念结合起来，在创新的基础上，将绿色发展理念与社会各个层面相结合，将自然生产力和社会生产力有机结合，在促进西部地区可持续发展的同时，大幅拉动其经济增长。"一带一路"战略是西部地区发展的重要机遇，西部地区应充分发挥自身特有的生态优势，以积极主动姿态参与到"一带一路"建设之中，并且在参与这一建设的过程中要坚持绿色发展理念。

少数民族女性在社会发展进程中的性别作用

蒋颖荣[①]

一　问题的提出

自 20 世纪 80 年代以来，社会性别问题的提出促成了女性主义哲学研究三个方面的转换：第一，理论基础转换。女性主义哲学在 70—80 年代主要以自由主义、马克思主义和社会主义等理论为研究依据，强调某一种因素对女性的作用。进入 80 年代中期至今，女性主义哲学转而主要以后结构主义、后现代主义等作为研究的理论框架，关注社会多种因素之间的互动关系，注重近年来女性主义研究中的多元化、重差异、反普遍主义和反传统等趋势。第二，研究主体的转换。女性主义哲学最初主要是"有话语权"妇女的心声，即进行研究的主体主要是发达国家上层阶层的妇女，社会性别概念的提出，使越来越多的人认识到妇女自身也存在差异，并不是一个完全统一的整体，更多阶层的妇女参与到女性研究的行列中。第三，研究客体和主题的转换。女性主义哲学研究最初只局限于对妇女本身进行研究，社会性别概念的提出，使女性主义研究扩展到对妇女内部的不同群体、女性与男性之间的关系、妇女与社会结构等因素的互动关系等诸多方面的研究，研究主题相应从追求男女"绝对平等"到强调"绝对差异"、再到"在社会中求公正"的转换。[②] 进入 21 世纪，女性主义哲学研究成果主要可以概括为三个方面，一是对西方经典原著的翻译和解读；二是对女性主义哲学基础问题的深入研究，对哲学方法论与认识论的研究、对女性主义关怀伦理学研究的深化；三是对应用伦理学理论和问题（生命伦理学和生态伦理学）的关注、对"差异"以及"性别差异"与

---

① 蒋颖荣，云南大学公共管理学院教授，主要从事哲学、伦理学研究。

② 参见刘江涛《近年来女性主义哲学中的社会性别研究综述》，《哲学动态》1999 年第 9 期。

平等的研究。当代女性主义哲学在形而上与形而下两个层面考察和研究"女性问题"，既促进了哲学学科自身发展，也推动了女性和女性主义学术的发展。① 女性自我意识在女性对自我的反思与观照中成为女性主义哲学、伦理学研究的重要方面。

伦理学在关注人类命运共同体迈向美好生活的同时，也关注女性自身的发展和完善、关注女性的自由和解放问题。习近平总书记 2018 年 11 月 2 日在和全国妇联新一届领导班子成员集体谈话时指出，做好家庭工作，发挥妇女在社会生活和家庭生活中的独特作用，是妇联组织服务大局、服务妇女的重要着力点。要注重家庭、注重家教、注重家风，认真研究家庭领域出现的新情况新问题，把推进家庭工作作为一项长期任务抓实抓好。要坚持以社会主义核心价值观为统领，引导妇女既要爱小家，也要爱国家，带领家庭成员共同升华爱国爱家的家国情怀、建设相亲相爱的家庭关系、弘扬向上向善的家庭美德、体现共建共享的家庭追求，在促进家庭和睦、亲人相爱、下一代健康成长、老年人老有所养等方面发挥优势、担起责任。要引导妇女带动家庭成员，发扬尊老爱幼、男女平等、夫妻和睦、勤俭持家、邻里团结等中华民族传统美德，抵制歪风邪气，弘扬清风正气，以好的家风支撑起好的社会风气。习近平总书记的讲话全面展示了党中央对女性在社会生活和家庭生活充分发挥女性性别作用，为社会发展和家庭建设做出贡献所寄予的期待。发挥少数民族女性作为女性这一群体不可或缺的部分在社会历史发展的性别作用同样是值得期待的。

在社会性别视角的嵌入之下，我们以女性的自我意识切入，通过对少数民族女性自我意识经由"无我"到"觉醒"再到"自主"的发展历程的梳理，揭示少数民族女性在社会生活和家庭生活中所扮演角色的历时性变化过程同时也是女性身份被建构、解构和再建构的过程，是少数民族女性自我发展、完善、自我长成的过程。正是在这一过程中，少数民族女性在与男性的性别角色分配、性别互动与性别观照下发挥着她们在社会发展历史进程中的性别作用。这一问题的研究，将有助于新时代下进一步挖掘少数民族女性充分发挥妇女在弘扬中华民族家庭美德、树立良好家风并以良好的家风支撑起好的社会风气方面独特的性别作用。

①　参见肖薇《国内女性主义哲学研究的新进展》，《中华女子学院学报》2012 年第 4 期。

二　从"无我"到"自主"：少数民族女性自我意识的发展历程

"自我意识是一个经历了感性世界和知觉世界的自身反映，而且在本质上是一个经历了他者的自身回归。自我意识是一个运动。……自我意识仅仅是这样一个静态的同语反复：'我是我'。由于自我意识认为差别并非和自我意识一样也包含着存在的形态，所以存在不是一个自我意识。在这种情况下，自我意识认为他者是一个存在，或者说是一个有差别的环节，但自我意识同样认为它自己与这个差别构成的统一体是另一个有差别的环节。……自我意识的现象与自我意识的真理之间的对立在本质上包含着这样一个真理，即自我意识是一种自身统一。自身统一必须成为自我意识的本质，也就是说，自我意识是一般意义上的欲望。从现在起，意识作为自我意识具有了双重的对象：首先是一个直接的对象，亦即感性确定性和知觉活动所认识的对象，但这个对象在自我意识看来具有否定事物的标记；其次就是自我意识本身，这个对象才是真实的本质，但一开始还仅仅是与前一个对象相互对立。在这种情况下，自我意识呈现为一个运动，它在这个运动中扬弃了上述对立，并发现达到了自身一致。"① 按照黑格尔的说法，自我意识是对意识的意识，是一种反身意识，是自我认知的结果，是真实的本质。我们每个人之所以为人，之所以和动物不一样，就是因为我们有自我意识。这个自我意识不仅包含着我去生存的意识，同时还包含着我对我生存过程、生存状况的观察、观看、观照。女性自我意识是女性对自我社会性别角色肯定性观察和认知的过程，是女性对自我独立人格、自我价值、自我权利和义务的自觉意识，是女性获得本真性自我、获得解放、实现自身全面而自由发展的关键。纵观历史，少数民族女性对性别的自我意识经历了缺乏自我意识的"无我"阶段、自我意识的"觉醒"阶段和自我意识的"自主"阶段。

1. "无我"阶段

在这一阶段，少数民族女性缺乏自觉的自我意识，我们每个人都先验

① ［德］黑格尔：《精神现象学》《黑格尔著作集》（第 3 卷），先刚译，人民出版社 2015年版，第 112 页。

地具有自我意识，然而在现代性、在主体性没有凸显之前，人们只是按照祖上遗留下来的某种传统、某种规范去展开每一天、每一年甚至是一辈子的生活，不需要对自己产生任何怀疑，因而不存在对自我认知和认同的问题。具体表现为对自身性别压迫的生存状态的无条件接受。

第一，性别压迫是生产力发展过程中的阶段性产物。母系社会后期，狩猎工具的改进和农耕工具的出现，使得男性可以为氏族提供更多更稳定的食物，男子在农业、畜牧业和手工业等主要的生产部门中逐渐占据主导的地位，母权制自然过渡为父权制。"母权制的被推翻，乃是女性的具有世界历史意义的失败。丈夫在家中也掌握了权柄，而妻子则被贬低，被奴役，变成丈夫淫欲的奴隶，变成单纯的生孩子的工具了。"[1] "在包括许多夫妇和他们的子女的古代共产制家户经济中，委托妇女料理的家务，正如由男子获得食物一样，都是一种公共的、为社会所必需的事业。随着家长制家庭，尤其是随着专偶制个体家庭的产生，情况就改变了。家务的料理失去了它的公共的性质。它与社会不再相干了。它变成了一种私人的服务；妻子成为主要的家庭女仆，被排除在社会生产之外。"[2] 换言之，也就是社会出现了"男主外女主内"的性别分工，女性的活动范围渐渐开始局限于家庭之中，生育与抚育子女以及操持家务成为女性当然之责。而男性的活动范围则是家庭之外的公共领域，他们控制着社会的政治、经济，从而控制着女性。社会性别分工因此就加重了女性经济上对男性的"有待"，"惟其不能自养，而待养于他人也。故男子以犬马奴隶畜之，于是妇女极苦"[3]。

第二，性别压迫是传统社会性别文化的产物。在《家庭、私有制和国家的起源》里，恩格斯指出："在历史上出现的最初的阶级对立，是同个体婚制下的夫妻间的对抗的发展同时发生的，而最初的阶级压迫是同男性对女性的压迫同时发生的。个体婚制是一个伟大的历史的进步，但同时它同奴隶制和私有制一起，却开辟了一个一直继续到今天的时代，在这个时代中，任何进步同时也是相对的退步，因为在这种进步中一些人的幸福

---

① 《马克思恩格斯选集》（第四卷），人民出版社1995年版，第54页。
② 《马克思恩格斯选集》（第四卷），人民出版社1995年版，第71页。
③ 梁启超：《饮冰室合集》之《文集》第一册，中华书局2015年版，第38页。

和发展是通过另一些人的痛苦和受压抑而实现的。"① 长期以来，由于少数民族自身发生发展的历史与文化、与其他民族交往的历史与文化以及其他因素的影响，使得少数民族女性被选择性地塑造成家庭、家族乃至于本民族不繁荣的根源、民族矛盾产生和加重的根源，被选择性地悬置在男权（父权、舅权）的话语体系中而成为一种依附男性的存在者，丧失了自我的性别意识和性别认知。

2. 觉醒阶段

在这一阶段，一方面女性自我意识在现代性的语境之下成为一个问题，女性不再只是一种先验的存在；另一方面少数民族女性在获得受教育机会、获得参与公共事务活动机会的同时，逐步产生了对自我存在状态的观照。意识到自身与男性的不一样，意识到少数民族女性不仅意识到"我在生存"，而且有意识地思考、观察、审视、思考自己的存在状态。换言之，在强调现代性、主体性的理论背景之下，在知识的启蒙和与他人接触的对照中，对"我是谁""我应该是谁""我能做什么"的自我认同的追问、自我价值、自身权利和义务的追问，对现实生活世界中女性与男性之间相互关系的追问。

第一，获得受教育机会是少数民族女性自我意识觉醒的契机。少数民族女性获得教育的途径主要有：国家政策性支持的九年制义务教育，以家庭为中心的家庭儒化教育，以村寨为中心的村寨文化涵化教育和以民族宗教祭祀圈为中心的民族文化传承教育，渗透在少数民族女性的日常生产生活世界、人情往来、人生仪式、民族节日和村寨、神灵祭祀之中。"单单为了要使自己的潜在性成为现实性，意识就必须行动，或者说，行动正是作为意识的精神的生成过程。所以说，意识要根据它的现实性，才知道它是什么。"②意志为了成为自在自为地存在的意志，必须把自己从纯粹主观性这另一片面性中解放出来，从纯主观性中解放出来，走向普遍性和特殊性的统一（即单一性）。"有教养的人首先是指能做别人做的事而不表示自己特异性的人，至于没有教养的人正要表示这种特异性，因为他们的举止行动是不遵循事物的普遍特性的。在对其他人的关系上，没有教养的人还容易得罪别人，因为这些人只顾自己直冲，而不想到别人如何感觉。诚

---

① 《马克思恩格斯选集》（第四卷），人民出版社 1995 年版，第 63 页
② ［德］黑格尔：《精神现象学》（上卷），商务印书馆 1979 年版，第 265 页。

然，他们并非有意得罪别人，但是他们的行动却跟他们的本意并不一致。教育就是要把特殊性加以琢磨，使它的行径合乎事物的本性。"① 易言之，缺乏自我意识的人不可能通过他自己的内部行为得到自我发展和完善，必须给予外力的推动，这个外力就是教育。教育是使人由无教养迈向有教养、由感性的盲目迈向理性的自觉的前提。教育是把人从自然存在即消极的无我状态中解放出来、达到理性自由进而实现人的自由的环节，就是对人的普遍性的提升、确立了人的自我创造和自我生成的历史主体状态，从而使人成为应该成为的人。

第二，少数民族女性在获得了当地就业、外出打工机会是少数民族女性自我意识觉醒的又一契机。当地就业、劳务输出到国内（如云南少数民族女性到省城昆明，到北京、上海、广州、深圳等地）国外（如跨境而居的云南世居少数民族到泰国、缅甸、老挝、越南等国家）的就业机会为少数民族女性提供了越来越广阔的活动场域和生存空间而不再局限于传统村寨、传统生产生活，其劳动价值得到了量化、体现和回报，这无疑是少数民族女性意识中"认不同"的起点，越来越多的少数民族女性直观地感觉到"现在的我"和"过去的我"不一样了，"我"和这里的人也不一样，开始自觉或不自觉将这里的生活和村庄的生活、这里的家庭生活和村庄里的家庭生活进行比较，自我的价值性得到了肯定，性别意识被唤醒，性别责任得到了物质上的肯定、强化和激励，对性别权力的追求也随着对两性对立、两性不平等问题的追问而逐渐彰显。

3. 自主阶段

在这一阶段，少数民族女性意识到自身社会性别的独立性、特殊性，因而也特别强调女性的独特性和特殊性，在注意到女性和男性事实上的性别不平等（如同工不同酬，再如一些重要岗位对女性的排斥和拒斥等）问题，在注意到虽然少数民族女性在获得就业机会的同时社会地位和家庭地位的改变的同时她们也更多地注意到的是：无论是在公共事务领域还是在家庭生活领域，少数民族女性在政治、经济、文化等方面的话语权、决定权和控制权，女性处于相对弱势的地位也没有得到根本性的改变。受教育程度较高的一部分少数民族女性以及少数民族社会中的女性文化精英群体对这一女性问题的思考从基于女性立场的两性对立转向基于男女两性作

---

① ［德］黑格尔：《精神现象学》（上卷），商务印书馆 1979 年版，第 203 页。

为命运共同体的两性平等与和谐，这样，问题也因此转化为不再是男女两性斗争而是彼此之间相互合作与共同发展。具体体现为少数民族女性随着生产力的进一步发展、社会的不断进步，主动追求自身价值和社会价值，能够自觉承担起自己的性别责任，能够自觉意识到自身发展、本民族发展和国家发展之间的内在关联及其重要性，有着对男性性别的关怀和互动、有着对来自男性的性别关怀的期待、对性别平等与和谐的关切、民族和社会发展的关切、国家繁荣昌盛的关切。

三 少数民族女性在社会发展中的性别贡献

大量的田野调查显示，少数民族女性与男性拥有同样的生命质量和生命意义，在人生仪式、传统节日、日常生活中，拥有社会公共活动参与机会和家庭活动参与机会。在公共活动空间和家庭、家族活动空间里，少数民族女性自觉地扮演了家庭生活和族际交往中的重要角色，承担了许多重要的伦理责任和义务，在"在场"（女性能够与男性同时出现的场域）和"不在场的在场"（女性不能够与男性同时出现的场域）中通过与男性的携手互动共同完成了社会公共活动和家庭家族活动，从而完成了对社会发展的性别贡献。

1. 少数民族女性通过自觉承担家庭伦理角色进行代际间的道德教育

"儒家角色伦理学的鲜明的特征就是直接亲属亲情不仅是道德能力教育的切入点，也是在所有人类生活秩序层面的最佳化激励与模式。"[1]在少数民族日常生活中，基于血缘姻亲关系建立起来的直接亲属亲情是人伦关系和睦的纽带，而建立在亲属亲情关系之上的家庭则是少数民族女性进行代际间道德教育的重要场域。

少数民族由于历史、社会发展水平和独特的地理环境，在漫长的过程中形成了民族个性特征鲜明、形态多样、结构复杂的多种民族文化。同时也由于外来宗教在不同民族之间的影响（有无以及程度）不尽一致，少数民族原始宗教、佛教（藏传佛教、小乘佛教）、伊斯兰教、基督教、天主教等宗教在少数民族地区多元并存。只有将少数民族伦理道德置于人的对象

---

[1] 安乐哲：《儒家角色伦理学——一套特色伦理学词汇》，山东人民出版社 2017 年版，第 171 页。

性活动历史性展开的过程中，才能深刻领悟少数民族对人与人自身、人与人（包括同一民族内部、不同民族之间）、人与社会（村落）、人与自然关系的独特思考，从而客观、全面地揭示少数民族地方性文化的精神意蕴。与此同时，少数民族女性是日常生活中具体事物的承担者、人生仪式（诞生仪式、成年仪式、结婚仪式、丧葬仪式）、宗教仪式（这里主要指的是家庭祭祀）的主持者和主要承担者，而仪式是少数民族族际交往的一个场域，不仅是血亲、姻亲、地缘关系表达的场域，也是联结着家族、本民族与异族之间关系的礼物流动的重要场域，同时也是代际间进行道德教育的重要场所，贯穿在仪式中的由少数民族女性承担着的富有道德教育意义的祝词、歌曲、舞蹈在具体的场域中强化和深化了道德教育的内涵和效果。

以哈尼族的诞生仪式为例。诞生仪式是人生仪式的起点，哈尼族诞生仪式包括降生仪式、保魂和处理衣包仪式、命名仪式、见天仪式、认舅舅仪式、贺生仪式等程序。在哈尼族的诞生仪式中，蕴含着诸多的伦理文化内容。哈尼人通过婴儿的诞生仪式将追求幸福与生命价值、家族发达联系在一起，表达了他们对人生幸福的理解；哈尼族的诞生仪式十分强调劳动的价值，劳动使得个人的生命获得意义；哈尼族诞生仪式中的"认舅舅"仪式是哈尼人尊敬母亲和重视舅权血缘伦理的集中体现，为哈尼族社会的有序运行奠定了血缘伦理的根基；哈尼人通过诞生仪式确认与婴儿的家庭（家族）伦理关系，而这样的家庭（家族）伦理关系又将在婴儿的未来成长过程中发挥重要作用：其一，血缘性和亲属性的社会关系网络是新生命成长过程中足可依赖的伦理情感资源。有了这样的伦理情感作为依靠，个体在成长的道路上将不会感到孤独和无助，能够获得来自家庭（家族）以及族群的强有力的道德支持；其二，家庭（家族）伦理关系是新生命习得伦理知识、形成道德观念和道德意志的重要平台。个体道德不是凭空产生的，而是在其所生存的社会伦理关系中培育和发展起来的，家庭（家族）伦理、族群或共同体的伦理文化是影响个体道德演化的主要因素之一。①

2. 少数民族女性通过自身性别发展带来对女性的性别激励、对男性的性别拉动，带来乡村振兴的新思路新理念，有力推动了民族地区经济社会的发展

少数民族女性通过走出家庭走向社会使自身得到发展，或者在当地获

---

① 蒋颖荣：《哈尼族诞生仪式的伦理解读》，《道德与文明》2013 年第 4 期。

得就业机会、或者通过流动获得就业机会。就外出流动方面而言，"2010年全国人口普查结果显示，与10年前相比，无论是省内流动还是跨省流动，流动女性因经济原因流动比例都上升了约10个百分点；与跨省流动女性相比，省内流动女性具有更高受教育程度、有更高比例是专业技术人员或商业服务业人员；同时流动年龄模式也发生了变化，15—24岁男女两性在迁移率上升阶段的差距显著缩小。改革开放后的劳动力流动为中国经济增长作出了重要贡献，而女性在其中的贡献应当占四成以上。"[①] 调查进一步显示，"多数女性离开农村进入城市或到经济更为发达的地区，是为了从事有更高收入的劳动。尽管有些女性的主要外出动机并不是帮助家庭维持基本生存条件，但无论是因婚嫁、随迁，还是因务工经商而流动，女性在流入地多数从事有收入的工作"[②]。同时，"根据返乡者的报告，在通常情况下，男性返乡以经济和工作原因为主，而女性返乡的原因主要是家庭需求，如结婚、生育和照顾上学的孩子等，这显示出在返乡决策方面的性别差异。相同研究还发现，与农村非流动女性相比，返乡女性的非农就业比例相对较高，她们仍延续了在城市中的就业特征，与返乡男性相比有更高的商业服务业工作的比例"[③]。

从郑真真对迁移流动和农村女性发展的回顾与展望，我们可以看到，女性（少数民族女性）通过流动进入城市或者经济较发达地区，无论是省内流动还是跨省流动，都获得了与异文化接触、交流的机会，获得了生存和发展的技术技能，获得了高于流出地的经济收益，由此提升了自我发展的能力。女性（少数民族女性）返乡的原因在很大程度上是基于家庭需求，但是他们的返乡并不是简单的回归，而是带着现代文明熏陶下的生活方式和价值理念回到家乡，身体力行地、潜移默化地改变着周遭人们的观念和行为。

于家庭生活而言，走出家庭就业的女性在职场中能够感受到来自他者（外地流入的商人、外来打工者）的文化浸润，从而或多或少会带来少数民族女性在生活方式、婚姻家庭、人生价值方面的观念思考和行为改变，

---

　　① 郑真真：《迁移流动和农村女性发展：回顾与展望》，《山东女子学院学报》2018年第5期。

　　② 郑真真：《迁移流动和农村女性发展：回顾与展望》，《山东女子学院学报》2018年第5期。

　　③ 郑真真：《迁移流动和农村女性发展：回顾与展望》，《山东女子学院学报》2018年第5期。

少数民族女性获得自身性别发展的同时必然在日常生活世界中产生对女性的性别激励、男性的性别拉动，引发他们在比较当中、在女性的行为示范中，对原来长期积累下来的习惯进行反思与革新。

于当地的经济社会发展而言，走出家庭就业的女性是当地摆脱贫困、经济发展的一个重要的性别力量。无论是在当地就业、还是外出就业返乡的少数民族女性，就在她生活的村寨和地区，通过经商、民族文化旅游、种植业等成为当地经济社会发展的领军人物，带动了当地的经济发展，带动了当地经济增长方式的多元化。身体力行的示范作用，还能够让当地原来不想干活、靠享受政府给予的扶贫政策"等靠要"的观念意识逐步改变为个人主动的创业就业行动，劳动致富，创新致富。

3. 少数民族女性通过文化比较带来更加和谐的交往伦理观念，有效促进了不同文化之间的交流、性别和谐与族际和谐

少数民族女性在自身性别意识觉醒和对自身、民族、国家命运的关切的过程中，有意识地汲取了不同文化之间的观念意识，能够重新审视男女两性之间、不同族群之间的伦理关系和交往规范，在继承本民族传统伦理文化的同时通过比较，吸收和借鉴异文化在性别和谐、族际和谐方面的伦理文化观念形成尊重、理解、包容交往伦理规范，并具体运用于现实生活世界，有效促进了男女两性的性别和谐、促进了不同族群之间的和谐相处。

少数民族地方仍然是以熟人社会为主要模式，人情、面子、礼物的流动依然在其生活世界中占有很大的比例。少数民族女性在日常生活世界中所扮演的角色虽然多样，但都是一而二、二而一的。我赞同杨华将农村人情分为"日常性人情"和"仪式性人情"①，其中仪式性人情是指伴随着仪式的举办而形成的人的聚集和交往，常常是为了纪念某个人或某件事，如诞生仪式、成年仪式、结婚仪式、丧葬仪式、宗教仪式等。这些仪式通过礼物的馈赠，能够将一个家庭的因血缘、姻亲而形成的亲缘关系聚集起来，形成两个家族之间不定期的礼尚人情往来。仪式的程序性、庄重性甚至是神圣性内在地要求少数民族女性具体而适时地出现在各个细节或具体执行中，需要认真处理好自己所扮演的各个角

---

① 杨华：《农村人情的性质及其变化》，《中南财经政法大学研究生学报》2008 年第 3 期。

色，从而能够强化少数民族女性的自我定位，促使她们更好地发展自我，促进其家庭与家族的和睦、村寨的和谐；同时，少数民族女性走出家庭，担任村落妇女主任等角色，积极参与农村社会的治理，促进农村社会和谐与发展。

李兰芬教授认为，性别平等是一种需要接受基于不可更改的生物属性的自然差异而导致的事实"不平等"之上的正义价值的评价与规导的制度安排和行动准则。较之性别平等，性别和谐是一种基于"不同而和"与"和而不同"双重理念基础上注重性别个性的权利尊严和自由发展的生存理念和生活方式。作为一种生活图景、生活模式和生活理想的和谐社会需要以性别和谐为其性别生态，回归生活的生活方式则构成性别和谐语境中实现女性发展的基本实践路径。[①] 在叶文振教授看来，性别和谐是一种新型的男女相互依存、和睦相处、共同发展的性别关系，性别尊重、性别公平、性别友爱和性别均衡是性别和谐的基本内涵。[②]，少数民族女性性别意识的觉醒，不仅是女性对自身命运的观照，也是对自己所生活的世界未来图景的关切，体现着少数民族女性对获得男性尊重的诉求，对"各美其美""美美与共"的愿景。这就必然地在生活实际中体现为男女两性的携手、两性性别良性的互动与合作，从而实现男女两性的共同进步、共同发展。

族际和谐关系是人们对民族之间交往伦理文化良性互动的期待，形成于民族之间从彼此接触、不认同到认同的过程中。日常的生活世界中因着血缘、姻亲、地缘关系的你来我往、在生产活动中类似哈尼族与傣族认"牛亲家"的彼此合作、农忙时节的"换工"、在人生仪式与节日活动中的礼尚往来，少数民族女性在其中都起着不可或缺的纽带作用。对两性性别和谐的愿景转化为对彼此认不同的群体之间的尊重、友好、协作期待。我在拙著《民族伦理学研究的人类学视野——以哈尼族为中心的道德民族志》中认为，我国西南地区多样性的民族文化形成了民族间各自不同的地方性交往文化，民族之间的交往也直接表现为民族交往文化之间特别是民族交往伦理文化之间的互动，表现为不同民族的伦理

① 李兰芬：《性别和谐视域中的女性发展》，《苏州大学学报》（哲学社会科学版）2008 年第 3 期。
② 叶文振：《论性别和谐》，《中华女子学院学报》2008 年第 6 期。

文化所规定了的道德规范之间的调适、整合以至于达成一定的伦理共识从而保证交往在彼此尊重、互相宽容、平等友爱的基础上进行，以形成和谐的民族关系。①

---

① 参见蒋颖荣《民族伦理学研究的人类学视野——以哈尼族为中心的道德民族志》，人民出版社 2015 年版，第 183 页。

黎锦非遗文化传承与保护
场域中的女性主体意识

王芝兰①　杨景霞②

　　女性主体意识就是女性对其自身存在的自觉认识，即认识到女性是与男性一样的独立存在，具有自己独特的气质、特征及其价值。具体来说女性主体意识是指女性对其在社会上的地位、作用及价值等的认识。独立平等的主体意识构成了女性主体意识的重要内容。女性主体意识的觉醒和发展，对其认识自己作为人和女人的独立存在、指引她们发挥能动性和创造性，实现自我价值和社会价值有着重要的意义。今天，随着"一带一路"倡议的建设，以及海南自由贸易港的全面建设，黎族女性的主体地位及其意识将有怎样变迁和发展，是我们今天海南社会要研究的重要课题。为此，本人将以黎锦非遗文化传承与保护场域中女性为例，对女性主体意识及其变迁、发展进行探讨。

　　黎族是海南岛上最早的居民，据史书和考古记载他们在岛上生活的历史已长达1万多年。在这漫长的历史进程中，黎族女性的主体地位和作用，也不断地发生着变化，其主体意识随着社会历史的不断发展，也经历了缺失、觉醒、较大发展和全面发展的历史变迁过程。

一　黎族女性主体意识的缺失及对男性依附和顺从的"第二性"地位的形成

　　1. 黎族社会男女性别分工造成主体地位降低和主体意识的缺失
　　黎族主体地位的降低和主体意识的缺失可以追溯到氏族社会时期。人

---

　　①　王芝兰，海南热带海洋学院马克思主义学院教授，海南热带海洋学院妇女/性别研究与培训基地。主要从事思想政治教育、民族社会工作、民族文化、养老问题等研究。

　　②　杨景霞，海南热带海洋学院人文学院副教授，海南热带海洋学院妇女/性别研究与培训基地。主要从事古代文学与地域文化研究。

类社会在母系氏族社会时，女性由于其自身的特质和能力，在家庭和社会起着主导地位。但是随着父系社会的到来，两性社会出现了分工，男的负责打猎、捕鱼、耕作，女的负责做家务、织布、生育子女、照顾孩子和老人。随着家庭财富的增加，母权制被推翻，父权制和男性继承权的确立，男女地位发生了转移，男性成了家庭和社会的主宰，女性则处于从属地位，甚至成为男性的附庸。而且这种由母权制向父权制的转变是在女性的不自觉中完成的，男女双方并没有进行激烈的斗争。对这种不自觉的状态，恩格斯在《家庭、私有制、国家起源》引用马克思的话来说明"这看来是一个十分自然的过渡"①。同时恩格斯在《家庭、私有制、国家起源》里也说到巴霍芬认为这种转变是人们头脑中的宗教反映导致男女两性相互的社会地位的历史性的变化。② 总之这种男女性别的分工和变化都是在女性不自觉中的变化。这种男女两性地位的变化对女性主体造成巨大的退步，造成女性主体意识的严重缺失。对此恩格斯说："母权制被推翻，乃是女性的具有世界历史意义的失败。"恩格斯认为，从此"丈夫在家中也掌握了权柄，而妻子则被贬低，被奴役，变成丈夫淫欲的奴隶，变成单纯的生孩子的工具了"③。至此，在父权制社会，黎族女性与全部女性一样其主体地位也就逐渐衰微直至沦为依附和顺从男性的"第二性"，其主体意识也就逐渐缺失以致迷失。

2. 黎族女性对其主体意识的不自觉与漠视导致其主体意识的继续缺失和地位的下降

随着社会历史的向前发展，即据今 3000 年左右，黎族女性纺织水平大大提高，她们已经掌握了较为高超的织锦技艺。她们的织锦不仅为全家人的穿衣、盖被所用，也成为黎族人死后的陪葬品，还因其非常精美成为贡品上贡给远在大陆的朝廷。黎锦体现出了较高的生活实用价值、装饰审美和宗教价值，但是这一切并不能改变女性从属地位的事实。千百年来，她们一直为家人织衣、织被，从没有想过为什么是女性为家庭及男性织锦，也没有想过自己对家庭和社会的作用和价值，当然对其创造物——黎锦文化及其价值的认识也是严重缺失的（这也是黎锦及其技艺后来陷入

---

① 《马克思恩格斯文集》（第 4 卷），第 68 页。
② 《马克思恩格斯文集》（第 4 卷），第 20 页。
③ 《马克思恩格斯文集》（第 4 卷），第 68 页。

濒危的原因之一）。她们只知道黎族女性天生就是织锦的，她们把黎锦技艺，由母亲传给女儿，由姐姐传给妹妹，代代相传，但是她们不知道为什么要把这个技艺传承下去。黎族女性为家人织衣、织被等是她们一生的宿命，她们从小姑娘时候起（一般是 6 岁开始）就跟家中年长的女性开始学习黎锦技艺，然后长年累月地织布，一代一代的黎族女性机械地重复着这样的织布工作。这种对自己的劳动价值不自知和对自身处境不关心、冷漠和不自觉的状况，又加剧了她们主体意识的缺失。而她们主体意识的缺失和不自知又巩固了她们被男性压迫和被社会忽视的地位，恶化了她们的主体地位。这二者形成了恶性循环，加剧了黎族女性主体地位的逐日降低和主体意识的逐日缺失。

3. 黎锦陪葬等文化成为吞噬黎族女性主体意识的重要文化机制

黎族主体意识的缺失还受到来自宗教文化的影响。黎族人有死后将黎锦陪葬的宗教习俗。一般黎族女性为其死后织的陪葬品，是其织锦生涯中的一件非常重要的大事，她们一生所织的黎锦最后都要在其死后全部陪葬的（这是导致黎锦濒危的另一重要原因）。她们之所以这样做，是因为她们一直认为黎锦是她们死后与祖先相连、相通的桥梁，如果没有这些黎锦，她们的祖先就没有办法认出她们，她们就不能与祖先再见，也不能得到祖先的保护，她们就会成为孤魂野鬼，这是她们最不愿意也最怕出现的情形。因此，她们完全无视黎锦审美及全部价值，也对自己一生付在黎锦上的心血毫不在意，最终黎锦不过是她们向祖先表明身份和表明忠心的投名状。她们的这一宗教习俗以及对此的遵从，不由得让人想起鲁迅先生笔下的祥林嫂"捐门槛"的举动，有些"哀其不幸、怒其不争"。不仅让大量的非常精美的织锦消失了，也使得她们的主体地位严重缺失，主体意识也迷失了。这种宗教文化成为吞噬其主体意识的重要机制。

此外，内陆封建文化的传播及其发展，尤其随着"三从四德"的封建文化的传入海岛，黎族女性主体意识进一步迷失。"三从四德"加剧了对黎族女性的约束，黎族女性受到来自性别的压迫也不断增强，"三从四德"为代表的封建文化成为吞噬黎族女性主体意识的另一重要文化机制。我们从日常生活中也可了解到黎族女性非常勤劳辛苦，家里家外的活计主要都是女性在做，而男性除了农忙时做工，其他大部分的时间是在喝老爸茶、打私彩，对家庭等其他事务不关心。但是黎族女性对此毫无怨言，并认为男女两性的这种分工是自古如此的理所当然。这也加剧了黎族女性主体意识的不自觉和迷失。

黎族女性主体意识的迷失影响着黎族女性的主体地位形成，不利于其主体价值和作用的发挥，不利于其全面发展，也不利于黎族整体社会的发展。因此，唤醒和促进黎族主体意识发展，提升其主体地位是社会发展中的重要问题。

二　黎族织锦非遗文化的传承与保护唤醒女性主体意识的觉醒

1. 黎族女性法律主体地位和社会地位的确立及主体意识的觉醒

海南岛由于与内地以大海相隔，其经济社会发展较为缓慢。而且黎族社会由于大都在海南岛的偏远地区，主要生活在五指山腹地，他们与海南汉区和外界的联系也非常少，其经济社会发展更为缓慢，直到解放初期，五指山、保亭等地方还保留着一种原始农耕公社制度——合亩制①。黎族社会发展缓慢，黎族女性的主体地位和主体意识很难有较大的发展。新中国的成立，国家颁布了宪法、婚姻法等一系列法律、法规，从宪法上确定了"男女平等"的法律原则，男女享有一样的权利和义务。黎族女性在法律上的主体地位得以确立。这也为黎族女性主体意识的觉醒和发展提供了法律和社会基础。

2. 黎锦文化的濒危在一定程度上刺激了黎族女性主体意识的觉醒

黎锦是黎族文化的核心代表，也是黎族与其他民族相区别的重要标志，有着重要的历史、人文、审美、宗教等价值。但是随着工业文明和外来文化的进入，打破了海南岛与外界的隔绝，也打破了黎族社会的沉静。工业文明在给海南、黎族社会带来巨大发展的同时，也冲击着海南本土的文化。

现代纺织工艺以其高效和其织品的时尚、多样美观直接冲击着黎族织锦的地位和其实用价值。由于黎锦的制作工艺复杂，一件黎锦的织成要花

---

① 合亩：解放初期存在于五指山腹地保亭和五指山等地区的一种农业生产单位和组织。"合亩"一词在黎语中意为"大伙做工"。它由若干户有血缘关系的父系小家庭组成，有些合亩还接受非血缘的外来户参加。合亩一般有 20—30 户，一般为 5 户、6 户，由大家长亩头来带领大家进行农业共耕，是残存的原始父系农耕公社制度。

很长的时间，如要织成一条黎锦筒裙，至少要花三四个月甚至更久。这些特征是没有办法与高效的现代纺织工业相比的；虽然黎锦图案有上百种，但是现代纺织品的样式可是有成千上万种而且还时尚，现代纺织工艺及其织品受到黎族社会的欢迎。与此同时，黎族社会对黎锦的需求减少，黎族社会普遍对自己的文化也出现了不自信，觉得黎锦服饰不好看，他们也就很少穿，黎锦日常功用消失，现在黎锦服饰也主要是为酒店、娱乐等场合的服务人员的制服，或者在"三月三"黎族节日时的表演服装等。

同样地，对黎锦价值的忽视和对自己文化不自信，导致他们对黎锦技艺的不重视。许多黎族女性不愿意从事制作黎锦的活计，加之黎锦技艺的复杂，更让部分黎族女性对黎锦技艺望而生畏。与此同时，黎族年轻女性普遍接受了男女平等的教育，其独立意识也逐渐增强，她们不再当然认为要为全家制作黎锦是其义务，拒绝从事织锦。"母女相传"的黎锦技艺非物质文化传承方式受到破坏，黎锦技艺后继乏人，黎锦技艺面临失传的风险，事实上黎锦的双面绣就差点失传了。再加之文化的整合趋势加剧，少数民族文化日益被边缘化等，这些都使得黎锦这种非物质文化处于被忽视和被遗忘的窘境。到 2009 年，"全省能掌握黎锦制作技艺的黎族妇女不足1000 人，而且多为六七十岁的老人。能掌握织染技艺的不足 200 人，能编织双面绣的仅有 5 人，学习织锦的年轻人寥寥无几"[1]。黎锦技艺的濒危，让许多有识之士感到焦虑和痛心，也刺激着每一个黎族女性，她们在某种程度上意识到了黎锦的窘境和黎锦文化的价值和意义，感觉到了保护和传承黎锦文化的急迫，也认识到自己在黎锦文化传承和保护中的责任和使命。

3. 黎锦非遗文化的传承与保护唤醒黎族女性主体意识的发展

面对黎锦非遗文化的濒危窘境，自 20 世纪 80 年代以来，政府就对之进行抢救性的保护工作。2004 年我国加入世界非物质遗产保护公约，当年政府即将黎锦的"纺、染、织、绣"技艺列入全国十大保护试点项目。在海南省委、省政府的大力推动下，2005 年黎锦技艺被列入海南省第一批非物质文化遗产目录，2006 年黎锦传统手工技艺成功进入国家首批非物质文化遗产名录，2009 年 10 月，海南黎族织锦纺、染、织、绣技艺被

---

① 张钺：《"非遗"海南黎锦制作技艺逐步脱离濒危状况》，凤凰网，2014 年 1 月 17 日，http：//hainan. ifeng. com/life/shishang/detail_ 2014_ 01/17/1752040_ 1. shtml。

列为联合国非物质文化遗产"急需保护名录",成为世界非物质文化遗产。申遗成功给在黎锦技艺的保护和传承提供了充足的资金、政策和制度保证的同时,也唤醒了黎族女性对黎锦文化的传承与保护意识。

黎锦非遗传承人的主体是黎族女性,其主体地位得以提升。黎锦非遗文化的传承与保护最重要的就是对黎锦包括纺、染、织、绣技艺的传承与保护,而这些技艺在传统上就是黎族女性所有。今天,黎锦非遗文化的传承和保护工作也必定以黎族女性为主,黎族女性在黎锦技艺上面有着绝对的权威,是黎锦非遗传承、保护工作中的主角。黎锦非遗文化的传承和保护工作中的传承人是非常关键的人物,关系着技艺的传授和推广。2009年,海南确定黎锦国家级传承人 2 名,省级传承人 14 名,他们在国家支持下开办黎锦技艺传习馆、黎锦传习所,主要招收女性学员,开班授课,为黎锦文化的传承和保护培养了大量的人才,缓解了黎锦匮乏传承人的窘境。还有黎族知识女性参与黎锦文化的研究和宣传工作,通过她们自己的学术和社会影响力推动黎锦文化的保护和发展。

黎锦非遗文化传承和保护工作的开展,为黎族女性就业开辟了新的领域,为其实现经济独立打下了基础,而经济独立正是黎族女性自我存在的价值体现和主体地位的确证,也是其主体意识的直接表达。

同时,黎族女性在黎锦非遗文化的传承和保护工作中,建立了她们自己的朋友圈,形成了休戚与共的命运共同体,在共同体里,她们共同劳动,互相鼓励、互相扶持,相约着学习技艺、传承民族文化,实现自身价值。

黎族女性通过黎锦非遗文化的传承和保护工作,使她们对自己文化有了更深入的了解,产生了文化自觉,增强了文化自信,黎族女性主体意识得到较大发展。

三　黎族女性主体意识及其全面发展

1. 女性为主体创造的黎锦非遗文化"走出去""引进来"创造了条件和机遇,也为黎族女性展现她们的风采提供了更宽广的空间和舞台,还为黎族女性主体意识的自觉和发展提供了机遇

推动和传播黎锦非遗文化,促进各国各地区文化交流也是"一带一路"建设的重要内容。推动黎锦非遗文化"走出去",加强黎锦非遗文化

与丝路沿线各国文化的交流，也是讲好中国故事，传播文化价值，实现民族互信，促进文明互鉴和融合，创新我国文化、重构文化自信的重要举措，有着重要的意义。

目前一些丝路沿线国家政局持续动荡，部分地区武装摩擦和冲突频繁，有些国家和地区极端主义、恐怖主义、分裂主义和极端宗教盛行，加剧了地缘政治危机；沿线国家差距显著，巨大的发展鸿沟对中国进行对外投资和产能转移提出严重挑战，还有一些域外国家对我国不怀好意甚至敌意，对我国在沿线国家的投资和合作制造麻烦和障碍，成为"一带一路"倡议建设的掣肘。因此，要实现"一带一路"倡议顺利进行、和谐发展，我们需要小心应对，通过文化的先行交流，以消除沿线各国人民对我们的偏见、不解、顾虑和戒备，最终实现文化价值的互信，推动经济合作的发展。而黎锦非遗文化所具有的特质为其在与沿线各国人民交往和取得各国人民互信中有着重要的效能。黎锦非遗文化是由黎族女性贡献给黎族社会和中华民族的文化瑰宝。黎族女性大多温柔平和、宽厚仁慈，不具锋芒，没有攻击性，具有天然的亲和力，而且她们特别勤劳，在长期的黎锦文化制作和创作中又养成了坚韧的性格特质。因此，黎锦文化具有"温柔如水"的女儿气质，"和、仁、厚、韧"是其文化的核心，也与"团结互信、平等互利、包容互鉴、合作共赢"的丝路精神相契合。因此黎锦女性要发挥其主动性，积极传播黎锦文化，把"和、仁、厚、韧"的价值传播出去。为此，我们就要讲好黎锦文化故事，展示精美黎锦织品，展示黎族织女精湛工艺，让沿线各国人民对黎锦非遗文化的历史、工艺、审美、人文价值有详尽的了解，让他们逐步接受和喜爱中国文化，对黎锦文化的"和、仁、厚、韧"的核心价值产生认同，产生互信，实现文化的价值认同。通过黎锦文化的"走出去"和大力弘扬，为"一带一路"建设的和谐发展提供智力支持。

随着黎锦非遗文化的走出国门，也为黎锦非遗传承和保护工作场域中的女性走出国门，走向世界展现她们亮丽风采搭建了舞台，也为其全面增强主体意识提供了机遇。

2. 以黎锦非遗文化为核心的旅游文化让黎族女性成为自由贸易港建设的主角

为进一步推动我国经济社会的发展，实现经济文化的发展，国家做出了将海南岛建成自由贸易港的重大决定。2018 年 4 月 13 日习近平主席在海南建省 30 周年庆典上正式提出海南全域进行自由贸易区的试点。从此海南进入经济社会发展的快车道。2018 年 11 月 5 日以"共建创新包容的开放型世界经济"的首届中国国际进口博览会在上海拉开序幕，"引进来"成为实现"一带一路"倡议的重要策略。因此，如何实现海南经济的发展，发挥海南在"一带一路"重要节点的作用，完成海南自贸港的建设，我们就必须要开动脑筋，筑巢引凤，吸引外来资金和人才的进入，把"引进来"策略落到实处。当下，最为现实的就是利用海南得天独厚的自然资源和民族文化资源，发展文化旅游经济，推动社会经济的进一步发展。

中华人民共和国成立以来的中国社会，主张男女平等，奉行"妇女能挑半边天"的原则。黎族女性要在"一带一路"倡议建设和海南建设自由贸易港的建设中积极主动、努力作为，积极彰显自我主体意识，发挥其主体的能动性和创造性，努力发挥"半边天"的作用。为此，黎族女性主动将黎锦文化的传承、保护与发展相结合，实现黎锦文化的全面保护和发展，也实现其自身主体意识的全面发展。为此，要打造以黎锦非遗文化为核心的旅游文化，积极开拓国际国内两个市场，实现黎锦文化的"走出去"和"引进来"。首先，要打造与黎锦相关的旅游品牌，除了传统的服饰以外，还要创造性地开发出适合大众所需要的其他产品，增加织品的时尚元素，让古老的黎锦具有现代性，如制作旗袍、长裙、披肩、挂件、首饰，包包、鞋子等，让黎锦在具有实用价值的同时也具有装饰作用，富有审美价值。其次，研究和开发与黎锦相关的工艺制品，开发出一些生活用品和儿童玩具等，吸引更多人喜爱和使用黎锦织品，增加黎锦织品的受众面。再次，加大黎锦非遗文化的宣传，充分利用好文化和自然遗产日①加大对黎锦文化的宣传，还可借助国家和海南举办的国际国内重大活动、赛事、会展等加大宣传，更重要的是还要进行黎锦文化价值的挖掘，创作与黎锦有关的文化艺术和动漫、影视作品等，通过以上举措拓展黎锦旅游文化的国际国内市场。复次，建立黎锦文化生态园和博物馆，加深黎锦文化的厚重感。最后，加强对黎锦文化的研究和经验总结利用，让黎锦文化保持生命力。

---

① 文化遗产日，从 2006 年起设立。2016 年 9 月，国务院批复住房城乡建设部，同意自 2017 年起，将每年 6 月第二个星期六的"文化遗产日"，调整设立为"文化和自然遗产日"。

结束语：本文结合黎锦非遗文化场域中的女性，对黎族女性的主体意识的迷失、觉醒、发展等变迁历程进行了简单的梳理，得出的基本结论就是：黎族女性在社会历史的发展长河中，曾经一度迷失过自我。但是随着新中国的建设，随着男女平等的原则的实行，黎族女性的主体地位普遍得到提高。但是在黎锦非遗文化场域中的黎族女性主体意识的觉醒和进一步发展，则是在黎锦非遗文化的濒危及其申遗工作的开展。而黎族女性的主体地位和主体意识也将随着"一带一路"倡议的落实和海南自由贸易港的建设得到全面发展。当然性别平等、女性主体及其意识问题是一个古老而严峻的话题，本篇难以穷尽全部黎族女性主体意识问题，这里只是大海拾贝对黎锦非遗文化场域中的女性主体地位和主体意识进行了一个初步地探讨，还非常不够。也希望在以后的研究中能扩大研究面，并能从实证的角度对之进行研究。

多元文化背景下的景颇族性别关系建构

李　勤①

缅甸北部、东北部与中国西藏和云南省接界，不仅是中国通往印度洋的重点，在缅甸克钦邦武装力量与其政府就少数民族自决权观点不一致而发生的持续内战中，缅甸与中国边境交界处也深受其害，并因此引发各种社会问题，不利于我国边境社会稳定。又因其东北部少数民族克钦族与中国西南边疆少数民族景颇族同根同源，在民族性格、信仰及习俗方面等方面有着极大的相似性和交融性，因此，通过研究景颇族进而了解中缅交界处边境社会问题中的人及人与人之间的关系，就可以更好地解决边疆的社会问题，维护边疆社会稳定，这是本研究的出发点和立脚点。

缅甸的克钦族与中国景颇族同根同源，主要居住于克钦邦山区、瑞丽江流域、掸邦山区及景栋地区。克钦族为缅甸的少数民族，与除国家主体民族缅族外的掸族、克伦族、孟族、克伦尼族、钦族、若开族六个民族一起，组成缅甸的少数民族并据有七邦而治。英殖民时期在缅甸采取的分而治之的殖民统治策略，加剧了缅甸内部缅族与各少数民族的矛盾，民族分离主义倾向明显，而在 1960 年始因奈温的军事独裁政府否决少数民族自决权而引发的缅甸内战中，克钦族成立独立武装，持续与中央政府的国防军发生武装冲突。在近年来政府与多个少数民族签署停火协议后，演变为克钦独立武装与政府军的直接对抗。因持续的战争影响，中缅边境聚集了大批寻求避难的民众，以及退守边境的克钦独立武装引来缅军炮弹袭击时致使炮弹落入中国境内，极大地威胁到边境居民的人身和财产安全。

中国的景颇族

景颇族是我国众多跨境民族中的一员，是云南边境的 16 个跨境民族之一，分为景颇、载瓦、浪速和茶山四个支系。其分布地理位置大致为东

---

① 李勤，云南民族大学人文学院教授。

起高黎贡山、怒江，西至更的宛河及印度阿萨姆边境，北起喜马拉雅山麓的坎底、岔角江，南至腊戍、摩哥克山区一带。① 在我国多分布在云南德宏傣族景颇族自治州境内与缅甸接壤的陇川、盈江、梁河、芒市、瑞丽3县2市②。

瑞丽市户育乡是景颇族聚居的边境乡镇之一，是以景颇族为主，汉、德昂、傈僳、白、苗、傣共7个民族共同聚居的山区乡。全乡总人口数为7970人，其中汉族2366人，占总人数的30%；少数民族5604人，其中景颇族4938人，占总人数的62%；其他民族666人，占总人数的8%。③景颇族为户育乡主体民族，在乡镇政治、经济、文化等生活中都扮演了重要角色。户育乡设弄贤、班岭、雷弄和户育四个行政村，为了解景颇族具体情况，本研究选取户育村作为田野点展开调查。

一　多元文化的形成

德宏州为多民族聚居区，坝区与山地毗邻，以及历史上由于环境变化和战争等因素的民族大迁移，使得此地形成了包括傣族、景颇族、汉族、傈僳族、德昂族、阿昌族等民族杂居的局面。并且由于历史、自然原因以及民族风俗习惯的不同，形成了"傣近水住坝，德昂住半坡，景颇、傈僳住山顶，汉族杂居"的居住状况④。

傣族由于长期居于此地，源远流长。"德宏地区的土司源于元朝，完备于明朝，清袭明制，民国时期仍然沿袭。景颇族进入德宏地区之前，德宏地区已经是中原封建王朝认可的傣族封建领主（土司）直接统治下的地区"⑤。傣族势力强大，占据地理区位因素最好的坝区，且其作为一方霸主，在政治、文化、经济上统治和压迫其他民族，对其他民族的存在和发展施加了重要的作用。

---

① 《景颇族简史》编：《景颇族简史》（一），民族出版社2008年版，第1页。

② 德宏傣族景颇族自治州统计局编：《德宏统计年鉴》，2003年版，第39页。

③ 陈岗：《户育乡第十三届人民代表大会第三次会议政府工作报告》，2015年1月29日。

④ 云南省瑞丽市编纂委员会编：《瑞丽市志》（中华人民共和国地方志丛书），四川辞书出版社1996年版，第668页。

⑤ 陆云：《景颇族社会文化变迁与现代发展研究》，云南大学出版社、云南人民出版社2013年版，第52页。

汉族所代表的封建势力和封建文化在明朝永乐年间（1403—1424）就已开始渗透到景颇族政治制度文化中，在清代继续通过任命其山官为封建统治角色而加强景颇族政治文化向主流文化的靠近。民国时期虽然国民统治政府仍对景颇族山官委以官职，但并无实际统治权，景颇族在一定程度上仍沿袭传统的山官封建统治。

和景颇族一样，傈僳族、德昂族、阿昌族等势力弱小民族也受制于封建傣族"土司"和封建王朝的政治、文化影响，在政治、经济和文化上依附于傣族和汉族。所以，在景颇族所活跃的地区，形成了以傣族、汉族封建文化为主流、其他民族文化为附属的文化多元现象。

二　多元文化的表现形式

"云南的多元宗教共处实际上可以划分为两种基本类型：基于相互区隔的静态共存与基于彼此互动的动态共处。"① 在宗教与民族的传统文化有紧密联系的前提下，"一族多教"和"一教多族"信仰下的少数民族在社会生活层面上密切联系，在文化层面存在多元并存。而在历史上景颇族和周边民族的交往中则表现为冲突和融合两种形式。

冲突表现在物质利益冲突、政治利益冲突以及信仰上的冲突。物质利益上，景颇族为后迁入民族，在争夺生存空间上与原有民族傣族、阿昌族、德昂族等民族之间不可避免出现为争夺地盘而引发的械斗，"如景颇族穆日布强、腊买嗯戛的部落族人与德昂族帕庄王部族的纷争和战争，即是为争山夺地而引发的刀兵血刃"②。政治利益上，傣族势力强大，对其他民族实行封建压迫和剥削，景颇族随着与其势力的变化，一方面承受压迫，另一方面又寻求摆脱其压迫，这也是民族之间矛盾的不可调和之处。信仰上，景颇族历来信仰原始宗教，由于彼时生产方式的相对落后而形成了"万物有灵"的文化内容，生产、生活中所不能解释的现象都寄托在"神灵"的眷顾上，通过"宰牛杀鸡"等牲祀来传达希冀和敬畏；而傣族

---

① 韩军学、刘军：《云南多元宗教共处的类型与基本模式》，《社会学评论》2014 年第 4 期。

② 陆云：《景颇族社会文化变迁与现代发展研究》，云南大学出版社、云南人民出版社 2013 年版，第 65 页。

和德昂族信仰的佛教，则宣扬众生平等，忌讳杀生，所以在信仰及其活动上的对立使得民族间产生严重的隔阂和误解。

运用冲突论的观点来看待民族之间的交往，冲突是彼此相异之处对于关系调节的一种方式，而融合也是不可避免的，突出地表现为经济上的广泛交往。在封建社会中，封建生产因素相对其他社会具有生产方式上的优越性，是一种先进文化，处于落后地位的景颇族由于自身经济、文化上的局限性，需要和其他民族进行物质上的交换来满足自己发展的需要。另外，物质文化上的需求又带动精神文化上的趋同，"在交换与市场的作用下，景颇、汉、傣三族之间出现了借贷、租佃和雇佣等密切的经济关系"①。

三　多元文化下的景颇族

由于地理位置的偏远，中央集权统治对于边疆地区的统治往往鞭长莫及，在清王朝时期，中央封建王朝的力量逐渐扩大到德宏等边疆地区，但景颇族实际处于傣族封建领主土司的直接统治之下。处于落后民族的景颇族，在面对固守领土的傣族封建领主土司的统治下，辗转山区，在傣族势力下谋求生存只能"占据地势险要、道路崎岖、交通不便之地"②，才能求得相对的独立和安宁。

景颇族传统的山官制度由于沿袭于原始社会，具有封建性和原始民主性双重特征。一方面，景颇族山官是景颇族社会的统治者，对下设村落具有封建剥削性质；另一方面，景颇族山官也是所辖村落的直接保护者，对其领地的居民具有保护的责任和义务。另外，由于地域的相对性，在景颇族居住地比较靠近傣族聚居地时，"景颇族在政治上臣属于土司，在经济上要接受土司的剥削，……，但在景颇族的中心聚居区，民族内聚力较强，山官为维护自身利益和民族尊严，往往表现出顽强的抵御外侮的意

---

① 陆云：《景颇族社会文化变迁与现代发展研究》，云南大学出版社、云南人民出版社2013 年版，第 67 页。

② 陆云：《景颇族社会文化变迁与现代发展研究》，云南大学出版社、云南人民出版社2013 年版，第 52 页。

志，……，土司欲以武力控制而不能"①。

　　所以，在和中央集权统治下的封建文化和傣族土司的"封建领主制"傣族文化的抗衡中，景颇族一方面不断借鉴其进步因素，另一方面也在坚持本民族文化的传统不动摇。所以，景颇族的传统文化具有一定程度上的封建性，又具有原始社会的民主性，"半部落半封建"②的社会性质也体现在其生产、生活的方方面面，性别文化中也体现出这种特点。

四　公共生活下的景颇族性别观念

（一）村落布局中的父权与母权

　　景颇族作为一个共同体从原始部落起，经历"格安圣亚"的母系氏族时期，"木拽圣亚"的父系氏族时期，度过漫长迁徙"逐水草而居"，从青藏高原地区辗转至如今"文邦圣亚"阶段的瑞丽"孟巴巴"（今属克钦邦），都以寻找适宜居住地为主要目的。兼顾生存需要和战略需要的景颇族村寨的选址和布局，也体现出不同社会关系下的性别关系。

　　"格安圣亚"的母系氏族时期，居住环境和生产方式决定了女人在家庭生活和社会生活中的重要作用和地位。女性作为氏族直接养育者和生产劳动的组织者、指挥者在氏族部落中拥有大量的生产、生活资料，此时，景颇族社会实行"男人嫁女人"的两性结合方式，女性提供生育价值、生产价值，男性提供劳动力并进入女性家族中去。女性主要负责的采集、渔猎、制陶及手工发展迅速，需要将居住地选在邻水、靠山且植被丰富之地，在"烧荒种地、狩猎捕鱼、采集果蔬、搭棚盖屋、养禽畜牧"③，两性作用互相补充，关系相对平等。

　　"木拽圣亚"为父系氏族时期，此时随着生产力的提升，采集为主的社会逐渐转变为拥有固定居所和土地的农业，凭借集体力量抗击外来势力及自然灾害中男性作用日益提升，男性成为谋取物质生活资料和氏族的保

---

①　陆云：《景颇族社会文化变迁与现代发展研究》，云南大学出版社、云南人民出版社2013年版，第53页。

②　桑耀华：《论近代景颇族社会的半部落半封建性质》，《云南社会科学》1992年第3期。

③　瑞丽市史志办公室编：《瑞丽景颇族》，德宏民族出版社2014年版，第50页。

卫者，并占有大量的生产资料，"男人嫁女人"转变为"女人嫁男人"，财产逐渐私有，女人也为男人私有。男性力量为主的部落及支系带领各自族人"经过千百年从北到南踏遍大半个中国的艰难迁徙征战历程后，终于来到温润富饶的德宏'文邦圣亚'定居生活"[1]，并在居住地的布局和建筑上存在封建等级上的差异，体现出父权文化的深远影响。

首先，官王位于村寨最佳位置。"寨子头必须有枕头山，寨子必须有天然屏障，有山，有水，有树，有草，有食物，因而难攻、易守的地方是最理想的寨址"[2]，百姓外出寻找适应建寨地点，初步稳定后根据派系邀请所属派系官王前来定居统治，"官王官邸的住址可以选择在这个寨子中最好的地段"[3]，并且"官邸的布局、造型等与平民的住宅基本一样，只是一般都叫雄伟和冗长，以及根据财力建筑材料都好一些"[4]。平民的住宅围绕官王的住宅建造，或据地形，或依位置而建。在居住空间中体现出封建山官制度中父权等级的差别。

其次，幼子继承制下的父系继承。在景颇族社会中，已婚的儿子与父母同住，幼子的地位要高于长子，长子婚后另立门户，搬出旧宅，幼子则留在家中赡养父母，财产也主要由幼子继承；女子出嫁便为夫家所有，若仅有女儿则可招赘，孩子随女方姓氏，继承女方财产及血脉支系。在景颇族社会中，男性享有财产继承权而女性没有，并以男性来维系家族支系的延续，体现出景颇族父系社会形态下的父权。

（二）山官制度中的父权与母权

景颇族形成的兼具封建性和原始民主母系尊崇的性别文化，既有来自自身特有生产力的决定性作用，又有来自自身非典型性奴隶制和封建制的影响。

景颇族的山官制度形成是在其独特的社会发展进程中逐步产生的。从经济上来说，生产资料的极大丰富势必造成根据占据不同生产资料而形成社会分层，在景颇族社会，为了合理分配剩余产品以及增加更多的剩余产

---

① 瑞丽市史志办公室编：《瑞丽景颇族》，德宏民族出版社 2014 年版，第 53 页。
② 瑞丽市史志办公室编：《瑞丽景颇族》，德宏民族出版社 2014 年版，第 153 页。
③ 瑞丽市史志办公室编：《瑞丽景颇族》，德宏民族出版社 2014 年版，第 153 页。
④ 瑞丽市史志办公室编：《瑞丽景颇族》，德宏民族出版社 2014 年版，第 153 页。

品，有支配能力且有权威的长老或寨头则凭借现有"权力"和"经济实力"逐步演变为山官①。从政治上来说，为了扩大领地和争夺百姓，不同山官之间会进行械斗和战争，在战争中便有了俘虏，这些俘虏作为奴隶成为山官的私人所有。

另外，景颇族生活在傣族"土司"的封建统治下，政治、经济和文化上无不受到其影响，景颇族社会也有一定程度上的封建性，推崇等级之间的不平等，但由于景颇族居住地的封闭性，又具有一定的独立性，得以在很大成俗上保持本民族文化的主要特色。所以，"景颇族社会山官众多，辖区大小不等且互不统属，给景颇族发展成典型的奴隶制社会或封建领主制社会造成了极大障碍"②。

所以，非典型性的奴隶制或封建制社会下的景颇族社会，既具有奴隶制社会的部分特征，也具有封建制社会的部分特征，在文化上体现为封建性和原始民主社会特征，在性别文化上则表现为父权与母权的共存，且表现为父权的社会形态。

（三）通婚中的阶级与性别差异

景颇族的山官制度是在氏族家长制瓦解下逐渐形成的，在这种制度下根据血统和出身的不同，分为贵族、百姓和奴隶三个等级，三个等级之间存在着政治、经济和社会地位上的显著差异。而在阶级之间的通婚中，实行的是等级内婚，"女子不嫁奴隶郎，男子莫娶女奴隶"，不同的阶层之间不可通婚，目的是维护山官贵族集团血统的纯正，以及维护山官贵族在辖区内的统治地位。

景颇族中不同阶层的人通婚，对于女性来说，女性可凭借婚姻改变自身的阶层，女性不管婚前属于哪一阶层，婚后则随丈夫所属阶层，贵族女性嫁于百姓男子则成为百姓阶层，百姓女性嫁于百姓男性仍为百姓阶层，奴隶女性嫁于百姓男性则上升为百姓阶层，一般不存在百姓或奴隶女性嫁于贵族，源于贵族之间政治联盟的目的以及避免成为百姓的姑爷种。另外，贵族和奴隶阶层都是相对稳定的，男性对于妻子的选择基本都在本阶层内部，而百姓男性则可以在三个阶层中选择女性。

---

① 赵天宝：《景颇族习惯规范研究》，民族出版社 2014 年版，第 40 页。
② 赵天宝：《景颇族习惯规范研究》，民族出版社 2014 年版，第 41 页。

　　这种等级内婚的通婚方式，一方面表明，高阶层的男女两性地位高于低阶层的男女两性，同一阶层内男性地位高于女性；另一方面又保证了各个等级人数的相对固定，统治阶层维护了自己的权威和特权，并且又可以保证被统治阶层群体的稳定性，便于其进行统治；再一方面，景颇族社会只存在平行流动和向下流动，并没有向上流动的鼓励机制，这也体现出景颇族社会中的滞后性和封闭性。

　　在景颇族百姓阶层中的婚姻缔结中，也存在性别之间的差异。"旧时景颇族的婚姻缔结形式主要有'迷确'、'迷考'、'迷鲁'以及明媒正娶等形式"[1]："迷确"意为拉婚，男方通过媒人向女方求婚或男方请巫师卜卦确定对象并传出欲娶某家姑娘的消息；"迷考"意为偷婚，男方联合媒人在女方父母不同意情况下"偷"引出姑娘躲在媒人家中；"迷鲁"意为抢妻子，在同时有几个竞争者情况下强行抢走姑娘为妻；明媒正娶则结合按婚姻礼仪请"董萨"卜卦并与女方父母商议，或因女方年幼提前订婚。在此四种婚姻关系的缔结中，男性为主导方，婚姻关系的缔结主要取决于男方的意志及能力，女方及女方父母同意与否都不可避免。

　　另外，通过"干脱总"及男女自由恋爱而达成的婚姻关系也是一种男女结合的形式。在公房中，互问过姓名而了解相互之间的身份后，同行与姑舅关系的男女回避，可以缔结婚姻关系的姓氏间的男女便通过歌舞等互动方式结交异性。女性可以在"干脱总"中选择配偶，或发生性关系，这是景颇族社会中父权控制下性别关系对于年轻女性关系的相对开放，也是景颇族阶级通婚中的男女之间的最大的不同。

五　私人生活中的景颇族性别观念

（一）"永拽革"中的性别

　　"永拽革"，是景颇族传统民居建筑的称呼，是景颇族先民在总结生产、生活过程中的经验而设计建造出的适宜居住的房屋的一种形式（见

---

　　① 覃诗翠、们发延、雍继荣、徐彬、索文清：《土家、景颇、羌、独龙、阿昌、珞巴、门巴族文化志》，上海人民出版社1998年版，第135页。

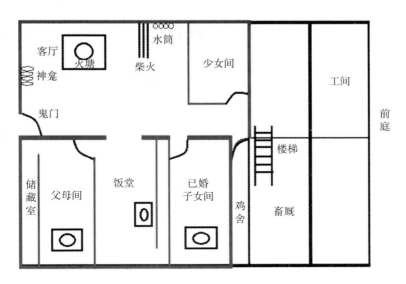

图1　景颇族传统民居"永拽革"平面示意图①

图1）。"永拽革"分为楼房和平房两种形式，以易取材的竹子、茅草为建筑材料，具体设计规模和布局因家庭人口规模决定。景颇族传统社会中房屋建筑及格局布置多必须以此为依据，而在楼房设计中，房屋分为前后两部分，即里间居住和外间劳作，并且内部设计上遵循长幼有序及性别上的差异。

其中，"血缘关系本身就制作出一种生物学上的等级制度，每个人根据其在血缘上亲疏远近排定地位，每个人一出生就被决定了他在这个等级系统中的地位"②。在"永拽革"的设计规定中，里间一侧依序为已婚儿子房间（景颇语为"娃当"）、堂屋（景颇语为"娃么"）、父母间及储藏室；房屋对面从入门处依次为未婚子女间（景颇语为"感托娃"）、粮食储藏间古屯、仓房和厨房及大客厅、神龛处③。房屋内部涉及格局遵循由外至内上的地位高低上的差异。

"男子在村落家族中的继替是多重的，他继替宗姓，赡养老人的义

---

① 瑞丽市史志办公室编：《瑞丽景颇族》，德宏民族出版社2014年版，第145页。

② 王沪宁：《当代中国村落家族文化》，上海人民出版社1991年版，第24页。

③ 瑞丽市史志办公室编：《瑞丽景颇族》，德宏民族出版社2014年版，第146页。

务，主要的劳动力，财产掌管人，对外的保卫者"①，已婚儿子作为家族血统及财产的继承者，相较于已婚女儿在原生家庭中的没有位置及未婚子女的次要位置，在房屋中则占据固定且重要的房屋位置。"在每一个社会里，都将身体周遭空间分类为互补的和不同评价的坐标，利用象征和加强男性和女性之间的基本社会区别。……这种一元分类无处不在，而且这种性别的不平等在一切尺度的空间之组织和使用上被象征化。"② 另外，在"永拽革"的设计规定中，外间设有畜厩以饲养牲畜，设工间以供女性舂米和纺织、男性编织等，工作环境不仅体现出明显的性别隔离，且有分工的不同。

总之，在"永拽革"房屋的建筑和规划布局中，社会化了的性别关系塑造了景颇族居住空间的形态，而这种空间形态的布局中等级、性别之间的差异又进一步巩固、强化了景颇族社会中对于父权社会"男尊女卑"观念的遵守。"永拽革"是景颇族社会性别关系的中空间具象，并通过固定居民房屋建筑的规划格局来体现和固化父权社会中男性的权威。

（二）景颇家庭文化语言中的"雌雄"与"男女"

人类对于事物的认知和命名来源于人类对于自然的敬畏和依赖，对于自我认知的需求，从自我出发所观察和分析到的自然现象和规律又投射到人类自身，并用人类之间的情感来解释自然现象之间的交替变化，用事物与事物之间的联系来类比和联想人与人之间的关系，这种相互之间的解释与反解释构成了人类与自然之间的紧密联系，也为人类更好地认识自身提供了可靠的依据。而不同的主张来源于不同的看待世界的视角和对待世界的愿望，不同的性别文化也体现出不同的认识世界的看法，语言则是体现文化的主要载体。

在景颇族的认知和语言里，朦胧与混沌之中，上有阳神能万拉（男性），下有阴神能斑木占（女性），阳能神创造，阴能神繁衍，于是上有天，下有大地，有白昼神能退拉，有黑夜神能星木占，雄性目瑙柱仡立，雌性目瑙柱紧紧相依，阴阳有序，日月水照③。

① 王沪宁：《当代中国村落家族文化》，上海人民出版社 1991 年版，第 130 页。
② 李翔宁：《城市性别空间》，*Architect* 2003 年第 5 期。
③ 石锐：《景颇族原始图画文字译注》，云南美术出版社 2007 年版，第 6—9 页。

　　景颇族信仰万物有灵，在观察自然的过程中发现事物是通过两性的结合才得以繁衍，于是认为男性主创造，女性主生育，各司其职，二者功能不同但互相补充、平等相待，其存在都有相应的道理，二者缺一不可。

　　文化语言的使用能体现出在一定的社会环境中的文化主从地位，在与对方进行交流时使用对方语言，一方面可以体现对于对方的尊重，另一方面也体现了两种文化在同一境遇下的主从地位，较弱势一方会用妥协方式来表示地位上的附属。在景颇族内部的交往中，各支系之间不管势力大小强弱，都坚持使用本支系语言，也尊重不同支系的人使用其所属支系语言。尽管子女仍要随父亲归于其所在支系，但面对母亲仍需要尊重母亲所属支系，父亲与母亲各是其所属支系的代表，子女则是父系与母系共同支系文化的继承者和传播者。

六　景颇族传统性别观念的形成

（一）　生产力的制约作用

　　"从生物学意义上来讲，人类个体天生会守护三种东西，即：他自己、他的家庭和他所属的部落。作为一种结偶、群居的灵长目动物，他必然会这么做，而且不得不这么做。"① 景颇族先民为了满足自身、家庭以及所属部落群体的生存需要，只能不断地迁徙以寻找更好的生存环境，并在迁徙过程中产生了自己独特的性别文化。

　　景颇族先民在"穆拽省腊崩"时期，过着采集和游牧的生活，同世界范围内人类共同体一样，为部落内部血缘制婚姻家庭形态，"过着群团的生活；实行杂乱的性交；没有任何家族；在这里只有母权能够起某种作用"②。由于先民对于新生儿的产生"只知其母，不知其父"，并不了解人类繁衍的缘由，认为母亲是生命的源泉，这一时期实行母系生殖崇拜。

　　由于杂婚状态让位于血缘婚后，隔离了不同辈之间男女两性的性关系，之允许同辈之间的性关系，但此种婚姻形态给后代带来的困扰又使其

---

　　① ［英］德斯蒙德·莫利斯：《裸猿三部曲》，何道宽译，复旦大学出版社2010年版，第158页。

　　② ［德］马克思：《摩尔根〈古代社会〉一书摘要》，第10页。

转向氏族外婚，即此群体中的男性拥有另一群体中的女性的"普那路亚"家庭制度，此时血统仍按母亲计算，而作为采集的主要劳动力，女性在社会中仍占主导地位，而景颇族口碑文学中关于男子出嫁和从妻居的记载也证实了景颇族先民曾经繁荣的母系氏族公社的繁荣，母亲所代表的女子地位的崇高。

随着生产力的进一步发展以及人类认知的进步，人们发现是由于两性的结合才有了生命的孕育，而男性在此时为赋予生命一方，女性为孕育生命一方，景颇族先民则认为男性主创造，女性主繁衍。并且男性凭借体力在狩猎上为部落和群体获得更多的食物等资源，在生产中逐渐占据重要作用，母系开始向父系社会过渡，从妻居也向从夫居过渡，但景颇族传统中男女结偶时须通过"迷考"（意为"偷"和"抢"）以及男女结婚时"过草桥"的习俗，表明母系向父系的过渡有来自母权的阻力，须通过一定的仪式或付出一定的代价才能获得社会的认可。

生产力的制约对于全世界人类社会的发展都有决定性作用，一定的生产力下产生一定的社会形态，也对应相应的文化观念，而每一时代的文化都是在相较于之前文化的进步和发展，也更适应当时的社会发展。所以，景颇族社会产生这种父权与母权并存的状态也是其在其生产力发展的基础上产生并适应其社会发展的最适合的文化状态，而其中体现出的两性之间的关系也是在具有全人类性别关系普遍性的基础上又具有一定的独特性。

（二）山官制度的决定作用

主流社会中"在儒家学说衍化为备受推崇的制度过程中，其宗教性影响不仅发生在读书人中间，也包括了普通的老百姓"[1]，作为中国分散性宗教而存在的儒家文化，其倡导的世界观和人生观融合进民间社会各个层面的日常生活中，使得民众的宗教感和日常生活中的社会制度凝聚在一起，全方位实践着"男尊女卑"思想。而在傣族的文化中，虽然女性和男性同样占有重要的作用，部分具有特殊身份的女性还具有崇高的地位，

---

① ［美］杨庆堃：《中国社会中的宗教——宗教的现代社会功能与其历史因素之研究》，范丽珠等译，上海人民出版社 2007 年版，第 8 页。

但大多数普通女性只是生产、生活中的实践者而并不是决策者①。所以，在受主流汉文化和傣族文化的影响下，景颇族山官制度具有封建性和民主性的民族文化，也决定了其性别文化上的封建性与相对民主性。

在非典型性的奴隶制或封建制社会中，景颇族社会等级森严，在不同等级间设置严格的界限即实行等级内婚制，且高等级男女的地位高于低等级男女的地位，同等级内男性地位高于女性地位；实行幼子继承制，男女在婚前享有性选择上的自由，表现为节日活动中"干脱总"（又称"串姑娘"），而婚后女性则必须完全归丈夫所有，幼子继承也是为了保证父系血脉和财产的传承。所以，兼具封建性和民主性的景颇族性别文化是在山官制度的决定作用下得以表现和继续的。

（三）习惯法的规范作用

不同的社会阶段所具有的文化特征是在社会各种力量的作用下才得以维持和发展，不同的文化对应不同的现实需要（生物性需要、社会性需要、文化性需要、知识性需要、政治性需要，等等），而景颇族习惯法的产生则满足了其对于本民族人民的社会和思想控制，是"在景颇族聚居区，通过长期口头传承而约定俗成的，为景颇族普遍遵循的具有强制力的行为规范"②。

景颇族习惯法作为其社会控制的主要形式，山官和百姓、奴隶都在其约束之下进行生产和生活，在景颇族社会千百年的发展历程中起了重要的作用。它一方面引导行为和社会的发展，另一方面惩罚景颇社会中的越轨行为。"它紧扣本地区本民族的生产生活、婚丧嫁娶和人际关系，以符合地方传统的简便而又易于操作的行为规范去引导人们做什么以及怎样做"③。

另外，习惯法既是解决日常纠纷的办法，也是统治者为了维护统治和自身既得利益的手段。在山官制度下，山官要维护其既得利益；在父系社会业已形成下，男性要维护自己的权威；在"姑舅表优先婚"的婚姻制度下，母系要争取尽可能多的利益。而习惯法也是各种利益方妥协下的结

---

① 艾菊红：《金平傣族女性及其原始宗教信仰》，《云南民族大学学报》（哲学社会科学版）2003 年第 3 期。

② 赵天宝：《景颇族习惯规范研究》，民族出版社 2014 年版，第 17 页。

③ 赵天宝：《景颇族习惯规范研究》，民族出版社 2014 年版，第 239 页。

果，习惯法的执行既要维护统治者的利益，也要使被统治者有发展的余地；既要维护父系社会下男性的权威，也要照顾女性的独立性和平等性。以此方能达到对于生产生活、婚丧嫁娶和人际关系的良好发展，可以看出，习惯法在规范引导景颇族性别关系上也具有重要的作用。

口述史视角下的少数民族
女性教育观及实践

张瞿纯纯①

男女两性的社会地位和均衡发展是衡量社会文明进步的重要尺度，而教育，尤其高等教育，是少数民族社会地位的核心支撑点，中国特色社会主义进入新时代以后，我国教育事业发展及妇女发展随即有了新的历史方位。因此，借助口述史的研究方法，开展少数民族知识女性口述史研究，从社会性别的角度反思教育，尤其是高等教育在社会性别制度建构和再生产过程中所扮演的角色，重构高等教育对于塑造社会性别价值观与少数民族女性教育观具有重要意义。

一 口述史方法与中国少数民族妇女研究

自 20 世纪 70 年代以来，口述史作为一种研究方法，被西方女性主义者广泛用以阐述被忽略的、源于妇女的智慧和经验。② 中国的妇女口述史借用社会性别视角也获得了发展契机，引导中国妇女冲破沉默，赋予女性自主话语权，正如她们所说"太难得有这样的机会说一说我的故事，让更多的人看到我们这一路走来的经历"。口述史因其独特的视角，在女性研究的相关领域中作用日益凸显，关于女性主义口述史、抗战口述史及知青口述史的研究成果尤其显著。随着妇女研究的发展以及口述史研究方法在跨学科领域的进一步应用，笔者尝试着聚焦于中国少数民族知识女性口述史的访谈议题，更加关注教育经历与少数民族知识女性发展的互动性关联，关注少数民族知识女性的教育经历、民族文化传承、社会影响及评价等方面，大力彰显少数民族女性自主意识的觉醒。

---

① 张瞿纯纯，女，云南民族大学社会学院博士研究生。
② 黄秀蓉：《口述史方法与中国少数弥足妇女史研究》，《西南大学学报》（社会科学版）2013 年第 4 期。

梳理少数民族女性口述史的学术史，其主要研究领域及特色归纳如下：

其一，中国女性口述史的起步和发展。鲍晓兰《西方女性主义口述史发展初探》①、《女性主义和倾听妇女的声音：意义、方法与思考》②，主张从女人的立场出发，用女性的视角分析资料，将妇女置于历史的主体地位来研究。李小江《让女人自己说话——独立的历程》③、《让女人自己说话——民族叙事》④，认为"让女人自己说话"是建构真实、全面的中国妇女史的基本原则，通过表述女性的历史记忆和感受，对社会大众熟知的历史时间和文化现象做出"女性的解释"。和钟华《大山的女儿：经验、心声和需求——山区妇女口述》（西南卷）⑤、吕铁力《生育人生：田野调查笔记——生育文化·少数民族妇女口述史》⑥、王小梅和王建萍《手上的记忆：两个苗族妇女的生活世界》⑦，以口述史为主要研究方法，揭示了她们真实的民族文化与社会生活。魏开琼《中国妇女口述史发展初探》⑧、黄秀蓉《口述史方法与中国少数民族妇女史研究》⑨，指出由于语言、文字在交流与沟通中的制约，少数民族妇女作为具有多样和丰富历史经验的个体，其经历和现实生活还没有得以全面的体现，妇女口述史更为重要的意义在于如何以女性的立场对史料进行填补和重构。

其二，透过少数民族妇女文化的历史脉络，反映少数民族文化在现代化进程中呈现出的衰落。张晓《西江苗族妇女口述史研究》⑩，认为少数

---

① 鲍晓兰：《西方女性主义口述发展初探》，《浙江学刊》1999 年第 15 期。

② 鲍晓兰：《女性主义和倾听妇女的声音：意义、方法与思考》，《山西师大学报》（社会科学版）2000 年第 2 期。

③ 李小江：《让女人自己说话——独立的历程》，生活·读书·新知三联书店 2003 年版。

④ 李小江：《让女人自己说话——民族叙事》，生活·读书·新知三联书店 2003 年版。

⑤ 和钟华：《大山的女儿：经验、心声和需求——山区妇女口述》（西南卷），贵州民族出版社 1998 年版。

⑥ 吕铁力：《生育人生：田野调查笔记——生育文化·少数民族妇女口述史》，华夏出版社 2002 年版。

⑦ 王小梅、王建萍：《手上的记忆：两个苗族妇女的生活世界》，贵州大学出版社 2011 年版。

⑧ 魏开琼：《中国妇女口述史发展初探》，《浙江学刊》2012 年第 4 期。

⑨ 黄秀蓉：《口述史方法与中国少数民族妇女史研究》，《西南大学学报》（社会科学版）2013 年第 4 期。

⑩ 张晓：《西江苗族妇女口述史研究》，贵州人民出版社 1997 年版。

民族原生文化在与外来文化的碰撞与交融中造就了少数民族文化的多元体系，而少数民族女性口述史是继承少数民族原生文化的一种特殊方法。定宜庄《最后的记忆——十六位旗人妇女的口述历史》①，把满族文化从发展到繁盛再到衰落的变迁归结于政治因素，因此，晚清以来满族女性的身份、地位以及民族认同感也随之改变。赵明湄《80 后摩梭女达布口述生活史》②，用人类学的知识体系来分析永宁摩梭女性的现代社会生活，以及传统风俗习惯与现代社会发展的交融。

其三，以少数民族女性为主体，展现少数民族女性口述史的独特之处。杨恩洪《藏族妇女口述史》③，由于自然环境制约，藏族女性长期处于封闭的文化圈，西藏和平解放之后，藏族女性的社会地位提升，藏族女性的民族文化历经了传统与现代的双重洗礼。朱丹《畲族妇女口述史研究》④，畲族没有民族文字，传统文化借由物件和口述得以继承，掌握畲族历史对于研究畲族地区发展的意义不言而喻。宝贵敏《额吉河——17位蒙古族妇女的口述历史》⑤，强调了蒙古族妇女坚韧和豁达的精神，借助几位蒙古族男性的访谈，从"他人"的看法中了解女性，是少数民族女性口述史的一个新的角度与方向。卢小飞《西藏的女儿——60 年 60 人口述实录》⑥、刘云《我们成长在那个年代——建国初期新疆各族妇女成长口述》⑦，从社会性别的视角，以少数民族女性的立场来解读对于自由和平等的渴望，审视社会变迁过程中各民族妇女关于发展、关于生命的思考，也体现了少数民族妇女维护民族团结的进步作用。游鉴明等在《重读中国女性生命故事》⑧ 中，从方法论起步，探讨作为一种文化规划的中国女子传统传记，如何以其自己的声音来反映女性生平故事的历史复杂性

---

① 定宜庄：《最后的记忆——十六位旗人妇女的口述历史》，中国广播电视出版社 1999 年版。

② 赵明湄：《80 后摩梭女达布口述生活史》，中央民族大学出版社 2011 年版。

③ 杨恩洪：《藏族妇女口述史》，中国藏学出版社 2006 年版。

④ 朱丹：《畲族妇女口述史研究》，浙江工商大学出版社 2010 年版。

⑤ 宝贵敏：《额吉河——17 位蒙古族妇女的口述历史》，民族出版社 2011 年版。

⑥ 卢小飞：《西藏的女儿——60 年 60 人口述实录》，中国藏学出版社 2011 年版。

⑦ 刘云：《我们成长在那个年代——建国初期新疆各族妇女成长口述》，兰州大学出版社 2011 年版。

⑧ 游鉴明、胡缨、季家珍：《重读中国女性生命故事》，江苏人民出版社 2012 年版。

与重要性。

其四，在国外关于女性口述史的研究中，玛乔丽·肖斯塔克《尼萨——一个昆人妇女的生活与诉说》①，以一名女性主体受访者——尼萨的口述资料作为基础，再辅以其他相关资料相互印证，使得女性口述史研究的"代表性"不再成为问题。保尔·汤普逊《过去的声音：口述史》②，认为妇女是维持家庭关系的关键，口述史的方法使得历史研究得以深入家庭的核心层面，对家庭的研究产生了变革性的影响。

程式化的历史记载或中国传统女子传记对少数民族女性主体属性的体现是有限的，而口述史方法自下而上的研究立场，在一定程度上改变了少数民族女性史的书写范式，带来了妇女历史研究焦点的转移，超越了传统的男性主体立场从而使得研究具有普遍性。借由少数民族知识女性口述史研究，笔者更多的是考察言语背后深层的价值体系，重新理解少数民族知识女性教育观的形成过程，揭示日常生活中的个体经验与女性高等教育所处的弱势社会结构之间的关系。通过口述史在文字、声音和影响三个方面的互动管理，知识女性的声音得以保存，她们的教育经历作为一种个体经验，为少数民族教育观的研究提供了另一种思考的路径。

二　云南少数民族女性高等教育的实践价值

所谓高等教育是指建立在中等教育基础之上的以传播专门知识、研究高深学问、培养硕学人才的一种育人活动。中国女性高等教育的发展与中国女性的积极参与是紧密相连的。

1. 少数民族女性对教育的渴求

随着创新思想和东西方女权主义思想的影响，越来越多的中国女性逐渐觉醒，特别是受过中等教育的女性迫切地希望能有求学的机会，以便不断提高自己和完善自己。由此可见，中国女性对高等教育的渴求和积极争取是获得受高等教育权利的重要动因。

---

① 黄秀蓉：《口述史方法与中国少数民族妇女史研究》，《西南大学学报》（社会科学版）2013 年第 4 期。

② ［英］保尔·汤普逊：《过去的声音：口述史》，覃方明、渠东、张旅平译，辽宁教育出版社 2000 年版。

叶文（化名），白族。口述史资料："我有一个表姐，那时候条件特别困难，自行车都没有，但她特别刻苦，每个星期天早上差不多十点十一点，吃了早饭，就开始往学校走，两个小时才能到。然后星期五早上，放了假就得走回来，条件特别苦，但是她们读书特别刻苦，特别用功，成绩也比较好。"——根据少数民族知识女性口述史资料整理

育其（化名），傣族。口述史资料："工作之后，我感觉以前在大学里所学到的还远远不够，因此就想继续进修学习，提升业务水平和教学能力、做学问的能力，其实，自己能力的提升与工作是相辅相成的。在工作中会遇到一些问题，通过学习和研究，这些问题会得到解决，也促进了教学工作。"——根据少数民族知识女性口述史资料整理

王今（化名），苗族。口述史资料："当知青的那一段经历对我的成长确实很有用，让我更加珍惜来之不易的生活。也从我的脑海中萌发了一种想法，我一定要蹦出去读书，见识更宽广的世界，经历更丰富的人生。"——根据少数民族知识女性口述史资料整理

少数民族女性在高等教育中的状态，从不具备接受高等教育资质和能力的"缺席者"，到开始进入低层次高等教育的"失语者"，再到参与和反思高等教育课程设置、教学方法和组织原则的"批判者"[①]，少数民族女性接受高等教育为其提高自身的社会意识和赋予"自我权利"，参与社会生活，并建构一套新的知识体系提供了一个良好的平台。通过教育，特别是高等教育，曾经被看作弱势的群体——少数民族妇女的自主意识提高，整个群体的主体性增强，清醒地认识到如何通过教育来定位自身的发展。少数民族知识女性因此肩负着时代赋予的使命，一方面，逐渐改变了少数民族女性单一的性别角色，少数民族知识女性大力发扬刻苦钻研的精神，以女性特有的执着、坚韧、严谨和睿智，在少数民族教育创新的道路上砥砺前行；另一方面，高等教育的引导和规训，使得少数民族知识女性成长为社会期待的角色，集中体现了我国当代少数民族知识女性勇攀高峰、报效祖国的优秀品格，充分展示了我国亿万妇女自尊、自信、自立、自强的精神风貌。越来越多的少数民族青年妇女对追求自我发展、实现个人价值的欲望愈加强烈，认识到只有突破以往封闭性的地域因素，接受高等教育，才能获得自身的解放，实现自我理想与抱负，满足物质和精神方

面更高层次的需求。①

2. 民族政策的充分体现

在近现代的中国，少数民族地区的社会发展和建设急需大量人才，女性高级人才的需求尤为迫切，少数民族女性在少数民族社会发展中所起到的作用日益显著。中国女性获得了前所未有的解放，马克思主义妇女观的不断传播，都为女性积极参与高等教育创造了更有利的条件，促使中国女性高等教育获得了极大的发展。可以说，中国社会发展对女性高级人才的需求是中国女性参与高等教育的前提。

诺蓝（化名），彝族。口述史资料："我读初中的时候就爱读书，读了好多关于民主革命的书，像巴金呀，还有俄罗斯当时的屠格涅夫呀，所以我就有反封建的思想，觉得妇女应该是要有社会地位的，要平等，妇女在这个社会上，应该要独立，要有自己的事业，不能当谁的附属品！"——根据少数民族知识女性口述史资料整理

叶青（化名），阿昌族。口述史资料："由于教育资源贫乏，边疆地区许多优秀孩子没有机会受到良好的教育……在阿昌族社会，女性是受歧视的，地位比较低……我们整个民族对教育的重视程度相对于汉族来说是比较低的，尤其对女性的教育更加的不重视……自从我考上大学，并在昆明找到了工作后，我们村里的人的教育观念就开始发生了一些变化，认为读书是个好出路，大家逐渐开始重视教育。"——根据少数民族知识女性口述史资料整理

黎玉（化名），景颇族。口述史资料："我有今天，当然是因为国家对少数民族关怀的政策好，让我能享受到这种政策的福利。让我有机会进入中央民族学院，从遥远的一个边疆小县城，到了北京接受良好的教育。现在回头去看，在中央民族学院学习的四年，虽然只是我几十年漫长人生道路上的一个驿站，但是它对我的人生观、价值观的形成，专业知识、技能的储备，都起到了非常重要的作用，给我的成长和后来的发展，给我的人生都做了永久的铺垫。"——根据少数民族知识女性口述史资料整理

中国作为一个拥有世界最大规模妇女群体的发展中国家，在带领中国人民追求美好幸福生活过程中，始终致力于促进男女平等和妇女的全面发

---

① 张瞿纯纯：《少数民族妇女自主意识的觉醒——〈女性社会学视野中的少数民族妇女流动〉评介》，《中华女子学院学报》2016 年第 5 期。

展，政府通过法律、舆论等各种手段保障妇女合法权益，发挥妇女半边天的作用。20 世纪 40 年代的少数民族女性，在战火纷飞中身负国家民族的使命从少数民族地区的大山中走出来，历经磨难才换得接受教育的机会；50 年代的少数民族女性，虽然生活条件艰苦，但中国共产党赋予其接受教育的权利；60 年代的少数民族女性，历经国家、社会及家庭的困难时期，但《中华人民共和国宪法》的颁布保障了少数民族女性接受教育的权利；70—80 年代的少数民族女性，自改革开放以来，在义务教育和高等教育的基础上，具有更多海外留学以及接受继续教育的机会。

2015 年，习近平在全球妇女峰会上发表了重要讲话，强调了要考虑性别差异和妇女的特殊需求，确保妇女平等分享发展成果。女孩平等受教育的权利得以普及，妇女对各类教育资源的可及性大幅度提高，妇女参与社区公共事务管理与决策的机会增多，妇女参与技能培训及思想道德教育的积极性明显提升，少数民族女性更有可能充分地利用这些外部的有利条件和环境在少数民族地区的发展中承担重要角色。关注少数民族女性的教育，不仅有助于推动男女平等基本国策的落实，而且在保障少数民族男女两性共同享有教育资源，保障少数民族女性享有与少数民族男性以及汉族女性同等受教育权的实际问题上有着重要的实践价值。

3. 少数民族知识女性推动民族团结进步

云南是我国统一多民族大家庭的缩影，民族团结是各族人民的生命线，从各民族各不相同的文化角度观察少数民族女性，在深化民族团结进步教育的同时重视多元文化的差异性。少数民族知识女性在实现文化认同的同时，以身作则，大力倡导尊重差异、包容多样及各美其美、美美与共的民族文化发展观，推动形成各民族文化共生共荣、和谐发展的生动局面。

育其（化名），傣族。口述史资料："其实各个少数民族的文化都有其自身的特点，都是我国民族文化的一个组成部分，不论是哪个民族，我们都应该去很好地继承、发扬本民族优秀的文化和精神，特别是刻苦、坚持、自强不息等难能可贵的精神都是我们应该去继承和学习的。汉文化是我国的主流文化，而且汉族历史悠久，在传承本民族文化的同时，还是应该学好汉文化，学好主流文化。一些先进的文化，先进的东西，我们都应该把它变成自己的学识，才能够在大的环境背景下很好地发展自己。"——根据少数民族知识女性口述史资料整理林旦（化名），哈尼族。口述史资料："在我看来，受过教育的少数民族女性和未受过教育的少数民族女性在传播少数民族传统文化的作用上都有贡献，我写关于哈尼族历史文化研究的书，这是受过教育的少数民族女性的影响力。但是没受过教育的少数民族女性在传播少数民族传统文化的影响也是很大的，因为她们从事民族文化的创造。我们一个是理论上的贡献，一个是实际上的贡献。"——根据少数民族知识女性口述史资料整理

黎玉（化名），景颇族。口述史资料："在德宏的时候我没有觉得'景颇族'对我来说意味着什么，到了中央民族学院学习以后，我的民族意识增强了，民族意识在那里进一步的培养起来。现在除了研究之外，我还做一些景颇族的事情。因为景颇族的事情对我来说，是一种责任。我希望通过我的笔，让更多的人了解我的民族，对文化的传承也好，对民族的发展也好，都应该积极地去做这些事情。"——根据少数民族知识女性口述史资料整理

中国很多少数民族没有民族文字，记载其民族历史发展的文献较少且简略，少数民族女性传统文化正面临着消失的危机，但相比男性，少数民族女性的知识与经验能更好地诠释本民族文化的历史变迁，因此，少数民族知识女性口述史研究的抢救与保护迫在眉睫。历史和经验表明，一个缺乏强大的民族凝聚力的多民族国家，就等于一盘散沙①。加强民族团结教育，提升中华民族的凝聚力，是各级各类学校教育的使命担当，也是少数民族知识女性的责任。她们应该自觉地维护以及传承中华文化，展现各民族优秀文化，贯彻民族文化平等思想，倡导相互尊重的民族文化胸怀，坚持中华民族文化的主流价值导向。

三　少数民族女性对高等教育的反思

女性教育观在一定程度上左右和影响着女性的成长和发展，通过教育，公众对女性，特别是年轻女性社会价值的认同程度在持续增加。中国特色社会主义进入新时代，少数民族女性对社会以及自身的认识能力有了

---

① 钟海青：《历史使命与路径选择：多元文化视野下的民族团结教育》，《广西民族大学学报》（哲学社会科学版）2012 年第 11 期。

提升，出生于不同年代的少数民族知识女性接受教育的社会环境、家庭环境不同，但不可否认的是教育改变了她们的命运，使得她们从普通少数民族女性成长为知识分子，她们对国家、社会发展，对民族团结进步、对民族文化保护与传承的贡献不容忽视。

从社会性别的角度反思高等教育与少数民族女性发展的内在联系，尤其是高等教育在社会性别制度建构和再生产过程中所扮演的角色，重构高等教育对于塑造社会性别价值观与少数民族女性教育观的重要意义。

1. 少数民族知识女性在高等教育中的重要作用

目前看来，知识女性在高等院校中的人数及比例不断增加，且女性教师的比例也不断提高，她们已成为高等院校教育教学和科学研究的重要骨干，对于充分发挥知识女性在高等教育中的积极性与创造性有着积极地意义。

云南少数民族高等教育的发展与女性接受高等教育进而不断参与组织管理高等教育是分不开的。最初能胜任教师的女性较少，其中的少数民族知识女性更是缺乏，但随着中国女性高等教育的发展，少数民族知识女性充当教师的人数逐渐增多，少数民族知识女性逐渐发挥了组织管理高等院校的能力。少数民族知识女性除了参与高等院校的组织管理，在女性高等教育的经营管理中也发挥了越来越大的作用。中国妇女管理干部学院、中华女子学院及各地教育干部培训中心以及其他机构和组织都在积极地提高女性的管理能力和水平，以期女性在高等教育的组织管理中发挥更大的作用。

2. 高等教育对少数民族女性教育观的建构

少数民族女性教育观是一个包含着多重释义的概念，其中女性的价值观、女性的主体意识、女性所扮演的角色、女性的道德伦理、女性的知识体系等都左右和影响着少数民族女性教育观的建构，影响其生命历程的轨迹和发展。女子高等教育，包括起源于周代，为出嫁女子进行专门培训的学校女子高等教育，也包括起源于商代的家庭教育，除此之外应该囊括兴起于商代的宫廷女子高等教育和汉代的寺庙女子高等教育，以及随之发展起来的社会教育①。其中科学技术的演练主要依靠学校，人文教化主要有家庭教育、宫廷教育、寺庙教育和社会教育来完成，发

---

① 杜学元：《社会女性观与中国女子高等教育》，人民出版社 2011 年版。

展至今，女性高等教育既注重科学素养，也注重人文陶冶，完善而全面的女性高等教育理念逐渐形成。高等教育对少数民族女性教育观最突出的建构体现在价值观方面，一是从文化与意识形态的角度，审视和批判性别角色、两性关系和社会权力分配，进而倡导一种开放的、多元的、普遍的价值观，以性别的视角分析现实问题，二是将关怀和情感体验补充到现有的价值观中，建构一种新的以追求社会公正和性别平等为宗旨的高等教育价值观。

3. 女性教育观对高等教育理念的冲击

无论我们是否意识到，我们都生活在一个不断被改造着的环境中，高等教育系统作为一个传播知识、创造知识的重要场所，受到了少数民族女性的特别关注，她们以其独特的视角对高等教育进行解构和诠释。其一，少数民族知识女性以体制为基础，在高校内设立妇女/性别研究中心，建构社会性别理论和分析方法。云南民族大学妇女/性别研究与培训基地自2006年成立以来，以"促进社会性别意识主流化，推进男女两性平等协调发展"为目标，立足西南边疆少数民族，服务西南边疆及其少数民族发展，开设西南边疆妇女问题研究、女性学、性别社会学等课程，在学生群体中普及社会性别意识，倡导了男女平等发展的理念，同时丰富了学生的社会实践，建立健全符合少数民族实际及师生需求的社会性别教育模式，形成有自身特色的高校师生社会性别教育模式。其二，女性教育观提倡一种关注女性经验的研究方法，整合性别差异研究中大量的研究成果，以纠正常规方法中女性的边缘地位，把这种能够体现对女性道德关怀的方法与教学实践相结合，为建立无性别歧视但同时尊重性别差异的教育和研究模式而探索，并在此基础上反思教育机会的均等问题。

总而言之，少数民族知识女性已试图以行为主体的身份在高等教育中出场，随着社会性别意识主流化，性别平等意识科学化，个体主体意识现代化以及群体主体意识自觉化[1]，少数民族知识女性主体意识重塑之后，我们更应该思考她们如何走出既定的社会价值规范模式，如何利用社会支持去体会自我存在的价值，在教育及其实践中发挥实质性的力量。

---

[1]　陈慧：《当代中国知识女性主体意识的消解与重塑》，《河北学刊》2011年第3期。

留守儿童价值观的教育

周爱华①　蒋亚丽②

随着改革开放的不断深入，社会发展的不断深化，留守儿童成为一个不容忽视的群体。在社会各界的努力下，留守儿童的成长环境、教育、社会保障等方面得到了很大的改善。本文选择留守儿童社会化最为重要的一环——价值观教育来进行探析，试图为留守儿童成功社会化做一点努力。

一　留守儿童及其现状

（一）留守儿童的界定

人口的迁移和流动在一定程度上促进着社会的发展和进步，大规模的人口频繁迁徙、流动是世界各国现代化进程中的普遍现象。自 20 世纪 80 年代以来，我国发生了"人类历史上在和平时期前所未有的、规模最大的人口迁移活动"。随着我国改革开放的不断深入、社会发展的不断深化，"留守儿童"成为一种必然产物，留守儿童也由一种社会现象逐渐变成全社会关心、研究的社会问题。"留守儿童"概念最早是由上官子木在 1994 年《"留守儿童"问题应引起重视》一文中提出来的。综合来看，留守儿童是指在农村父母一方或双方外出打工而被留在家乡的未成年人，需要其他亲人照顾的群体。

（二）留守儿童的现状

根据民政部统计发布的数据显示，截至 2018 年 8 月，全国农村共有

① 周爱华，四川外国语大学社会学系教师，研究方向为伦理学。
② 蒋亚丽，四川外国语大学社会学系副教授，博士。研究方向为教育社会学。本研究受四川外国语大学研究项目（项目编号：Sisu2018023）资助。

留守儿童 697 万余人，与 2016 年全国摸底排查数据的 902 万余人相比下降了 22.7%。其中，下降比例在 40% 以上的有山西、辽宁、吉林、福建、海南、陕西、甘肃；下降比例在 35% 以上的有江西、山东、重庆、贵州；下降比例在 20% 以上的有浙江、广西、青海；下降比例在 12% 以上的有黑龙江、江苏、安徽、河南、湖南、广东、四川、云南。① 从区域分布来看，四川省农村留守儿童规模最大，总人数为 76.5 万，占全国留守儿童总数的 10.98%，随后依次是安徽 73.6 万，占 10.6%、湖南 70 万，占 10.1%、河南 69.9 万，占 10.1%，江西 69.1 万，占 9.9%、湖北 69 万，占 9.9%、贵州 56.3 万，占 8.1%，这七个省农村留守儿童总数占到全国总数的 69.7%，主要缘于这七个省目前是全国劳务输出大省，人口流出较多。从监护情况看，96% 的农村留守儿童由祖父母或外祖父母照顾，4% 的由其他亲戚朋友照顾。从性别比例看，男孩占 54.5%，女孩占 45.5%，男女性别比例为 129.9。从年龄分布来看，6—13 岁的农村留守儿童规模最大，占到 67.4%。从入学情况看，义务教育阶段农村留守儿童比例从 2016 年的 65.3% 上升到 2018 年的 78.2%，在学阶段呈现更为集中的趋势。②

当前我国农村留守儿童总体数量减少的原因主要是：一是进城务工随迁子女数量增加，年青一代的流动人口更倾向于将孩子带在身边，这在一定程度上减少了农村留守儿童的数量；二是政府持续推动返乡创业、就业，引导部分父母返乡；三是监护责任意识提高促使父母返乡；四是城镇化水平提高、城镇户籍人口不断增加。

二　留守儿童教育问题及其归因

（一）家庭教育缺失留守儿童从弱势走向行为失范

农村留守儿童大部分是处于义务教育阶段的中小学生，其身心发展

---

①　蔡昉：《中国人口与劳动问题报告 No.7（2006）——人口转变的社会经济后果》，社会科学文献出版社 2006 年版。

②　民政部：《2018 年农村留守儿童数据》（2018 年 9 月 1 日），http：//www.mca.gov.cn/article/gk/tjtb/201809/20180900010882.shtml。

还不成熟，自我保护意识较差，抵御诱惑的能力有限，非常需要父母的陪伴、帮助与支持。但是父母长期不在身边，绝大部分留守儿童由祖父母或外祖父母监护，传统的"隔代亲"现象突出。祖父母或外祖父母更多的是提供留守儿童衣、食、住、行的基本保障，年长且大多是文盲半文盲文化程度，基本无法满足留守儿童社会规范引导。一些留守儿童由于长时间父母不在身边，在急需关注关爱的年龄却感受不到家庭的温暖和父母的爱护，难以形成良好的情感和健康的心理。他们会加大对自我的否定，内心里认为自己可有可无，情感上感觉自己无人疼爱，他们习惯性的怀疑自己的能力，缺少解决问题的方法及勇气。在与人交往中常常表现手足无措、笑容拘谨、神情唯诺，喜欢自我封闭，对失败、挫折缺乏承受力。一些留守儿童出现盲目反抗或逆反心理加重，甚至对父母产生怨恨。留守儿童由于长期缺少父母在其行为上的监管和道德成长的正确引领，在道德观念、道德情感、道德人格以及道德行为等方面都表现出不同程度的偏差，有些留守儿童甚至出现严重的过错行为和强烈的反社会倾向。[①]

（二）学校教育薄弱留守儿童学习成绩不佳

目前，大多数留守儿童的学习成绩平平，究其原因主要是在家庭教育缺失的情况下，学校管理乏力，未能切实起到对留守儿童教育的主导作用。对于6—13岁学龄段的留守儿童来说，学校是他们学习、生活的重要场所。但农村学校面临诸多困境：基础设施落后，部分地区在教育上投入严重不足，导致一些农村学校校舍旧危、教学器材短缺，无法满足留守儿童正常受教育的需求；农村学校师资严重不足，能力欠缺，待遇低下，受限于人事编制，无法担负起传道、授业、解惑的职责；部分地区对农村学校进行合并后，留守儿童上学更加困难。一些留守儿童学习积极性不高，学习目标不明，成绩好了没有人表扬，成绩差了得不到辅导帮助，作业拖拉、考试作弊，旷课、厌学甚至辍学。

---

① 迟希新：《留守儿童道德成长问题的心理社会分析》，《教师教育研究》2005 年第 6 期。

(三) 网络社会崛起留守儿童更易迷失自我

随着经济的发展，网络的日益便利，网络社会迅速崛起，这对留守儿童产生了巨大冲击。在外打拼的父母，原本希望通过为留守子女购置手机、电脑、搭建网络，借助信息技术手段达到与其沟通的便利。但现实情况是在短暂的通话、视频以后，这些网络产品为本就空虚、孤独的留守儿童提供了另一番天地，他们在虚拟的网络世界得到了极大的满足，而祖父母无力约束，只能听之任之，学校也束手无策，只能痛心疾首。在这样多元化的价值观和信息化网络时代的反复冲击下，复杂多样的价值观、方便快捷的信息获取方式，加之"留守"这样特殊的生活方式，这些未成年人的生活习惯、处世方式等极度容易发生改变，对失落行为的产生更具深刻影响。农村留守儿童这样一个特殊弱势群体无法抵御多样、复杂价值观的侵蚀，更加易于迷失自我。

三 留守儿童价值观教育的紧迫性

(一) 留守儿童价值观教育是其社会化过程中的关键环节

结合 2013 年习近平总书记到湖南湘西考察时首次做出精准扶贫的指示，广大农村地区的经济、社会得到进一步发展，农民返乡热情高涨，农村留守儿童由 2000 年前后的 2000 万名左右减少到现在的不到 700 万名，但是这一数字仍是庞大的。在父母监管缺位、临时监护人管理约束不力，以致他们在学习、心理、情感、行为、人际交往、道德品质等方面社会化过程中出现诸多问题，解决好这一群体社会化问题，已经引起了社会各界的广泛关注。留守儿童大多是 6—13 岁的青少年，这一时期是价值观辨别与重建的关键时期，有没有一个正确的价值观直接影响着他们个性的形成和健康成长，而目前部分留守儿童的价值观甚至是混乱的。留守儿童价值观教育是使其对人、事、物的价值做出正确的选择、判断，对其行为方式进行指导，使处于弱势群体的农村留守儿童有一个较好的社会化过程，从而使他们健康、快乐成长，成为对社会有用之人。

（二）留守儿童价值观随社会转型呈现出多样性特点

总体来看，目前农村留守儿童在价值选择上既传统又现代，有着传统精华与糟粕，也有现代文明与沉渣，一方面中国几千年的传统文化深植于农村留守儿童心中，传统的家庭观念、朋友观念、是非观念仍受重视，诚实守信的做人规则仍被坚守，另一方面受到多元文化的冲击，金钱至上观念突出，利己主义行为泛滥；在价值目标上既功利又理性，改革开放四十年以来，市场经济的发展带来了物质极大富足，消费至上，功利十足，留守儿童通过电视、网络等耳濡目染，崇拜追星普遍，人生理想由当老师、做科研逐渐转向当老板、挣大钱，当然也不可否认留守儿童在法律意识、遵章守纪上有所加强；在价值评价上既严肃又宽容，留守儿童身处一个人际关系相对较为封闭的圈子，在不同身份、角色转换过程中采取不同的价值尺度和标准，有着明显的宽待朋己、严律他人的特点，但对待诚信问题是毫不含糊的。

（三）留守儿童价值观形成受到许多因素影响

农村留守儿童这一社会弱势群体，是我国社会发展、社会分层的必然结果，他们是具有经济贫困性、生活质量的低层次性、承受能力脆弱性的特殊弱势群体。留守儿童价值观的形成是个体心理和外在环境综合影响的结果。外在环境的影响首当其冲的是家庭的影响，家庭结构松散是留守儿童家庭的首要特征。在留守儿童价值观形成依赖家庭的重要时期，需要父母的陪伴、关爱、帮助，而父母远走他乡，面对面的亲子互动被地理空间阻隔，无法切实履行家庭教化职责。此外农村学校对留守儿童的价值观教育通常会让位于学业成绩的提升，受到同辈群体、大众传媒、互联网等出现的许多负面信息的影响，留守儿童对价值判断出现迷茫。随着留守儿童身体成长、发育，他们认为自己长大成人，将价值认识用来指导自己的行为上来，要求独立，渴望被尊重，容易冲动，行为出现偏差。此时，农村留守儿童价值观教育就尤为重要，需要整合各个方面的资源，强化价值导向，消除外在环境中的不利因素，通过学校教育来构建他们正确的、先进的价值观。

四 留守儿童的价值观教育应由学校主导

留守儿童进入学龄期以后，学校对其影响逐渐超过家庭。《公民道德建设实施纲要》中明确指出学校教育是进行系统道德教育的重要阵地，各级各类学校必须认真贯彻党的教育方针，全面推进素质教育，把教书与育人紧密结合起来。特别是在留守儿童家庭教育功能弱化的情况下，学校成为农村留守儿童价值观教育的最重要的场所，学校对留守儿童价值观教育的主导作用应予以强化。[①]

（一）强化社会主义核心价值观指导，扎实推进留守儿童价值观教育

社会主义核心价值观是社会主义核心价值体系的内核，习近平总书记在党的十九大报告中指出，要以培养担当民族复兴大任的时代新人为着眼点，强化教育引导、实践养成、制度保障，发挥社会主义核心价值观对国民教育、精神文明建设、精神文化产品创作生产传播的引领作用，把社会主义核心价值观融入社会发展各方面，转化为人们的情感认同和行为习惯。社会主义核心价值观的 24 个字内容，是全社会的先进价值理念，也是农村留守儿童内化于心、外化于行的价值准则。学校教育应将社会主义核心价值观这一先进价值理念融合到思想品德课程中去，紧密结合留守儿童价值观念的实际，通过身边典型的人和事，用辩证的、联系发展的思想为指导，扎实推进留守儿童的价值观教育。

（二）提高师资力量，创新教学模式达到教育目标

当前农村学校还在集中精力抓留守儿童的学习成绩，对学生的价值观教育还存在误区，认为学生的价值教育是家长的事。一些农村学校受制于当地落后的财政经济，教学设施缺乏，加上老师的不足及水平不高，德育课成为摆设。随着经济的持续稳定发展，学校的设施、师资力量将会逐步得到改善，而将农村学校德育课重视起来是当务之急，要坚决杜绝形式主

---

① 夏纯灿：《农村留守青少年价值观现状与教育对策研究——以江苏省兴化市 H 初中为例》，南京航空航天大学，2010 年。

义。在德育课上，老师作为先进价值观的代表，要改变"填鸭式"的知识教学模式，可以采用生动活泼、寓教于乐等方式，既激起学生的浓厚兴趣，又起到激发理想信念、憧憬美好未来、形成积极自我的价值取向的良好效果。

（三） 加强家校协作，优势互补促进留守儿童良好价值观形成

由于留守儿童是特殊的弱势群体，家庭教育缺位，学校成为其价值观教育的主体，但是这并不意味着家庭对留守儿童价值观教育的主体责任丧失。相反，家庭和学校担负着不同的职责，有着不同的优势，各存在着明显的弱点，需要共同协作，才能优势互补、扬长避短，把留守儿童的价值观教育真正落到实处。

企业老年人力资源开发模型研究

——以某汽车企业为例

陈丽霞①

我国人口老龄化带来劳动力就业不足，社会养老负担的加重以及老年人身心健康等诸多问题引起关注。应对上述问题的解决，老年人力资源开发的模型被提出，其中关键举措是企业要建立起允许返聘的机制，并在人力资源的选用育留方面应对老年人力资源的特点。因为，老年人力资源开发可以应对我国产业结构升级，改善劳动力不足和技术能力不足，有效缓解社会保障及促进老年人的身心健康。认为国家应尽快加强制定老年人力资源开发方面的法律法规，即倡导老年人的就业文化，建立老年就业中间机构及企业吸纳老年人力资源的激励政策。

一 问题提出与研究综述

中国自 20 世纪末进入老龄化社会以来，60 岁以上老年人口数量由 2000 年的 1.26 亿上升至 2018 年的 2.49 亿，比重从 10.2% 上升至 17.9%。根据社会科学院的预测数据，将会在 2030 年达到 24.1%，2040 年达到 27.6%，2050 年达到高峰 31.3%，老龄化程度将持续加重②。

然而，中国人口老龄化结构并非如发达国家自然形成的，而是受计划生育政策影响，人口结构呈现"未富先老"的特征③，国内经济依然依赖于劳动力密集型产业，还未过渡到发达国家依赖于品牌和技术的产业，根据数据预测显示，中国劳动力供给短缺将会在 21 世纪 30—50 年代进入峰

---

① 陈丽霞，女，安徽铜陵人，河海大学公共管理学院人口研究所博士研究生。

② 张车伟主编：《人口与劳动绿皮书：中国人口与劳动问题报告 No.19》，社会科学文献出版社 2019 年版，第 23 页。

③ 穆光宗、张团：《我国人口老龄化的发展趋势及其战略应对》，《华中师范大学学报》2011 年第 5 期。

值，联合国对我国人口问题曾提出警示，人口是长周期事件，需要有充足的时间准备。

（一） 问题的提出

由于老龄化带来的问题，导致不同问题的出现，主要表现在以下几个方面：

一是未来人口红利不足。生产能力不足问题，劳动力老化和劳动力资源供给约束问题；

二是社会保障和社会负担加重。退休人员增加，劳动年龄人口的负担加重，基本养老保险的支出总额加大；

三是老年供养问题，因四二一人口结构，年轻人口负担较重，传统的家庭养老面临挑战；

四是老年人的身心健康问题。老年人从稳固的就业岗位上退出，自我价值实现被剥夺而引发的身心健康问题。

面对这些问题，如何找到有效的应对策略和路径？2019 年 11 月，中共中央、国务院印发《国家积极应对人口老龄化中长期规划》，从 5 个方面部署了积极应对人口老龄化的具体安排，其中第二条为，改善人口老龄化背景下的劳动力有效供给，并将应对老龄化上升为国家战略。

根据国务院《规划》要求，结合目前医疗健康水平的良性发展，对老年人力资源进行开发和利用，改善劳动力的供给结构，将是积极应对我国老龄化的良策之一，不仅能够充分应对人口老龄化下人口红利不足，对老年人寻求社会尊重、社会需求也有极好的帮助作用。

（二） 研究综述

最先提出人力资源概念的是彼得·德鲁克，指组织中的人能够被用人单位所用，并能通过教育、技能、经验、体力等为用人单位价值创造，包括脑力劳动和体力劳动[①]。舒尔茨、贝克尔等经济学家通过对美国等国家和地区农业和国民经济历史统计资料的定量分析得出，人力资本因素是影响经济增长和收入的重要原因。越来越多的企业家、管理学家认为，企业人力资源是决定企业成败的关键性因素，华为任正非即多次在公共场合表

---

① Peter F. D. *The Practice of Management*. HarperCollins Publishers，1954，p. 40.

示，华为的成功来自人力资源的成功。

老年人力资源属于人力资源范围，仅在年龄方面的界定不同，即达到退休后，仍愿意以再就业的形式回归到工作岗位。企业老年人力资源开发指的是用人单位雇用从本企业或他企业已经退休的人员。老年人作为一个重要的群体，一方面自身蕴含着十分丰富的人力资源，另一方面也具有极大的人力资源开发价值和潜力。随着老龄化进程的加快，老年人口对经济社会发展的影响越来越重要。

林曼芸提出，老年人力资源相较于企业其他人员责任心更强、经验更丰富、稳定性更高、人脉资源更丰富。① 梁誉提出，老年人力资源再就业基本围绕自己熟悉擅长的岗位，开发成本减少。② 刘越等提出，再就业能缓解因退休导致的消极情绪和精神压力，有利于老年人的身心健康，并能在工作的过程中让老年人实现自我人生价值。③ 厄尔德曼·帕尔莫作为美国社会学家，发现老年人的生活满意度与其参与的活动有关，参与越多，生活满意度也越高，反之越低。张宇认为年轻家庭受计划生育影响，"四二一"模式下，年轻夫妇抚养压力较大，老年人力资源开发可以缓解对家庭造成的养老压力④。曹景慧提出老年人力资源开发有益于组织的人才结构优化与完善，增强企业凝聚力。

日本学者市丸及小寿在1976年针对老年人做调查发现：老年人智力与其学历和职业密切相关，学历高的及受教育时间长的老年人，智力退化较低；与无职业的老年人相比，有职业的老年人保持着较好的智力功能，而这部分老年人中曾从事对口职业和管理职业者，他们智力功能的减退最低。阴国恩教授对300名老年人进行了调研，在老年人的九种需要中，物质需要水平相对较低，而尊重需要水平最高，且差异最大的也是尊重需要⑤。

另外，美日法等国家将老年人力资源开发列入了国家战略计划，并制

---

①　林曼芸：《老龄人力资源的竞争力分析》，《福建论坛》（人文社会科学版）2008年第3期。

②　梁誉：《我国人口老龄化与老年人力资源开发》，《管理学刊》2011年第2期。

③　刘越等：《产业转型趋势下制造型企业老年人力资源开发途径研究》，《中国人力资源开发》2014年第11期。

④　张宇：《低龄老年人力资源的利用与开发》，《技术与市场》2016年第1期。

⑤　阴国恩：《老年人需要及相关因素的研究》，《天津师范大学学报》（社会科学版）2001年第5期。

定国策,如美国禁止歧视老年人的政策,逐步提高退休年龄的政策,鼓励在社区工作的政策,终身教育与再就业培训政策。日本提高法定退休年龄政策,鼓励老年人再就业政策,开办老年学校的规定。法国提倡终身教育,并积极开展老年学术研究,向发展中国家派遣退休的老年人才,设立老龄问题情报中心,定期召开老龄工作会议等。

可见,国内外对老年人力资源开发,列入了国家战略计划,并制定具体的政策应对。基于我国人口老龄化的严峻性,目前较多的科研机构、大学已经尝试了各种类型的老年人力资源开发,而企业中老年人力资源的开发却严重不足,但也有一些案例值得关注。

二　企业老年人力资源开发案例与模型

我国制造业处于转型阶段,如何从劳动密集型产业逐步转移到品牌、研发、技术的产业路线,而这一转型需要依赖于企业内部研发与技术投入,但一切技术的核心本质即是人力资源。人力资本固然有其遗传的因素,但很大程度上更依赖于后天的投资和经验、技术积累。老年人力资源因长期积累而来的经验、技术,在老年达到退休年龄时即面临着技术、经验的中断,无用武之力,不仅仅是其个人成就无法发挥,也是整个国家在制造技术方面的损失。

(一)　企业老年人力资源开发案例

鉴于上述背景,在对一家老年人力资源开发上有一定经验的汽车制造企业进行了调研,A 企业曾经是中国自主品牌的枭雄,时至今日仍然在品牌、制造技术、质量方面享有好的口碑,A 企业成立于 1997 年,由政府投资创办,创办之初,员工不足百人,在其发展初期,正是借助外力,从一汽、二汽、长汽等老牌汽车制造企业雇用多名技术专家,如产品规划与设计、工艺规划与设计(含冲压、焊装、涂装、总装等)、产品试验专家、产品检验工、熟练机加工、熟练修模工等,通过这些老专家储备并培养了一大批自招大学生,目前这些大学生基本都已是企业中的中高级管理者及顶尖技术专家(见表 1)。

表 1 　　　　　　　　　　　　　**A 企业返聘专家人数**

年份	1997	2002	2007	2012	2017	2019
员工总数	79	3500	32000	26000	19000	17000
返聘专家数	30	120	380	120	70	40
专家占比	38%	3.4%	1.2%	0.5%	0.4%	0.2%

A 企业在创业初期，受限于国有体制，无法提供合资、外资等企业的薪酬标准，且在 20 世纪 90 年代，企业员工还普遍不太愿意跳槽，故而难以招聘到完全符合公司需求的专业人才。而退休返聘的这些专家，一方面，他们能得到一笔退休金以外的收入，另一方面，他们在企业中长期积累的技术经验能有所施展，也让这批老专家在工作的过程中能够得到自我价值的实现。

A 企业匹配的相关政策如：建立聘用老专家及退休返聘的制度与通道，单独为专家们租赁两居室的房子，以供其携带家人居住，薪酬待遇方面优于内部专业技术人员，在 2005 年开始单独为老专家安排班车接送；每年有固定时间由公司总经理邀请专家共进晚宴；每季度调研老专家存在的问题并协助解决。如：

专家 1，汽车冲压工艺专家，从长春外聘而来，擅长模具工艺设计、冲压件产品质量状态调整，模具保养与维护，不仅技术好，对所有大学生、工艺员都能耐心地指导，在现场时常发现员工操作、模具保养方面的问题并改进提升，向领导层提出监控与管理建议。并将自己的经验与技术倾囊相授，培养了一大批专业方面的人才，不仅是技术专家，还主动关心员工们的生活。

专家 2，机床设计专家，年轻时曾因为技术好，被派往德国学习机床设计与制造两年，对所有机加类的问题一到现场便能解决。在公司日常经营管理中，节约公司各项成本费用，所有的办公纸都二次打印，但为人却慷慨大方，来公司的客人，常常自掏腰包请人吃饭，用自己的车接送客人，员工们敬佩且景仰。

专家 3，组织架构设计与经营管理专家，长期从事人力、组织、经营等方面的管理，退休后被公司返聘，工资约为退休前 70%，退休后仍然从事相关管理工作，对企业的经营管理、组织架构设计、战略方向等不仅能有理论指导，而且能够实操，在公司内指导带领一批徒弟。自我感觉，返聘后不仅没有衰老，反而越来越有活力，问及原因，其回答道："退休后太无聊了，还是工作充实一点，顺便还能发挥一点余热！"

专家 4，发动机生产线设备专家，1998 年 A 企业从国外引进的一条二手发动机生产线，涉及设备搬迁、安装、调试。因是二手的，很多国外技术人员也不熟悉，在此过程中，老外因休假、加班等都不能参考国内作息时间，老外们都不愿意加班。老专家几次与老外交峰后，火冒三丈，直接把几个老外赶回国，带领着一班年轻人，一点一点看图纸、一点一点找零件，提前于老外原计划时间半年就将整条发动机生产线安装调试好，提前让整车匹配上自己生产的发动机。

在 A 企业的成长与发展过程中，这批老专家从产品设计研发、制造交付、质量保障等方面为企业的蓬勃发展做出了不朽的功绩。

（二）老年人力资源开发模型

随着生活水平的提升，刚刚进入退休年龄的老人大多身体健康、精力充沛，特别是从管理和技术岗位上退休的老人，具备较高的科学技术水平和管理经验。然而，这么多经验丰富和具备专业技术水平和能力的老年人不断从企业退休，造成严重的资源浪费。企业如何发挥老专家们的智慧和经验，结合着 A 企业的部分实践，并进行理论模型的细化和研究，提出具体模型，首要条件在于企业建立起退休返聘的许可机制，在此机制下建立起相关的制度流程，并在选用育留方面充分发挥老年人的优势和长处，在他们不擅长和不适合的地方避免，总体见模型图 1。

1. 建立返聘许可与完善人才甄选机制

许可机制是企业落实老年人力资源开发的根基，较多企业没有意识和认识到老年人力资源的优势，将老年人力资源排除在企业人力资源体系以外。年老的专家，特别是本企业退休返聘的员工，在很多方面都有着无法比拟的优势，从技术与经验方面来说，退休员工积累了几十年的技术与经验，能够指导企业内研发、生产、工艺、质量等工作的开展，尤其对个体经验要求较高的岗位；从成本方面来说，退休员工无须支付社会保险及住房公积金的费用，此部分费用的占比约为普通员工月度工资的 30%—40%；从稳定性方面来说，退休人员更多的是在企业里寻求个人尊重、个人价值方面的满足，对收入方面的需求减弱，不断跳槽增加收入的动机不强；从内部指导团队方面来说，退休人员私心更少，内部竞争性弱，年轻

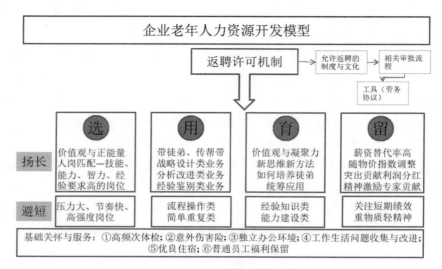

图 1　企业老年人力资源开发模型

人也往往更愿意向专家请教。以上是老年人力资源开发在企业中无与伦比的优势，故企业应当建立起许可聘用老年人才的机制，特别是创业型企业，所谓老马识途，更能够指导与带领企业闯出一片天地。表 2 为返聘的流程描述。

表 2　　　　　　　　　　　　返聘的流程描述

步骤	业务流程步骤	详细说明	涉及角色
1.1	业务部门提出申请	业务部门因工作需要，提出员工返聘工招聘专家申请	部门负责人—分管副总
1.2	HRBP 审核	HRBP 审核	HRBP 负责人
2.1	部门面谈及审核	业务部门审批，签署退休人员考核表/招聘审批	部门负责人/员工
2.2	人员报批	人员报批，人力资源部总监及总经理审批	人力部总监/总经理
2.3	协议签订	HRBP 组织员工签订返聘协议	员工
3.1	协议信息维护	维护 SAP 系统内协议信息	—
3.2	材料存档	对协议、退休人员考核表等材料存档	—
3.3	协议发放	HRBP 将协议发给员工	员工

完善老年人才甄选机制。价值观与正能量是企业人才甄选的核心，有

强烈的事业心、使命感，勇于担责，面对成绩，自我批判；面对机会，勇于把握。在价值观匹配后，老年人力资源的选择要考虑人岗匹配，着重在于能够发挥老年人特长的岗位，即在技术、能力、智力、经验要求高的区位匹配老年人员，在压力大、节奏快、高强度的岗位上要慎用老年人员。

2. 建立老年人尽其才的用人与体系化培训机制

老年人才的正确使用也是老年人才开发关键环节，即将老年人才用在带徒弟、传帮带，给企业培养更多的年轻人才；让老年人在战略规划、计划规划类业务发挥经验与统筹的能力；运用老年专家丰富的经验鉴别能力，对现有业务技术难题进行分析和改进。避免让老年人从事一些流程操作类及简单重复类的工作岗位。

体系化培训培养机制。老年人力资源聘用后，也需要对其不断地培训与培养，因为知识是不断进步与更新的，要将企业的核心价值观与所有成员不断融合，打造团队凝聚力；并不断引入新的思维与创新的方法，让他们跟上时代的步伐，而不仅仅使用固有的经验，让经验与新方法融合，涌现出更多的创新；在统筹性应用方法方面，让老年人养成整体性思维，以更好地统筹与全面指导业务和工作。减少经验知识类的培训和能力建设方面的培训，让他们的经验技术用在企业最需要的核心方面。

3. 开拓创新激励留人与服务的机制

企业激励机制是永恒激发人性潜能的话题，不仅需要应用在老年人才上，也是企业激发所有成员不断创新、勇于开拓的核心关键。对老年专家而言，在工资方面，尽可能参照退休前薪酬待遇，部分保持在其退休前的70%—90%，也无不妥，但应当建立起随物价指数上升而提升的工资调整机制，结合年度的业绩绩效进行调整，以促进老年专家不断发挥自我能量；企业还可建立超利润目标的分享机制，鼓励多劳多得，最大限度地激发人性的斗志，而老专家作为企业成员之一，同时也能激发其全力为企业的业绩作贡献。然而，对老年人最为重要的还是精神的激励，因为很多老年人外出就业，并非由于其物质上的匮乏，而在于其寻求更高层次的精神需求，为专家设立名誉和奖项的精神激励也是留住人力、激发老年人才不断发光发热的制胜武器。

基础关怀与服务机制。在保留普通员工所有的福利待遇以外，额外增加老专家的特殊福利待遇。在基础服务方面，建立对老专家高频次的体检机制，如每季度，一来是更好地关爱老年专家，二来也有利于企业及时识别风险。为老专家购买意外伤害保险，因老年人在退休后无法享受工伤保险，企业购买足额的意外伤害保险可以规避意外而引发的风险，费用仅为300元/年；在办公方面，为老专家们配置相对优越的办公环境，提升满意度；并及时收集老专家在工作和生活中的问题并改进，对有住房需要的老专家安置好住宿，尽力满足各方面的需求。

三　企业老年人力资源开发的作用和价值

由上述案例及分析可知，老年人力资源是整个社会人力资源的重要组成部分，特别是在应对我们人口老龄化背景下，重视老年人力资源的开发，对于经济发展的价值是不言而喻的，不仅是我国推动经济社会系统适应产业结构升级，还是老龄化程度加剧下社会发展不断实现新的人才结构均衡的重要条件，具体如下。

（一）应对产业结构升级，形成品牌、技术、研发拉动的产业体系

企业退休专家长期在企业产品研发、生产制造一线奋斗，实践经验丰富、专业技术水平高超，是国家沉淀的不可多得的人才资源库。保留和激发他们长期以来形成的技术积累，并结合新技术的应用，形成行业稳固的技术体系，并结合产业与行业的应用，逐步升级产业结构。

（二）改善老龄化加剧背景下的劳动力结构不足

充足劳动力是经济社会发展必要条件之一，2018年人口老龄化已达17.9%，根据社会科学院的预测，将会在2030年达到24.1%。而我国最大的就业窗口在企业，就业人数达到我国就业人数的80%，故企业对老年人力资源的开发，对我们劳动力人口压力的缓解有重大的作用。

（三）应对养老及社会保障的压力

世界银行发布数据显示：中国养老保险缺口在2001—2075年将累计高达9万亿元，毋庸置疑，这将对中国的财政体系产生巨大的冲击。而且随着中国人口年龄结构的不断老化，老年人口和劳动力人口的比例（即老年抚养系数）正在不断变大，不仅家庭而且社会对老年人的负担

比重越来越大，这意味着养老保障体制正面临着巨大的压力。让老年人口不仅解决自身养老问题，更能够通过劳动力的贡献缓解社会保障的不足。老年人力资源的积极开发，对于有效缓解上述问题起着关键的作用。也为健全的养老保障机制和医疗社会保障机制的完善提供了相应的缓冲时间。

（四）缓解我国对技术人才的缺口

《人力资源蓝皮书 2017》数据显示我国高技能人才出现严重短缺的局面，从求人倍率这个角度来看，我国有的地区这个值就到了 1.6 倍，这数据高级能人方严重短缺的地区，而从劳动力市场来看，这个值一般维持在 1.3—1.4 倍。部分高质量的人才资源充分利用对中国劳动力市场结构必然能起到良好的优化作用，帮助企业实现传帮带的人才培养模式，对于弥补中国中高级人才短缺现状、缓解人才危机缺口具有积极的作用。

（五）增进老年群体幸福、促进老年人自身发展和身心健康

由于生活水平的提高，现在不仅 60 岁，甚至部分 70 岁、80 岁的老人，都已不算老。老年人在职场上工作多年，已经习惯了工作上的时间规律，以及工作带来的充实感。所以很多老年人刚退休的时候并不习惯于闲下来、慢下来的生活。加上社会角色的转变、生理功能的衰退等都会让老人产生离退休综合征、社会隔离感、抑郁、孤独等老年常见心理问题。老年人力资源开发的过程，也是老年人自我发展和价值实现的过程。退休后的老人重新回职场，与社会保持链接，让他们觉得自己没有丧失社会角色，还有社会价值。在一定程度上能促进老年心理健康，减少疾病的发生。重视做好老年人力资源开发是实现全面小康社会的客观要求，也是增进社会和谐、促进人的发展的重要举措。

四　企业开发老年人力资源的路径

企业开发老年人力资源的案例、模型、作用及价值，美国、日本、法国等国家通过制定一系列法律法规，把开发老年人力资源的规划列入国家战略与国策，使得成功应对人口老龄化有了基本保障。在我国，虽出台了部分允许老年人就业的条例，但在具体落地实施方案及政策鼓励导向上仍

然未能有效促进企业对老年人力资源的开发。

老年就业缺乏国家政策保障、缺乏劳动合同保障、最低工资保障和劳动福利保护，对老年人力资源的价值评估和促进开发方面还未形成系统化。基于上述问题，建议在以下方面形成相关的政策应对，以保障老年人力资源开发的有序开展。

（一） 倡导老年就业的文化

国家从政策导向、宣传等方面倡导老年外出就业，再就业是老年人的权利。从家庭孝文化方面，反对老人外出就业即不孝的传播导向，在就业竞争性上，从根本上杜绝老年人就业是和年轻人抢饭碗的说辞，老年人比年轻人在用人单位更受欢迎，从市场经济来看，正是证明老年人的价值和作用是被认可的。

（二） 建立企业吸纳老年就业的激励政策与就业中介机构

对招募老年人员就业的企业制定相关激励政策，如对聘用老人给予人社专项补贴，以激发企业招聘退休人员，缓解我国老龄化的压力。

建立健全老年。目前老年人仅仅依赖于熟人关系才能获取相关招聘需求信息，如建立起相关的中介机构，给用人单位和老年人搭起信息的桥梁，用人单位能够更准确地找到需要的人，而老年人也能够较快地获取就业相关信息，快速容易地实现就业过程。

（三） 建立老年就业意外伤害保障机制

社会保险中的工伤保险目前为五险合一，无法覆盖到退休再就业人员，企业因出于风险考虑而不愿意雇用已退休人员。建议建立起退休再就业人员的工伤保险机制，并完善相关意外伤害保障体系。

（四） 老年人的就业活动从劳动法上进行保障

目前退休返聘人员不在我国劳动合同法的保障范围之内，而缺乏劳动法律保障的就业不利于保护老年人的就业，国家将返聘人员的劳动关系纳入法制监控，建立起老年人同工同酬机制，最低工资标准机制，法律保障机制等。

可见，老年人力资源开发可以应对我国产业结构升级，改善劳动力不足和技术能力不足，有效缓解社会保障及促进老年人的身心健康。所以，国家应尽快出台制定老年人力资源开发方面的具体法律法规，大力倡导老年人的就业文化，建立老年就业中介机构及企业吸纳老年人力资源的激励政策，保障企业老年人力资源的合理利用。

伦理学的使命学术会议在大理举行

云南大学哲学系 蒋颖荣

2018 年 12 月 8 日，由云南省民族伦理学会、广西伦理学学会、云南大学马克思主义学院·艾思奇哲学学院和大理大学马克思主义学院联合举办的"'一带一路'合作倡议与伦理学的使命"全国学术研讨会在云南大理举行，来自中国社会科学院、天津社会科学院、中国人民大学、东南大学、广西大学、广西师范大学、广西民族大学、广西梧州学院、广西教育学院、四川外国语大学、海南热带海洋学院、山东女子学院、云南大学、云南民族大学、西南林业大学、昆明大学、云南大学滇池学院、昆明理工大学津桥学院等研究机构和高校的近二百名专家学者和研究生与会。

伦理学的使命学术会议现场

（大理大学/供图）

在由云南民族伦理学会会长杨国才教授主持的开幕式上，大理大学副书记王红武教授、大理白族自治州白族协会李超会长、广西伦理学学会常务副会长刘波教授、云南大学马克思主义学院·艾思奇哲学学院党委书记

伦理学的使命全国学术会议与会专家学者

（大理大学/供图）

杨志玲教授分别致辞。开幕式后，特邀嘉宾肖群忠教授、孙春晨研究员、杨义芹研究员、徐嘉教授分别以《寻求面向民众伦理的生活伦理学》《"一带一路"与道德文化多样性》《中国传统价值理念与人类命运共同体的构建》《一带一路合作的伦理基石：忠恕之道与宽容》为题作了主旨发言。

　　专家学者们紧紧围绕伦理学的使命这一主题，分为四个论坛，就伦理学特别是民族伦理学的发展、少数民族女性及其发展、经济与政治、文化与生态等议题，探讨新形势下中国伦理学、民族伦理学的使命，为深化"一带一路"沿线国家全面合作贡献道德智慧。伦理是民族的精神，每一个民族都有自己伦理的价值和价值追求。一个民族都非常清晰地知道自己民族的特征、伦理的特殊性，普遍的人类理性是离不开民族伦理的特殊性的。滇桂两省处在"一带一路"的交汇对接和海陆统筹的重要节点、关键区域，在国家对外开放格局中地位突出。沿线民族多样性的伦理道德、文化生态和价值追求是我们走向世界、建立"一带一路"伦理共识的基础，研究和坚守民族伦理的意义在于："各美其美，美人之美，美美与共，天下大同"。

后　　记

在 2018 年 12 月举办的 "'一带一路'合作倡议与伦理学的使命"全国学术研讨会上，与会专家学者就伦理学尤其是民族伦理学诸议题，传统文化、各少数民族文化所特有的伦理内涵与价值，以及当代社会之政治、经济条件下伦理学视阈中的教育、文化传播、生态建设等问题，进行了丰富、深刻而集思广益的交流与讨论。会议结束后我们感到，与会学者们精妙的发言及热烈的讨论，固然已随时光之推移而留存在我们的记忆中、浸润在我们的学术研究里，但学者们优秀的参会论文，却大可整理成集。在作出这一决定后，我们在参会的一百多篇论文中，精选出了 33 篇具有代表性的论文，并多次反复地与论文作者取得联系，进行论文的修改、校对等，没有他们的积极配合和支持，也不可能有本书的最终出版。本书的出版也得益于云南大学 "双一流"建设项目之 "基础学科振兴计划项目"的支持。中国社会科学出版社为本书的出版所付出了努力与辛劳，在此致以衷心的感谢。

蒋颖荣

2020 年 2 月 25 日于天水嘉园